紫微斗数古訣神探

台湾・香港の飛星派技法集

紫天十二宮会 編

編集代表
丹羽 智保
田中 俊平
照葉 桜子
神谷 惠三
百空
東海林秀樹

東洋書院

本書の刊行に際して―国際水準の紫微斗数

大久保占い研究室　田中　俊平

紫微斗数は独学の難しい占いでした。入門書は豊富に市販されているのですが、中級～上級者向けの本が少なく、出版されたとしてもごく少部数で、容易に手に入るものではなかったからです。結局のところ、個人教授を受けるか、どこかの教室に通うほかは、勉強を進めていく手立てがなかったと言えます。

鮑黎明先生の『飛星紫微斗数闡秘』（一九八二年・東洋書院刊）が出版されてから三〇年以上が経ちましたが、いまだにこの本に並ぶ研究書が世に出ていないことからも、斯界の現状を察していただけるのではないでしょうか。

ところがここ数年、東海林秀樹先生などのご尽力により、良質な中級書が市販されるようになってきました。研究者の裾野が広がったことを受け、いよいよ本書『紫微斗数古訣神探』が上梓されます。

この本は香港・台湾の文献や市販書、インターネット掲示板、はたまた一般流通していない講義録などに収載されている紫微斗数の細かな技法を網羅的に収集し、整理したものです。

とはいえ「井戸を掘る日を決める」といったような、現代日本では到底必要とされない技法や、実際の鑑定で的中しない技法も多々ありましたので、内容は取捨選択され、書き改められています。これはCHAZZ先生のご尽力によるところが大で、書名の「神探」は「名探偵」とでも訳したいところです。

日本では四化飛星の活用法が主に研究されており、本書でもページの多くが割かれていますが、紫微斗数の基本はやはり星と宮の読み方にあります。香港や台湾では、ひとつの星・ひとつの宮のみを採り上げた本などが出版されているくらいです。

後進的で古いものと思われがちな星曜派（三合派）ですが、現地では依然として最大勢力を保っており、さまざまな技法が研究され、鑑定に用いられています。決して、過去の遺物ではないのです。

むしろ、日本で有名な老師が現地では無名であったり、特殊な占い師だとして傍流扱いされているようなことは、紫微斗数に限らず多々あるのです。

この本には、日本で紹介されていない、様々な考え方や技法が収録されています。乙級以下の星曜が事象に大きな影響を与えること、十二宮の自由闊達な解釈、天空星と天空星（誤植ではありません）の違いなどは、現地では比較的ポピュラーな内容ですが、初心者～中級者の皆さんには、初見になるのではないでしょうか。

この本一冊で香港・台湾の水準に追いつけるとまでは申しませんが、海外の研究者がどういった水準で学んでいるかを、ちらりと垣間見ることができます。また本書を実践鑑定や研究の傍らに常備いただければ、あなたの学習や実践鑑定に、必ず大きな進展があるものと思います。

推薦のことば

本書が完成まで漕ぎつけたのは、ひとえに皆様、特にＣＨＡＺＺ先生、田中俊平先生のご尽力によるものです。話のきっかけを持ち込んだ私が、その才のなさから両先生には大変な労をおかけしてしまいました。紙上をお借りしてお詫びしたいと思います。

さて、本書の内容ですが決して初歩的ではありません。秘伝の宝庫です。各星のそれぞれの意味合いはもちろんですが、四化の飛星の活用法まで多岐に及んでいます。本書は一つの単なるまとめではなく、各自が研究したそれぞれのテクニックをＣＨＡＺＺ先生と田中先生が苦労の末、読みやすく整理したものです。

読者の皆様が本書をきっかけとして、紫微斗数の奥義に入ることを望みます。

東海林　秀樹

平成三〇年九月吉日

紫微斗数古訣神探◆目次

第五章　乙級星以下諸星　詳細解説　183

第一部

諸星についての考察と研究

第一章　甲級主星十四星　詳細解説

紫微斗数の本場台湾や香港では、多数の流派が存在し、技法も多様化しています。一〇〇もの諸星を配置する占験派を中心とした三合派と、必要最低限の主要な諸星のみを配置し、飛星によって様々な解釈をする飛星派や欽天派とでは大きく技法が違いますが、甲級星はどの紫微斗数流派でも共通して使用する必須の要素です。

この章では、紫微斗数にとって最も重要な甲級主星十四星に関して、書物・口承で伝えられている象意を公開していきます。日本でも鮑黎明氏・東海林秀樹氏の書籍で詳細な記述がされていますが、補記として活用することで、十四主星の理解を深めていきましょう。

紫微斗数十四主星

紫微〈帝星〉	天機〈善星〉	太陽〈貴星〉	武曲〈財星〉	天同〈福星〉	廉貞〈囚星〉	天府〈令星〉
太陰〈富星〉	貪狼〈殺星〉	巨門〈暗星〉	天相〈印星〉	天梁〈蔭星〉	七殺〈将星〉	破軍〈耗星〉

①紫微星〈帝星〉

陰陽	陰
五行	土
斗分	北斗主星
星情	尊貴

【命宮について】

1 命宮に紫微星があれば、良い面としては老成して温厚で重みが感じられ、実直で謙虚な部分を持ち合わせます。交遊を好み、一生において貴人の助けを得られます。知恵が高く教養があります。多くを学ぶ博学な傾向があり、逆に一つの学を追究する人は少ないようです。
欠点として、環境の影響を受けやすく、他の人の話に左右され、善ですが疑い深い人も見られ、心根は度量がさほど広くありません。権を手に入れることを好み感情的には浮沈が多いのです。

2 女性は命宮に紫微星があることをあまり喜びません。性質としてプライドと理想が高くなり、また家庭内のことをするのを好みません。子と午の命宮の場合は、特にその傾向が強くなります。

3 紫微星は王星である故に、左輔星・右弼星・文昌・文曲・三台・八座が同宮加会することを喜びます。天魁・天鉞も良いです。特に左輔星・右弼星の補助が最も吉となります。

4 紫微星は官禄宮の主です。左輔星・右弼星が同宮するとその能力を発揮します。

5 紫微星が左輔星・右弼星の同宮がないのを「孤君」と呼び、大限や小限で吉星がない時期に入ると、破財します。たとえ成功したとしても、内面・内心では虚しい状態となります。

6 紫微星が左輔星・右弼星・天府星・天相星・文昌・文曲に加会すると、男命は人を導くような立場を得ます。ですが、女性では不利となる人もいます。女命では感情面が複雑となり、時として人の愛人になったり、色情の災いを招く人も見られます。その原因は、魅力的な人が多いからです。

7 紫微星は左輔星・右弼星の補佐がある場合、四殺（擎羊星・陀羅星・火星・鈴星）と地空星・地劫星・化忌から、凶作用を受けません。逆に、吉を補填してくれます。良い出来事がたくさんあるでしょう。

8 紫微星と禄存星が同宮する人は、一生何となく穏やかな発展となります。急発展ではありません。職業に関しては、財務あるいは政治関連も悪くありません。

9 紫微星は擎羊星・陀羅星・火星・鈴星が対宮に入り、左輔星・右弼星・文昌・文曲・天魁・天鉞が入らないと、容易に人の制約を受けます。一生涯において、取るに足らない人物の影響を多く受け、様々なごたごたや、不測の災いに遭いやすくなります。

10 紫微星は辰・戌・丑・未宮に座する時、三合宮では必ず武曲星と加会します。もしそこに擎羊と陀羅に同宮加会する場合は、その人物は現実を見ない、浮わついた生活が一生続きます。

11 紫微星が子・午・丑・未宮に座する場合、良い運勢を運んでくれるでしょう。貴人の助けも得られるでしょう。

【十二支別の現象】

●紫微星が子・午宮で独守する場合

1 紫微星が子宮に座する場合は、六吉星が同宮しても少々力不足となります。例えば、野心があっても、その理想を達成することが難しくなります。もし六吉星が同宮せず煞星が同宮する場合は、理想が高くても、結果的に力不足で終わりやすいでしょう。

紫微星が子宮にある場合、化科・化禄・化権が同宮すると普通ではなく、特殊な性質を帯びます。特に丁・己・庚生まれの人は貴格ですが、壬・癸生まれの人は時に忍耐力が弱く、持続性がありません。

2

紫微星が午宮に座する場合で、①甲・丁・己生まれの人は「雙禄朝元」の格となり、人望があり大臣まで登れるとされています。ただし、擎羊と陀羅が同宮しないことを条件とします。②丙・戊生まれの人は、体が弱くなります。③女命の場合は、配偶者と子供運に恵まれます。

午宮の紫微星は、貿易の仕事や公務員に向いています。

「雙禄朝元格」で甲生まれの人は、禄存星・武曲星・化科が財帛宮にあります。天府星・廉貞星・化禄は官禄宮に入り、吉格です。己生まれの人で禄存星が命宮にいる場合、武曲化禄が財帛宮に入り非常に富貴です。丁生まれの人で禄存星が命宮にいる場合は、財の成功から名誉が得られるでしょう。

●紫微星が丑・未宮で破軍星と同宮する場合

3

紫微星・破軍星が丑・未宮（この場合、未宮は吉ですが丑宮は少し衰えます）に入る場合、シンプルな格局ではありません。理想が高く、苦労性な傾向が強くなります。頑固で独りよがりになり、生涯において欲が深くなります。外見は魅力的で、一生において異性の助けがあります。ただし社交の場では、常に中傷や噂の的になります。思いがけない出会いが数多くありますが、理想の相手でなければ上手くいかず、破局となりやすいのです。

目上や上司、親との関係は問題が起きやすくなります。吉星が入れば富貴ですが、この配置で左輔・右弼や吉星が同宮しなければ、狡猾でトラブルメーカーになると言われています。擎羊星・陀羅星が同宮すると、商売には良いでしょう。火星と鈴星も同じです。ただし、裁判や揉めごとが絶えない配置となります。

仕事面では、工業方面が向いています。吉星が同宮していれば、能力も高いでしょう。主に技術者として出世しやすい配置です。地空星・地劫星が同宮すれば、芸術家あるいは宗教家の傾向があります。官禄宮（官禄宮）に文昌が見える場合は、教職や指導する仕事が良いでしょう。桃花星が同宮すると、一生愛情面が複雑になるでしょう。

青少年期の大限で丑宮に紫微星・破軍星が入る場合、恋愛の進展が見られます。加えて桃花星が同宮する場合は良縁運が増し、婚期となります。

4

紫微星・破軍星が未宮に入る場合、甲・乙・丙・丁・戊・己・壬生まれの人は、非常に富貴な配置です。しかし紫微星・破軍星が、武曲星・擎羊星・陀羅星と同宮加会する場合、詐欺やトラブルが絶えません。例えば紫微星・破軍星が丑の命宮の人で、身宮が酉宮（庚生まれの人）で武曲星・七殺星が座し、さらに擎羊が酉宮に入り、陀羅が未宮から冲する配置ならば、なにか良いことがあっても最後には悪くなる（失敗する）という象意です。加えて煞星が多ければ、良い死に方をしないとされています。

5

紫微星・破軍星が丑宮にある時、甲・乙・丙・丁・戊・己・壬生まれの人は富貴な生まれです。ただし左輔星・右弼星など、吉星に出会えないと狡猾な性格になるとされます。擎羊と陀羅が同宮している場合は、汚職官僚（公務員）や詐欺師など、貪欲な人を意味することがあります。また化禄・天馬が同宮または来照（対宮から照らす）する場合は、斗数の中では上格となります。

●紫微星が寅・申宮で天府星と同宮する場合

6 紫微星・天府星が寅・申宮に入る場合、一生にわたり、物質的に充実した生活ができるとされます。しかし、精神的には虚しく、悩みやすくなります。能力的にはとても優れていますが、計算高く、ケチになりやすいです。紫微星・天府星同宮は孤高を表すため晩婚になりやすいです。早婚では関係が変化しやすく、上手くいきにくいです。紫微星・天府星は、夫妻宮に入っても同じ運命の傾向です。子女宮に入ると、子供は一人っ子。仕事に関しては、財務・金融・債務経理などが向いています。全般的に、細かい仕事が良いでしょう。対宮の七殺星から冲照されるので、技術者か職人にも適性があります。

7 紫微星・天府星が寅に同座する場合は良く、甲生まれの人は生涯富貴となる命です。丁・己・庚生まれの人は一生福があり、左輔が同宮すれば万人の上に立つ運となります。禄存星・文昌・文曲同宮も、同様に財運に恵まれます。文昌・文曲・左輔・右弼同宮は栄光が絶えず輝かしいのですが、擎羊星・陀羅星・火星・鈴星同宮ではずる賢くなり、悪辣な商人のような配置となります。空亡星と同宮では一匹狼（孤立）となります。女命の甲・壬生まれは富貴な命です。吉星同宮ではさらに素晴らしく、良き配偶者と子宝に恵まれます。

8 紫微星・天府星が申宮に同座する場合、甲・庚・丁・己生まれの人は一生福があります。甲生まれは富貴で、文昌・文曲・左輔・右弼同宮の場合は、輝かしい栄光に恵まれます。禄存星・文昌・文曲同宮では、大きな財運を得ます。四煞が同宮するとずる賢い傾向となり、空亡が見えると一匹狼で孤立します。女性の場合は吉星同宮でさらに素晴らしくなり、良き配偶者と子宝に恵まれます。
紫微星・天府星が寅・申宮に同座し、身宮が命宮にある場合、兄弟宮・夫妻宮・子女宮・父母宮などの宮位が落陥すると、孤立の運命となります。どの宮位が落陥するかによって、再婚、夫を亡くす、妻を亡くす、一人っ子、兄弟との生き別れ、父母が早亡など、変化があります。ただし、他の吉星が同宮すれば、凶意が軽減されることもあります。

女性の命宮が寅・申宮で、紫微星・天府星が同座する場合、甲生まれの人は禄存星が寅宮に入ります。廉貞星化禄が午宮にあり、武曲化科が戌宮となる配置では寅・午・戌の三合宮に禄存・化禄・化科が入り「三合来朝格」となり、苦労せず富貴になる命です。
※紫微星と天府星が命宮を挟む配置は貴格とされます。命宮が寅で命無曜星格の場合、卯宮に天府星が座し、丑宮に紫微星が座し、命宮を挟みます。また、対宮から天同星・天梁星が照らす配置となります。ここに吉星が同宮加会対照すれば貴格であり、吉星からの支援がない場合は常人（凡人）となります。

9 ●紫微星が卯・酉宮で貪狼星と同宮する場合

紫微星・貪狼星が卯・酉宮で同座する場合、ロマンチストですが、妄想的な傾向が強く、夢見がちです。また物事に固執しやすく、わがままで勝気な傾向です。社交場に行くのを好みます（空亡星同宮の場合はあたりません）。落ち着きがなく、座る時に貧乏ゆすりをしやすいです。ただし、生来の気品があります。また、桃花運が強い配置であります。

凶星が同宮すると、桃花事件に巻き込まれやすくなります（例えば、紫微星・貪狼星の大限に四煞星が見えると桃花事件が起きます）。さらに文曲・咸池・天姚と同宮すると、色情運が強く、トラブルが起こりやすくなります。風俗や水商売の世界に入りやすく、さらに四殺が加わると、人生の終わりが円満ではありません。

紫微星・貪狼星が桃花星と逢わない場合は、社交的で異性との出会いは多いですが、真剣な付き合いにはなりにくいです。

仕事に関しては、文昌・文曲（及びその補佐星）と同宮すると、学者・研究者に向いています。夫妻宮や官禄宮（官禄宮）で文昌・文曲（およびその補佐星）が同宮する場合は、学術方面での発展があります。また、教職も良いでしょう。酉宮で左輔・右弼が同宮する場合は、企業のトップ（社長）となり、複数の事業を経営することも可能です。さらに武曲星・破軍星が身宮に入れば、一生多くの業種の仕事をする運命となります。化権・天魁星・天鉞星が見える場合は、政治的な活動を行います。擎羊星・陀羅星と同宮すると、商売に関しては吉です。

地空・地劫や空亡星が同宮すると、宗教・スピリチュアルと縁があり、その分野に進みます（貪狼星は神仙術にとても良い星です）。しかし火星・鈴星が加わると、この運にはなりません。

10 紫微星・貪狼星が卯宮で同座する場合、下心があり、慎みがないでしょう。ロマンチストであり、歓楽街や社交場に通うのが好きです（空亡星が同宮すると例外となります）。

乙・己生まれの人で火星が同宮すると「貴格」です。甲・乙・庚・辛生まれも貴格ですが、幸運の持続性が弱く、亥・卯・未生まれでは、成功が難しいとされます。また、性的に奔放になりやすく、程度の低い異性を好みやすくなります。そして逆に、貴人や上位者との出会い運が弱くなります。

紫微星・貪狼星が卯宮に同座し、左輔・右弼・文昌・文曲に挟照されると貴格ですが、それがない場合、収穫や利益を得るチャンスに恵まれない人生となります。特に武曲星・廉貞星の大限期では、失敗・損失を出しやすいです。

11 紫微星・貪狼星が酉宮で同座する場合は高い格局となり、またビジネスで権利・権威を掌握します。

甲・乙・己・庚・辛生まれで火星が同宮する場合、成功運はありますが長続きしません。巳・酉・丑の生まれの人は中庸な運勢です。性的に奔放になりやすく、レベルの低い異性を好み、逆に貴人や上位者を遠ざける傾向になります。左輔・右弼・文昌・文曲が同宮していなければ、結果が出にくいでしょう。文昌・文曲が同宮すると、物質的な欲望よりも、空虚（知性や想像）の領域への興味が強くなります。

●紫微星が辰・戌宮で天相星と同宮する場合

12 紫微星・天相星が辰・戌宮に同座する場合、現状に満足しない性質が強くなります。新しいことを企画したり、何かを創作する能力を持っています。ところが、好きなことは継続して行いますが、好きでないことは拒むという傾向があります。独特の発想力があり、維持よりも変革を好みます。また、アウトドアの活動を楽しんで行うでしょう。

13 多くの貴人の助力を得られ、事業運はとても良いです。積極性があり、前向きに仕事をするタイプとなります。

丑・未宮（紫微星・破軍星同座）では部下運は悪いのですが、同じ墓支である辰宮（天羅）・戌宮（地網）は、帝星である紫微星にとって不利な配置であり、紫微星（天相星同座）が辰宮では破軍星が戌宮に座し、対宮関係になります。さらに命宮と身宮が辰宮・戌宮に配置されると、対立関係が強くなり、必ず部下運が悪くなります。それ故に、最初は富貴が訪れても、最終的に失敗しやすいのです。もし命宮に紫微星が座しても、身宮に破軍星がない場合は別ですが、それでも富貴はなかなか得にくいと言えます。

14 紫微星・天相星が辰宮で同座している場合、甲・乙・己・庚・辛生まれの人は「財官雙美」と言い、財運・仕事運ともに吉です。ただし、部下運や子供運は良くありません。富は得られますが、名誉は得にくく、虚名となりやすいのです。左輔・右弼・文昌・文曲が同宮すると、権威・権力を掌握します。擎羊星・陀羅星同宮は商売のみ吉となり、火星・鈴星から冲を受けると身体に障害など問題を抱えやすいでしょう。擎羊では、刑事罰から逃れられないとされます。

15 紫微星・天相星が戌宮で同座している場合、甲・乙・己・庚・癸生まれの人は、辰宮と同じく「財官雙美」です。ただし、部下運や子供運は良くありません。富は得られますが、名誉は得にくく、虚名となりやすいのです。左輔・右弼・文昌・文曲が同宮すると、権威・権力を掌握します。擎羊星・陀羅星が同宮すると商売のみ吉となり、火星・鈴星からの冲を受けると、身体に障害などの問題を抱えやすいでしょう。

紫微星・天相星が辰・戌宮で同座する場合は、「造反（体制に逆らうこと）を好む」「環境の変化が多い」「女命は気まぐれで感情の起伏が激しい」となります。そこに四煞星が加わる場合、多弁で神経質ながらも突然に沈黙したり、感情の起伏が激しくなります。また火星・鈴星が命宮や大限で加わる時には、変動・移動があります。

●紫微星が巳・亥宮で七殺星と同宮する場合

16 紫微星・七殺星が巳・亥宮に同座する場合、性格は頑固で苦労性ですが、辛抱強くなります。独立・起業を望みます。女性の命では、夫は恐妻家になります。芸術・技芸の才能を持っています。自由を好み、束縛されることを望みません。

17 紫微星・七殺化権に空亡が加わると、実はあっても陰に隠れ、虚名のみとなります（紫殺化権反作禎祥論の一説)。また、截路空亡・旬空が加わると、先祖の財産・祖業を受け継いでも発展させる能力が弱く、結果的に虚名のみとなりやすいのです。

18 紫微星・七殺星が巳宮に同座する場合、左輔・右弼同宮では非常に吉であり、独自に商売を運営・経営するでしょう。代理店・エージェント等の業種が向いています。天刑が同宮すると外科医など医療業務が向いています。空亡星がある場合は虚実・虚名となりやすいでしょう。女命では財務の仕事や司法書士等が向いています。

19 紫微星・七殺星が亥宮に同座する場合、巳宮に比べ芸術家肌で怠惰になりやすいでしょう。代理店等の業務が向いていますが、左輔・右弼・文昌・文曲が同宮ではデザイナー等の仕事が向いています。乙・丙・丁・戊・己・壬生まれの人は、財運・仕事運も良いでしょう。男命の壬・申生まれは富貴の命です。空亡星が見える場合は祖業を受け継いでも虚名となります。擎羊星・陀羅星同宮では、商売のみ吉です。四煞星が加わると高貴は失われ、孤独でトラブルに遭いやすくなります。特に女命で四煞星が加わると、晩年は良くありません。

【十二宮別の紫微星】

1 紫微星が兄弟・子女・奴僕・疾厄・父母宮に入ると、一生辛苦が多くなります。

2 紫微星・天府星が子女宮に座する場合、子供は少なくなります。

3 紫微星が財帛宮に座する場合、金銭面で安定します。

4 紫微星が疾厄宮にある場合、晩年は高血圧・痛風などの病気になりやすいでしょう。

5 紫微星が遷移宮に座すと、対外運に恵まれます。周囲から助力が得られ、上司や目上の方からも可愛がられるでしょう。人間関係がとても良い配置です。中年期に入ると、上位者との交流により成功します。

6 紫微星が奴僕宮に座する場合は、一生苦労が多くなります。周囲にお世辞やおべっかを使うような人になります。

7 紫微星が官禄宮に入る場合は、事業運が平穏となり安定性があります。

8 紫微星が田宅にいる場合は、高層ビルに住む、または市役所や公共機関の近くに住むとされます。紫微星・貪狼星・紫微星・破軍星の場合は、繁華街など賑やかな場所に住むでしょう。

9 紫微星が福徳宮に入る場合は貴人の助けが得られます。出かけると必ず貴人に会い、助力を得られます。

10 紫微星が父母宮に入る場合は、凶星からの刑尅があってもそれほど酷くなりません。

【その他】

1 紫微化権は、①命宮にあれば不利な部分はありませんが自画自賛しやすくなります。②財帛宮にあれば、財運は良く問題ありません。③官禄宮にいると独善的ですが、指導者運に恵まれます。

2 紫微化科は、①命宮にあれば名声を望みますが、有名無実になりやすい。②財帛宮にあれば偏財運となり、予想外の財運に恵まれますが、小財です。③官禄宮にあれば名声権威を望みますが、徒労になりやすく、華やかだけど実が少ないです。

3 少年運（大限）で紫微星が入る場合は、生活が充実し、彩りがある日常となります。しかし、人の言うことを聞きません。紫微星に左輔・右弼がある場合は、四煞・地空・地劫・化忌が入っていても、吉を補填してくれる配置となり、逆に良いことが増すでしょう。

4 老年運（大限）で紫微星が入る場合は、吉星と同宮すると、逆に吉とはなりません。

②天機星〈善星〉

陰陽	陰
五行	木
斗分	南斗第三星
星情	智慧・孝義

【命宮について】

1 天機星は、智慧を司り兄弟を主とします。

①小さい時から聡明です。②好奇心が強く、未知のことに対して関心が深く研究熱心です。③性急《せっかち》で、喋るのが早い傾向です。④心が優しく情熱家です。⑤目が鋭い人が多いですが、性格は温和で礼儀正しいのです。⑥分析することや事務能力に長けています。⑦話術が優れています。⑧気配り上手です。⑨苦労性なところがあります。⑩努力家で親孝行です。⑪子供がいると子煩悩になります。⑫天機星命宮の人は変革的なことを好まず、現状維持を好む傾向にあります。天機星は変動星ゆえに安定を望むからです。⑬真面目で誠実です。情が深く、人助けが好きです。⑭考えすぎで、心配性です。

2 天機星が命宮に座す場合、男女とも早く独立しやすい（実家にいたがらない）。そのため天機星の大限では、家族の揉めごとやケンカが多くなり、落ち着きません。

3 女命で命宮天機星の場合は、神経質で妄想好き、情緒的で心が優しいです。家事が得意。真面目で文句を言わず、仕事をしっかりやります。ただし、器が小さいです。

4 天機星が兄弟宮で落陥する場合、兄弟が少ないでしょう。また兄弟とは縁が薄くなり、助けを得られません。

5 天機星・太陰星が寅・申宮で同宮する時、天機星・天梁星が辰・戌宮で同宮する時、天機星が巳・亥・子・午宮で独守する場合、①現実的で緻密です。②企画力・アイデア力に長けています。③計画と策略が得意です。④臨機応変な対応力があります。⑤想像力が豊かです。⑥心優しく親孝行です。⑦自分の仕事を一生懸命こなします。⑧信仰心があります。⑨物わかりが良いです。

6 天機星の職業として①秘書、②技術者、あるいは③天魁星・天鉞星が同宮すると公務員向きです。

7 天機星の外見的特徴として、顔色は薄い黄色で、白に近いでしょう。辰・戌・巳・亥宮の四つの宮が命宮になる場合、長身で細身になります。子・午宮の場合は普通体型で、少々ふっくらしやすい。丑・未・申・寅・卯・酉宮の六宮では身長が低く、細身になりやすいでしょう。天機星・太陰星が寅・申宮、天機星が丑・未宮の場合は、身長が低く顔が面長。少し痩せて眉が細いでしょう。また、目が鋭く額が広くなります。表情が豊かで、喜怒哀楽がよく表れます。

女性の場合は清楚な印象で、艶やかにはなりにくい。寅・申宮の場合は小柄なタイプで、美人でしょう(天機星の特徴)。

8 天機星は、左輔星・右弼星・文昌星・文曲星と同宮することを好みます。同宮すれば正道を歩み、一生懸命に自分の本業をこなしていくでしょう。

9 天機星は変動を意味します。大・小限の官禄宮に天機星があると、仕事や社会運に変化があります。吉星が同宮すれば突発的な発展があり、新しいビジネスのチャンスとなります。また、化忌があると、何

10　か必ず動きがあります。
天機星が本命宮で天馬星と同宮すると、一生変動があります。①営業マン②セールスマンなど、移動・変動を活用する仕事に向いています。

11　天機星は天馬星と同宮すると、①海外観光②遠方への旅行、といった意味になります。

12　天機星が、擎羊星・陀羅星・火星・化忌と同宮する場合は、発展性に問題があります。

13　天機星は、擎羊星・陀羅星・火星・鈴星から冲破される場合、魔がさして万引きなどの軽犯罪を起こしやすくなります。事業の発展性はそれほど高くなく、事務職員・文化事業・店員・書店員など、落ち着いた仕事につきやすくなります。格局的には低いと言えます。

14　天機星が流年・小限宮に入る時、計画や研究に関する準備の年となります。吉星が同宮すれば成功しますが、煞星同宮では難しいでしょう。また天馬が同宮すると、遠方に出向します。

【十二支別の天機星】

●天機星が子・午宮で独守する場合

1　天機星が子宮に座す場合、甲・丁・己・庚・癸生まれは地位も財も両方得られやすい。誠実で真面目です。優れた技術を持つ資質があります。企画・設計の分野も良い。天機星・天梁星が同宮する場合、商談に長けます。さらに左輔星・右弼星・文昌星・文曲星が同宮すると、文系の仕事や学問に向きます。武曲星と三方四正で逢えば、忠義な人となります。

2　天機星が午宮に座す場合、甲・丁・己・庚・壬・癸生まれは地位も財も両方得られやすい。天機星・天梁星が同宮する場合は、戦略を練るのが得意で、左輔星・右弼星・文昌星・文曲星が同宮すると清廉潔白の官星となり、公職に向いています。

3 子・午宮の天機星は独り身になりやすい。性質は真面目で誠実で、外見はふくよかです。技術系の仕事に従事するか、設計や企画の仕事につくでしょう。左輔星・右弼星・文昌星・文曲星が同宮すると、公務員の可能性が大きくなります。女命の場合、強い性格で頭の回転も良いので、家の中を仕切らせれば、上手く采配をします。

4 女命で天機星命宮の場合、子・午・辰・戌宮以外では、巳・亥宮は良いほうです。ただし、その他の宮では、同宮する星次第で不安定になります。

5 天機星が午宮、天梁星が寅宮にあり、それぞれ命宮・身宮の場合は、富貴な生まれで慈悲深くなります。

6 天機星が丑・未宮に座する場合、失敗が多くて、成功が少ない格となります。

●天機星が丑・未宮で独守する場合

①天機星が煞星から冲される場合、理性を失いやすい格となります。これだけで断じてはいけませんが、注意すべき配置です。

②情緒不安定になりやすいのですが、吉星同宮ならば比較的さっぱりした性格になります。丙・丁・戊・壬生まれの場合は、財と地位（官）両方得られます。乙・辛生まれでは、禄星がある場合は良い格となります。左輔星・右弼星・文昌星・文曲星同宮の場合は、文道にいくと清廉潔白、武道にいくと忠義善良になります。四殺・冲殺があると悪格になり、悪の道に走りやすいため、学問や武術を習うべきでしょう。

③対面の遷移宮（天梁星在住になります）に吉星が入ると、商売運が上がります。しかも寿命が長くなるでしょう。この配置は基本的に、繊細で器の小さいタイプです。

7 天機星が丑・未宮に座する場合、ビジネスに対しての執着が強くないため、高い地位まで昇ることは難しく、ほとんどがサラリーマンなど、組織に属する存在になりやすいのです。凶星が同宮していない限り、あまり悪い性格にはなりません。

8 天機星が丑宮、巨門星が巳宮に入り、それぞれが命宮・身宮の場合、男命は失敗が多く、成功が少ないでしょう。

●天機星が寅・申宮で太陰星と同宮する場合

9 ①天機星・太陰星が寅・申宮で同宮している場合、故郷と離れる格になります。さらに天馬星が同宮すると、遠方に行く運命です。この組み合わせが大限に入る場合、環境的に変動が起きます。

②天機星・太陰星が寅・申宮で同宮している場合、男命はユーモアがあり面白く、頭の回転が早いです。細かい配慮があり、気が利きます。また自然を愛する人です。もし起業して経営者になる場合は、移動が多い仕事につくでしょう。遠出の機会も多くなります。中年以降の運が良いのですが、一生変動星が強く、不安定です。

③女性の場合は恋愛運があまり良くありません。既婚者と関係を持ちやすくなります。桃花の星と出会うと、その傾向はさらに強くなります。また福徳宮に天姚星が入り、三方に文昌星・文曲星・化科星・天梁星等が入ると、水商売をする可能性があります。職業に関しては、美容関係や介護・看護が向いています。

10 天機星・太陰星が寅・申宮で同宮する時、文昌星・文曲星が同宮するのを喜びません。発展性は弱く、特に女命では異性運が悪くなります。天機星・太陰星が夫妻宮にあり、文昌星・文曲星が加わると、男女ともに結婚前に同棲をしやすくなります。また男命は、歳をとっても若い女性と付き合います。

11 天機星・太陰星が文昌文曲と逢わないと、地元を離れます。大限で逢うと、海外へ出やすくなります。職業も外交的で、動きのあるものが合うでしょう。

12 命宮が寅宮で無主星の場合、対宮の天機星・太陰星の力を借ります。この場合、命宮に他の吉星があれば吉ですが、そうでなければ良くなく、特に煞星が座するのを嫌います。三合の午宮に太陽星が入り官禄宮を守る場合は、戌宮に巨門星が入り財帛宮を守ります。この場合、地位・名声・名誉を先に得て、後から利益が来るでしょう。特に癸生まれの人は、財と地位の両方が得られる吉命です。庚生まれの人は太陽星・太陰星がともに輝度高く、吉となります。辛生まれの人は地位・名声・名誉が利益よりも大きくなります。

13 天機星・太陰星が寅で同宮する場合、中年期以降のほうが良いでしょう。技術・工作に適性があります。この組み合わせが大限に入る時、出国したり、家を離れます。さらに文昌星・文曲星と同宮すると、技術職で身を立てるでしょう。丙・丁生まれの人は、吉星が多ければ大吉です。機月同梁格が成立していれば官僚となる運命です。禄存星と左輔星、もしくは右弼星が同宮すると、富貴の命となります。さらに吉星が同宮加会すれば、一生幸福です。女性は富貴があっても色情面で問題が出やすく、完璧とはなりません。

14 天機星・太陰星が同宮して吉星と逢わなければ、普通の人の命です。故郷を離れたほうが発展します。

また、吉星が同宮すると富貴ともなります。

15 命宮が申宮で無主星となり、対宮に天機星・太陰星が座し、夫妻宮に天梁星が入る場合、男命ならば、籍を入れずに女性と同居するような命となります。

16 女命は天機星・太陰星が命宮・身宮に分かれて入ると、良くありません。太陰星が卯宮に入り、天機星が丑宮に入る場合が一番良くなく、恋愛上で異性から騙されやすい命格となります。

●天機星が卯・酉宮で巨門星と同宮する場合

17 天機星・巨門星が卯・酉宮（卯のほうが酉よりも良いです）は破蕩の格といわれ、祖業を受け継いでも失いやすく、結局自力で何とかしなければならない格局です。またこの配置は「虚名虚利」と言って、名声や財も一時のものになりやすく、不安定です。ただし、命盤その他の条件が良ければ、裸一貫で大成功する人がいます。大限でこの組み合わせに入ると、条件が良ければ、一時的な発展があるかもしれません。女命はあまり良好となりません。擎羊・化忌が同宮すると、非常に不利です。離婚したり、配偶者を早くに亡くしたりします。色情の問題も多くなります。仕事に関しては、男女ともに顧問（コンサルタント）・公務員・外交・文化関連に適しています。

18 早年は辛労が多く安定しませんが、中年期以降は徐々に発展していきます。この命は家業や親の仕事を継がず、何もない所から身を起こす人もおり、自己努力の人です。または、祖業を継いで失敗してから成功する場合もあります。祖業を守るのは難しい命です。性格は固執するタイプで、弁舌も冴え、頭脳明晰です。財は入ったとしても、蓄財は難しいです。トラブルも多く経験します。特殊な技芸で身を立てるのは悪くありません。

19 天機星・巨門星が酉宮で命宮となる場合、夫妻宮の太陽星・太陰星は左輔星・右弼星から左右より挟照され、夫妻宮にとって良くありません。大限第四運（武曲星・天府星）の時に大限夫妻宮が破軍と逢うため、この大限中に離婚となりやすいのです。

20 女命の天機星・巨門星は、甲・丁生まれは不吉です。巨門化忌となるため、六親（特に夫）運に問題が出やすくなります。

21 天機星・巨門星が卯の命宮で同宮する場合は、二星とも廟地に入ります。天機星は乙木であり、巨門星は水のため、相生となります。そこに禄存星・文昌星が同宮すると、極品大富となります。それでも天貴星・巨門星同宮は、祖業を受け継ぐのは良くありません。乙生まれの人は化禄・禄存の二禄が命宮に入るため、上格です。癸生まれの人は巨門化禄となり、最上吉です。そこに天魁と禄星が同宮すると、さらに良くなります。壬生まれの人は、命宮に天魁が入り、禄存星が財帛宮にあります。そして福徳宮が天梁化禄となるなど、吉が重なる場合は、その命は大富貴となります。丙生まれは二禄が財帛宮に入り、さらに天魁星・天越星が亥・酉宮にあり、天機化権が命宮に入るため、地位・名誉により富貴がもたらされる良命となります。庚生まれの場合は、擎羊星が酉宮に座し、命宮を冲するため大凶です。乙・辛・癸生まれの人は、地位・名声も財も両方得られます。丁・戊生まれの場合は、失敗したり、成功したりとまちまちです。甲生まれの人は、擎羊星が命宮同宮となる破格です。祖業を潰す凶運を持つため、自力で発展するしかありません。

22 機巨同臨格（天機星・巨門星同宮）では、乙・辛・己・丙の人は高貴な位まで登るとされます。男命で吉星が同宮、例えば禄存星・文曲星などは、富貴をもたらします。擎羊星・陀羅星が見えると、必ず男女ともに色情・淫乱となります。三方に煞星が加会したら、大厄となります。女命は富貴であっても色情運が強く、四煞から対冲されると金銭的にも問題が生じます。

23 天機星が丑宮に入り巨門星が巳宮に入る、あるいは天機星が未宮に入り巨門星が亥宮に入る時は、対宮の太陽星が暗闇（巨門星は暗黒星）を弾いてくれる効能を持っていて、吉格です。ただし、桃花星が同宮する場合は、異性面・恋愛面は不順となりやすいのです。

24 天機星・巨門星は、酉宮では卯宮に比べ、財があっても長く繁栄できません。酉宮は木にとって死地であり、水にとって敗地となるからです。

仕事はセールスマン・保険屋・技術者・販売員等が向きますが、長く続けられない傾向です。天刑同宮の人は軍人・警官などが良いでしょう。己・辛・癸生まれの人は、財・官の両方が得られます。丁・戊生まれならば、独立起業運となりますが、富があっても長く維持することは難しいでしょう。六吉星（左輔星・右弼星・文昌星・文曲星・天魁星・天越星）が同宮すると、安定します。乙・丙・丁生まれの人は、最も富貴となるでしょう。女命も同様ですが、四煞が同宮する場合は品格が下がります。

●天機星が辰・戌宮で天梁星と同宮する場合

25 天機星・天梁星が辰・戌宮で同宮する場合は、頭の回転が早く、知謀に長けています。高い技能を身につけ、人と論談するのを喜びます。癸・己・丁生まれの人は富貴の命です。丁生まれの人は、さらに財運に恵まれます。戊生まれの人は変動しやすく、人生が定まりにくいです。天機星・天梁星は、大限で吉星が入ると策謀が冴え、運も良いのですが、冲破があると不安定になるでしょう。

26 天機星・天梁星は話術が巧みで、商談に優れています。また論談するのを好みます。高い分析能力を持ち、優れた技能を身につけます。心は優しい人です。女命は加えて、料理が得意です。人助けを好みます。

27 天機星・天梁星は、文化事業・教育・公職に向きます。命宮が無主星の場合、対宮から天機星・天梁星が照らすため、多くは公職に従事する傾向が高いです。ただし、権力のない普通の公務員です。話術に優れ、軽率な発言をしないこともプラスになるでしょう。

28 天機星・天梁星が擎羊星と同宮すると、若い頃に問題が多く、晩年は孤独となりやすいでしょう。①若い頃に片親になりやすいです。②早婚すれば離婚しやすいため、晩婚が向いています。③子供には恵まれにくく、いたとしても縁が薄いでしょう。④乙・辛生まれの人は擎羊星が辰・戌宮に入るため、不利です。特に辛生まれで辰宮が命宮になると、対宮の擎羊から冲破されるため、最も不利となります。多くの問題を抱えやすいです。

29 天機星・天梁星が命宮に入ると、健康で寿命も長いです。左輔星・右弼星・文昌星・文曲星と同宮すると、文武どちらの分野でも真面目に物事をこなします。擎羊星・陀羅星と同宮し、空亡星が加わると、宗教家（僧道）の命となります。女命で四煞星が同宮対冲すると、色情の問題が多く、注意が必要です。結婚運も不順となりやすく、晩婚の命です。

30 この命は男女を問わず義理堅く、人を助けることで自分も栄えます。

31 女命の天機星・天梁星は、結婚運が不順で、晩婚になりやすいです。

32 辰・戌宮での天機星・天梁星は「善蔭朝綱格」と呼ばれ、論争をよく行います。技術に優れ、吉星が同宮していると、富と地位・名声を得ます。しかし煞星が多ければ、平凡となります。癸生まれは上格です。己生まれはその次に良く、丁生まれは富に恵まれ、乙生まれは対宮に擎羊が座すため、不利となります。戌宮命宮では己・丁生まれの人は吉です。丁生まれは双禄（化禄・禄存）が財帛宮に入るため、富命です。己生まれは天梁化科で、これも吉となります。

33 辰・戌宮で命無正曜となる場合、煞星同宮がない時には富貴な命です。ただし截路空亡・旬空が同宮すると、孤独で清貧に苦しむことになります。地空星・地劫星同宮は出家の命であり、宗教やスピリチュアルに縁があります。

●天機星が巳・亥宮で独守する場合

34 天機星が巳・亥宮に入る人は、企画・研究・公職に向いています。妄想癖があり、悩みやすい傾向があります。また生家を早く離れる人が多くなります。

35 巳・亥宮で天機星が命宮にある場合、丙・戊・壬年生まれは耐久力が弱く根気もないのですが、左輔星・右弼星・文昌星・文曲星と同宮加会すると、吉に化します。乙・丙・丁年生まれは富貴な命です。擎羊星・陀羅星・火星・化忌が加わると組織に適さず、小さくとも独立自営が良いでしょう。

【十二宮別の天機星】

1 天機星が夫妻宮に入ると口舌の問題が増え、夫婦間での口論も増えます。化忌が付くと、さらに強まります。

2 子女宮に入ると、子供は活発で可愛いです。

3 財帛宮に入る場合、それは流動性の財です。中年期から商売で儲ける人も見られます。大限・流年で逢うと、ビジネスのチャンスです。

4　疾厄宮に入り煞星が同宮すると、病気を併発しやすいでしょう。巨門星同宮で卯・酉宮になる場合、眼病に注意です。不眠症またはノイローゼ、神経衰弱症、四肢や関節にも注意。関節炎になりやすいほか、疲れやすくなります。

5　遷移宮で入廟すると、友人・知人が多く、人間関係に恵まれます。

6　奴僕宮に入ると、部下が変動しやすくなります。

7　官禄宮に入ると、仕事が常に変動します。

8　田宅宮に入る人は、よく引っ越しや移動をします。住む家は大きな路側に面することが多いでしょう。また家の向かい側に墓地や柱があると、破財します。

9　福徳宮に入ると常に心が落ち着かず、仕事での心労が多く、ストレスも溜めやすいです。

10　丑・未宮の天機星命宮では、子・午の父母宮に破軍星が入りますが、化忌同宮の人は父母のどちらかを早く亡くしやすいです。

③太陽星〈貴星〉

陰陽	陽	五行	火	斗分	中天星	星情	名声・財

【命宮について】

1　太陽星は富貴を意味し、官禄宮の主です。容貌は雄壮な印象で、顔つきは円形です。性質は聡明で慈愛に富み、積極的で活動的です。人との交際を好み、性格は明るい人ですが、やや性急な部分があります。言葉を秘めておくことが苦手で、すぐ口に出してしまいがちです。そのため、時に不愉快な印象を持たれることもあります。また太陽星は商売に優れた星であり、誠実で真面目です。

2 女性の太陽星は男性のような気質になります。ただし子・午・卯・酉宮が命宮（太陽星・天梁星の組み合わせ）では、そうとは限りません。

3 太陽星は主に富貴を意味します。また大限や小限で太陽星が巡ると、政治に関心が強い人も見られます。

4 太陽星は明るい時間に生まれた人か、寅から未の宮に入るのを喜びます。未はやや吉度が落ちます。春夏生まれの人も悪くありません。夜生まれ、丑と未以外は、申から子に入ると一生苦労が多くなります。

5 女命で太陽星が落陥すると、子供は多くありません。女性で丑・卯・巳・未・酉・亥の陰支に入る太陽星は、先に女の子が生まれやすいです。太陽星は夫を表し、これで夫妻宮を判断する場合は、太陽星の状態を見る必要があります。昼夜の生まれ、または季節によって、夫の格局の高低が決まります。

6 太陽の大限・小限に入ると財運は発展しますが、非常に多忙となります。また実家を離れます。

7 巳宮の太陽星は悪くありません。ただし、表面は穏やかでも、内面はバタバタしがちです。

8 太陽星は投機的なことを好む人が多いです。人と論争するのも喜びます。殺星加わると、明朗に見えますが、内面はそうではありません。

9 女命の太陽星は個性が強くなります。条件が良いと異性縁も良く、勝負事を好みます。交際運も悪くありません。ただし、条件が良くなくてはなりません。

10 日月照の格。天梁星が丑宮に入り命宮となる場合、太陽星は巳宮、太陰星は酉宮と三合に入ります。さらに廉貞星化禄が子宮（兄弟宮）、禄存星が寅宮（父母宮）で挟み、太陽星・太陰星が旺地です。これは最高の格局であり、富貴です。受験にも非常に有利です。

11 命宮が未で、卯に太陽星がある人は、亥が官禄宮となり、良好です。海外に出て発展します。また大限でこの組み合わせの時期に入っても、仕事で出国することになります。家族の助力も得られるでしょう。

12 太陽星は禄存星と同宮を喜びます。財に恵まれます。

13 三台・八座は太陽星の助星のため、同宮を喜び、太陽星はより輝きを増します。

14 太陽星命宮の人は中背ですが、やや太る人も見られ、男性は背中が厚く、腰回りもふくよかな傾向です。男性は気概があり、容貌は円形になり、両眼はくっきりとして力があります。法令線がはっきりしており、眉毛は濃い人が多いです。命宮が落陥の地に入ると、そのようになりません。

15 太陽星と三台・八座が同宮すると、富豪の格となります。名誉と地位を得られます。太陽星が廟地に座し、左輔星・右弼星と同宮すると、特異ですが上格となります。

16 太陽星と文昌星・文曲星・天魁星・天鉞星が同宮すると、公務員・学術・教育関係の仕事が向くでしょう。

17 太陽星が天刑と同宮すると、軍人や警官に適しています。法律・訴訟などと関わることになりやすいでしょう。

18 太陽星は擎羊星との同宮を最も嫌います。裁判・訴訟・降格・離職などの憂き目に遭いやすいです。

19 丑・未宮の太陽星、あるいは酉宮の太陽星・天梁星が、天刑星と同宮して、さらに太陽星化権もしくは化忌となる人は、一生にわたって事件や訴訟に巻き込まれるようになります。また大限がこのような組み合わせに入る場合も、訴訟などに注意が必要です。

20 太陽星が入廟し、化権・化禄が入ると、名利を得られるでしょう。

21 太陽星化権は能力が高く、地位を得る人も多いのですが、性格がやや強引で、物事に固執する人も見られます。

22 太陽星が四煞（擎羊星・陀羅星・火星・鈴星）に逢うと、父親の問題をあらわします。女命は夫に問題が発生し、時として離婚もありえます。

23 太陽星は擎羊星・陀羅星と同宮すると、手に関する病気になりやすく、火星・鈴星と同宮すると、火傷をするなど、一生苦労しやすいです。

24 太陽星に化忌または擎羊星・陀羅星・火星・鈴星が加わると、遠視あるいは近視になりやすいです。また一生がごたごたしやすく、さらに条件が悪いと、失明することもあるでしょう。

25 太陽星が落陥の地では、化権・化禄が付いても良いとは限りません。さらに凶星が多いと、人生で失墜を経験します。

26 太陽星に化忌が付き、天刑・白虎・擎羊星・陀羅星が同宮すると、急に降格されたり、訴訟事件に巻き込まれたりします。

27 太陽星は基本的に少年時代から努力すると中晩年で成功しやすいです。

28 太陽星が擎羊星・陀羅星と同宮する人は、専門性を活かした仕事が適しています。苦労は多くなりますが、晩年に成功する人も見られます。

29 太陽星が命宮で廟し、太陰星も条件が良いと、金銭的に安定し、また地位も安定します。

30 天府星が未宮に入り、子宮の太陽星と寅宮の天機星・太陰星に挟まれるか、武曲星・貪狼星が丑宮に入り、子宮の天同星・太陰星と寅宮の太陽星・巨門星に挟まれた場合、その他の条件が良ければ、一生にわたって地位と衣食住が安定します。

31 太陽星が落陥した命宮の人は、見かけが良くても内実は伴いません。

32 女命で太陽星命宮の人は、あまり良くありません。
命宮が辰・戌宮の天機星・天梁星で、夫妻宮に太陽星・巨門星（寅・申宮）となる場合、命宮に天姚星が入る人は、結婚に興味のない男性と同居しやすいです。

太陽星命宮の人は、異性縁は悪くありませんが、安定は得られないでしょう。

太陽星が廟となる人も、太陽星は男性を意味するので、男性問題はゴタゴタする人が多いです。

【十二支別の太陽星】

●太陽星が子宮・午宮で独守する場合

1 太陽星が子宮に座する人は、輝度が低いため一生苦労しやすく、女命は結婚において不順となります。さらに夫妻宮に煞星が入ると、離婚の危険があります。この場合の夫妻宮には天同星が入り、対宮に巨門星が座するため、配偶者とは生別・死別となりやすいでしょう。

2 太陽星が子宮で独守する人は、同情心に富んでいます。公務員や技術職は悪くありません。対宮に天梁星が入るため、条件が良ければ寿命が長くなります。丁・己生まれの人は財・地位・名声を得えやすいですが、壬・丙・戊生まれの人は後悔が多くなり、成敗が定まりません。また故郷を離れた方が、運勢は良くなります。煞星同宮では人生が落ち着かず、苦労も多くなります。

3 太陽星が午宮で独守する人は、個性が強く、物事に固執しやすくなり、人と群れるのを好みません。丁・己・庚・辛生まれの人は、財と地位・名声両方を得やすいですが、丙・戊・壬生まれの人は、後悔が多くなります。化権星・化禄星に逢うと一生発展し、対外運も助力を得やすいでしょう。文昌星・文曲星・天魁星・天鉞星と同宮加会する場合、貿易・政界・文化事業・大規模な経営者などに適しています。さらに、対宮の天梁星に吉星が加わると、大きな財を手中にする人も見られます。しかし擎羊星・陀羅星が同宮すると、福分が減じます。

4 太陽星が午の人で癸生まれの人は、対宮の天梁星に禄存星が加わり、官禄宮に巨門化権・天梁化科も付きます。かなり上格の生まれです。丁生まれの人は命宮に禄存星が入り、財帛宮は命無生曜ですが、対宮は天機星・太陰星それぞれに化科と化禄が付くため大きな財を得るでしょう。

●太陽星・太陰星が丑・未宮で同宮する場合

5 太陽星・太陰星は丑・未宮で同宮します。丑の場合、名声・地位を好み、出世しやすいです。文昌星・文曲星が同宮すると、地位や立場が安定しやすく、政治活動を好んだりします。さらに吉星が同宮すると、海外で活動することで福分が得られます。

6 丑宮での女命は少し違い、身宮または福徳宮に煞星が入ると、色情問題が多く発生したり、感情面が不安定になりがちです。

7 丑宮命宮で丁・戊生まれの人は、財運・仕事運に恵まれやすく、文昌星・文曲星が同宮したり、吉星がさらに同宮加会することで、吉意が増します。一生楽しく過ごせる可能性が高いでしょう。ただし、吉

8　星がなく、凶星が多く同宮加会すると、かえって凶を招きます。

太陽星・太陰星が未宮に入る場合、甲・丁・戊・庚・壬生まれの人は、財・地位はある程度安定します。亥宮・卯宮の三合に文昌星・文曲星が加会すると、高い地位に上がる人も多いです。ただし、三合の官禄宮に吉星がない場合、かえって凶となります。最初は勤勉でも、不思議と中晩年になると怠惰になりやすいのです。命宮で太陽星・太陰星が同宮するのは、基本的に矛盾があります。昼と夜の星が同宮するゆえですが、人間は本来昼間活動しますから、太陽星・太陰星同宮でも、やや未宮の命宮の方が有利なのです。

9　丑・未宮の命宮では、父母のどちらかが不利となり、丁生まれの人で擎羊星が同宮すると、散財しやすいでしょう。

10　寅と申の太陽星と巨門星の女性で、夫妻宮に天姚のある人は、結婚しないで同棲したり、事実婚の人が見られます。

●太陽星・巨門星が寅・申宮で同宮する場合

11　男女を問わず、寅・申宮で太陽星・巨門星同宮の人は、プレゼンテーションなど、口を活用することで福を呼びます。しかし、条件が悪いと口舌の問題となります。努力家であり、苦労を厭いません。事業運の発展性はありますが、競争を多く体験することになります。名声を好み、他者から誉められることも好みます。個性的にはやや固執しやすい傾向で、仕事に対して発展性を強く求めます。巨門星の影響で、一生小人からの害を受けやすく、特に申宮の太陽星・巨門星の人は、低俗な人間から害を受けやすいでしょう。

12 命宮が申宮の場合、太陽星は輝きが低く、職業的には法律・貿易などに適していますが、多くを学びながらも、残念ながら成果は少ない傾向にあります。そのため人生では起伏が定まりません。初年~中年期は苦労しがちです。晩年になって安定していきます。太陽星の輝度が落ちるため、起伏が大きい人生となりやすいのです。両親を早く亡くすか、両親の問題で苦労するか、どちらかです。特に巨門星に化忌が付く場合は、身内との争いに注意です。表面は温和（太陽）でも、内心は狡猾（巨門）な人もいます。煞星がさらに多く同宮加会すると、トラブルや訴訟事が発生します。天刑・天馬と同宮する人は、落ち着きがなく、内勤には不向きです。煞星がなければ設計の仕事に適しています。他者からの攻撃や妨害を経験しやすい配置です。また天刑星と逢うと軍職・外交などに適しています。父母宮の条件が悪いと、父を早く亡くす、あるいは父母は大変苦労するか、一生ごたごたが多い人生となるでしょう。

13 申宮命宮の人は、吉星多く同宮加会する場合には財・地位は安定します。ただし、何事も頭があって尾がないような状況になりやすいのです。時として巨門星の影響で、虚言癖がでる人も見られます。吉条件のない人は、人生が大変不利となります。

14 申宮命宮の人は財帛宮に天梁星が入り、官禄宮には太陰星・天同星が入ります。そのため才能豊かな人が多いのです。

15 寅宮では、甲・丁・己・庚・辛・癸生まれは財・仕事ともに安定します。地空星・地劫星や煞星がない場合は、豊かです。擎羊星・陀羅星が同宮すると、男女ともに色情問題は注意です。たとえ一時的に財や立場を得ても続きにくく、さらに条件悪いと、火の災難に注意です。

16 寅宮では早くから社会で発展していきます。また大限でこの組み合わせに逢うと、その時期に努力の末に発展します。左輔星・右弼星・文昌星・文曲星が同宮すると、名声・幸福も得られます。仕事に関して非常に誠実ですが、妨害を受けやすいです。寅宮命宮では、官禄宮は太陰星・天同星です。吉星がなく、条件も良くない場合は、才能があっても成果を出し切れません。また丁生まれの人は、巨門星に化忌が付くため、六親、つまり身内の縁はあまり厚くありません。

17

寅宮での職業運は、貿易・生産業などに適しています。天刑が同宮すると法律関係、どちらにせよ、勤め人よりは自由業が良いでしょう。

18

申宮の命宮で命無正曜では、対宮の寅宮に太陽星・巨門星が入ります。財帛宮は辰宮の天機星・天梁星で、官禄宮は子宮の天同星・太陰星です。条件良ければ財と地位は安定します。ただし、祖業を継がないほうが良いです。先に財を求めるより、地位・名声をまず求めたほうが人生は安定します。煞星に逢うと人生が破局しやすく、宗教・哲学・占術・スピリチュアルな方面に向かうのも良いでしょう。吉星が多く同宮加会すると、医学・法律などに向いています。癸生まれの人は巨門星に化権、太陰星に化科となり、上格の生まれです。丙生まれの人は巳宮と暗合となり、化権・化禄が絡むため悪くありません。

19

丁生まれの人は化科・化権・化禄が絡みますが、巨門星に化忌が付くため早年期は苦労しやすく、中高年になって財的に恵まれます。甲生まれの人は対宮太陽星に化忌が付き、早年期に大きな苦労をしますが、その後発展します。庚生まれの人は化禄対宮に入り、禄存星も入ります。さらに擎羊星・陀羅星も加会するため、人生で一時的に成功しますが、後半生で大敗しやすく、他者・外部からの制約も受けやすいでしょう。

●太陽星・天梁星が卯・酉宮で同宮する場合

20 酉宮の太陽星・天梁星同宮の人は、動きが多く落ち着けません。そのため、生涯にわたって苦労が伴います。技術職や外向タイプの仕事に適しています。乙・辛・壬生まれの人は、財と地位は安定しやすいです。甲・庚生まれの人は、才能は優れていても成果が少ないのです。ただし、酉の太陽星は、善良な人が多くて繊細です。

21 卯宮命宮も酉宮と同様に、環境の影響を受けやすいです。一生にわたって成敗と起伏が激しいのです。吉星同宮など条件良い場合は、相当に富貴を得る機会があり、目上の助けも期待できます。貿易などの業務にとても適しています。太陽星・巨門星は、ともに天魁星との同宮は吉で、社会的に評価が高まります。乙・辛・壬生まれの人は、財・地位が安定します。甲・庚生まれの人は、吉がやや減退します。卯宮では日照雷門格となり、昼生まれの人で、さらに吉星多く同宮加会すると、社会的にもかなり上位に行くでしょう。福分が厚く、健康な人が多いです。特に文昌星・文曲星・天魁星・天鉞星が同宮加会すると、早い時期から発展します。さらに左輔星・右弼星が同宮すると、大変な発展が考えられます。女命は端正な顔立ちで、賢い夫を持ちやすいでしょう。男女問わず、職業的には建築・代理業・政治関連に才能を発揮します。

●太陽星が辰・戌宮で独守する場合

22 命宮が辰宮で太陽星の人は、多くの人が公職につく傾向にあります。命宮の条件良く身宮も良好ならば、財も仕事も恵まれます。また吉星が多く同宮加会すれば、大成功もありえます。化権・化禄・文昌星・文曲星・天魁星・天鉞星が同宮加会する人は、最初平凡でも青雲のごとく上昇する運があります。女命

23 は端正な感じで、早い時期に賢夫に出会う良縁があるでしょう。

命宮が戌宮の場合、志を遂げるのが難しくなりがちです。性急なところを持ちやすく、事をなすのに、あまり考えずに行動してしまうので、人生の成敗も安定しません。生地を離れ、遠地で活躍する方が良いでしょう。煞星多く同宮加会すると、病気や怪我に注意する必要があります。化忌が付く場合、目の疾患には気を付けましょう。

●太陽星が巳・亥宮で独守する場合

24 巳・亥宮の太陽星の場合、この地に大限・小限が入ると、忙しく、家にいることは少なくなります。巳宮では太陽星は輝度高く財は安定しますが、亥宮は輝度低く、もし財が入っても散財しやすいでしょう。

25 太陽星が巳宮の人は口に福があり、占い師なども悪くありません。天馬が同宮すると、娯楽系の仕事やジャーナリストなどに適しており、命宮や身宮の条件が良くなると、財と地位は安定します。特に、対宮に吉星が入ると大成功しやすいのです。この組み合わせは巨門星が対宮に入りますので、食べるのに困窮することはまずないでしょう。文昌星・文曲星・天魁星・天鉞星が同宮すると、最初は平凡な道のりでも、後に青雲のごとく上昇発展します。女命は端正な人多く、早い時期に賢夫を得るでしょう。

26 亥宮で太陽星の人は、太陽星の輝度が低く、生涯を通じて多くのごたごたを経験し、忙しく苦労しやすい傾向です。職業的には教員や技術者などに適しています。夫妻宮に煞星多く同宮加会する場合、妻子運が悪く、苦労多いでしょう。女宮も同様の判断です。

【十二宮別の太陽星】

1　太陽星が夫妻宮に入ると、男命の場合は内助の功を得やすいです。ただし、煞星が同宮する人は配偶者に問題が出やすく、妻は身体が弱いか、早く妻を亡くしたりしがちです。女命も同様です。

2　戌の夫妻宮で煞星や化忌が同宮する場合、配偶者運が悪く、配偶者を早くに亡くしたり、離婚しがちです。女命で太陽が命宮・夫妻宮で独守する場合は、配偶者に不利です。煞星の冲破が加わると、配偶者は身体が弱く、早死にしやすいとされています。

3　子女宮で三台・八座・禄存星などが同宮すると、将来有望な子を得るでしょう。また、子供も多く生まれやすいとされます。輝度が高い場合は、比較的男子が生まれやすいです。女命で太陽星に化忌が付く子女宮ですと、子供は少ないか、流産に注意です。

4　財帛宮の場合、輝度によりますが、財は比較的安定しやすいです。ただ人に良い顔をしがちで、散財・浪費を好みます。地空星・地劫星が同宮する人は、さらにも増して散財することになります。

5　太陽星が疾厄宮の人は、血圧が高い人が多いです。

6　遷移宮に入ると早く家を離れて外地・遠地に出たり、あるいは別の人の家で育てられたりしがちです。

7　奴僕宮に入ると、友人・知人が多いです。吉星が多く同宮するなど条件良いと、その助力も得られます。

8　官禄宮に入ると、社会的に地位・名声・権威を得られます。管理職の人も多いです。人を導く立場になります。

9　官禄宮で文昌星が同宮する場合、トップに立つより、補佐的な業務に能力を発揮します。

10　田宅宮に入ると、金銭的にはあまり良好ではありません。太陽星は気前よく、散財しやすい星のためです。この宮に入ると蓄積しにくいのです。

11　田宅宮でさらに火星・鈴星が同宮すると、火災には注意です。

12　福徳宮に入ると、生涯を通じて他者からの助力が多く、財務的にも良好となります。

13　父母宮に入り煞星が同宮すると、父を早く亡くす可能性が高くなります。また寡宿星が同宮すると、ますますその確率は高くなります。

【その他】

1　大限で太陽星が巡ると結婚にもつながりやすいのですが、時として薄幸な事態（婚約解消・離婚・不倫など）も発生しやすくなります。

2　太陽星の大限はとにかく忙しく、財運も変動しやすいでしょう。また家を離れることも多く、全体的に労多く、散財しやすい運勢となります。

3　天梁星が丑宮の命宮の場合、太陽星は巳宮に入り、太陰星は酉宮です。これを「座貴向貴」と言います。さらに子宮の廉貞星に化禄が付き、禄存星は寅宮に入ります。太陽星・太陰星は旺地ですので、最も良い格局となり、高い地位を得る条件がそろいます。この条件の人は、学業を怠らず、読書をするとより有利な人生となります。

4　太陽星が大限・小限に入ると、変動や移動が多くなり、煞星が同宮すると、その時期は人生が破れやすくなります。

④武曲星〈財星〉

陰陽	陰
五行	金
斗分	北斗第六星
星情	財・権力

【命宮について】

1 武曲星は北斗第六星で、五行では陰金です。権力や地位上昇・財禄を司る星です。条件が悪いと疾病等、身体に問題が出やすいです。性情は決断力にも富み、忍耐強く、困難にあっても途中で投げ出さない力量を有しています。本来は度量も大きく表裏はありませんが、人に対する要求が厳しい傾向があります。信用を重んじ、発言も誠実です。ただし、いささか性急な面があります。職種としては、全体的に管理職に向いており、古くは軍職に向いているとされていました。また、意外と神官・僧侶・道士などにも適しています。

2 武曲星は命宮（または六親宮）で寡宿と同宮する場合、身内や親しい人と生死別しやすいとされます。

3 命宮が武曲星で条件が良い場合、とても福分が厚く、特に辰・戌・丑・未の墓地では良好です。生涯を通じて財運は悪くない傾向です。

4 男命の武曲星は実行力に富み、勇敢で陽気です。女命では性情が少し違い、あまり明瞭とはならず、感情の起伏も激しく、人生の起伏も激しくなりがちです。男女とも、座していることを好まず、行動的です。生涯を通じて精力的で、緊迫した環境に身を置き、その結果として財産や栄誉を手中にするタイプです。

5 女命で武曲星の場合は、人生を通して辛苦が多くなります。孤独感に苛まれやすく、その割には物事を深く考えません。女命の武曲星は寡宿的な性質を持つのです。

6 武曲星が命宮に入る場合、容貌は子・午・卯・酉の地では比較的背が高く、寅・申・辰・戌の地では中背です。

7 武曲星が単独で入る女命は、家にいるより外出を好みます。人に左右されません。ただし、人を指導する立場もさほど好みません。独立独歩な傾向となります。

8 武曲星は禄存星と天府星を喜びます。

9 武曲星が命宮あるいは田宅宮で禄存星と同宮すると、不動産運は悪くありません。

10 武曲星が条件良く命宮、あるいは大限で巡る場合、健康であり、財と栄誉にも恵まれます。

11 武曲星は天魁星・天鉞星を喜びます。職業としては公務員・銀行員などが良く、化権が加わると、その傾向はさらに強まります。

12 武曲星と文昌星が同宮し、命宮または身宮に入ると、文武両道に秀でた実行力高い人となります。

13 武曲星が最も嫌うのは、擎羊星・陀羅星の同宮です。早くに配偶者を亡くしたりします。女命では特に良くなく、夫の仕事や財産に対して、不吉の運となります。例として、命宮が辰・戌宮の武曲星に擎羊星・陀羅星が同宮し、七殺星が夫妻宮に入る場合など、問題が発現しやすいでしょう。

14 武曲星と火星が同宮した場合、武曲星は金で、火星は火で、剋関係となりますが、面白いことに結婚には有利です。

15 武曲星が辰・戌宮にあると、天羅地網の地となり、文昌星・陀羅星・鈴星が同宮するか、対宮に入る場合は、短命または人生において苦労が多くなります。特に財運は弱くなります。

【十二支別の武曲星】

●武曲星が子・午宮で天府星と同宮する場合

1 武曲星・天府星は、子・午宮で同宮します。企画・表現能力が高く、多くの人を管理する能力も備えています。地位・立場を保持しやすく、禄存星が同宮する人は、財運も良い傾向です。健康で精神力もあり、代理業や建築業も向くでしょう。ただし、その他の条件が良い場合に限ります。

2 子宮の命宮で丁・己・庚・癸生まれの人は、財と地位が安定し、左輔星・右弼星・文昌星・文曲星が同宮すると、さらに吉を増します。禄存星が加わると、大きな財を手に入れます。天魁星・天鉞星が加わった場合、財と地位が同時に入るでしょう。四煞星が入ると、狡猾な人となります。地空星・地劫星が同宮すると、孤立します。

3 午宮の命宮で丁・己・庚・癸生まれの人は、ほぼ子宮と同じです。財と地位は安定しやすく、特に己生まれの人は、貴格となります。

●武曲星が寅・申宮で天相星と同宮する場合

4 武曲星・天相星が寅・申宮に座する場合は、商売人タイプです。器用で、同時に複数の仕事をこなす人が多いです。夫妻宮に煞星が入ると、男命の場合は多くの女性と縁ができるか、再婚の命となります。

5 さらに禄存星と天馬星が同宮すると、財産や栄誉に恵まれます。また、国外で発展します。化忌が入ると、技術職に適しています。女命は会計・経理の仕事に向きます。男命で命宮の条件が良いと、多くの貴人から助力を得られ、事業運も良くなります。ただ、可能性や理想を追い求める傾向が強いため、蓄財よりも投資に意識が向かいやすく、財の維持は難しくなります。これは対宮に破軍星が入るからです。

6 寅・申宮で武曲星・天相星が命宮となる場合、三合に紫微星・天府星が加会します。条件が良いと、一生において福分が厚くなります。

7 申宮命宮の場合、甲・乙・己・庚生まれは福分厚く、財・地位を得られます。禄存星・化禄・化権・化科など、多くが同宮加会すると、財を得て故郷に凱旋すると言われます。左輔星・右弼星・文昌星・文曲星が加われば頭も良く、器用でさらに地位は高くなるでしょう。火星・鈴星が同宮すると、身体に怪我や病気がある人も多く、擎羊星・陀羅星・地空星・地劫星が同宮すると、財的な損失を招き、とくに擎羊星が入るとそれを免れません。寅宮の場合、甲・丁・己・庚生まれの人は、財・地位が安定しやすく、左輔星・右弼星・文昌星・文曲星同宮では、権力を手中にすることでしょう。寅宮に比べ、申宮の方がやや福分が薄いです。

8 女命で申宮命宮の場合、結婚生活は不満足になりやすいです。

9 武曲星・天相星の命宮では、紫微星・天府星が加会し、福分厚くなります。例として、寅の命宮では、官禄宮は午宮で紫微星独守となり、財帛宮は戌宮で廉貞星・天府星が入ります。煞星に逢わなければ、甲生まれの人は禄存星・化科・化権が加会するため、特に貴命となります。

10 寅・申宮が命宮では、何となく孤独感を持つ人が見られます。夫妻宮は貪狼星が入り、一回の結婚で治まらない人が見られます。化忌が付くと、その傾向は強まります。つまり、夫妻宮で貪狼化忌の人です。武曲星に化忌が付く場合は、技術職なら良いでしょう。化忌に逢わず、化権・化禄が同宮し天馬が入ると、商売で成功しやすくなります。性情は衝動的ですが、クリエイティブです。行動的でじっとしているのが苦手です。また、生地を離れた方が発展します。物品の生産・加工・金属関連・建築などの分野は悪くありません。

●武曲星が丑・未宮で貪狼星と同宮する場合

11 武曲星と貪狼星は丑・未宮で同宮します。この組み合わせは人生が乱高下します。地位は上がりやすく、財運も良いのですが、安定しにくいです。また身体に問題が出やすく、疾病にも注意です。その他の条件が悪いと、この傾向がさらに強まります。

12 この配置は「貪武同行格」とも言い、祖業を継ぐのには良くありません。また、故郷を離れます。若い時期は苦労が多く、三十代以後になって発展しやすいです。束縛を嫌い、自由を好みます。他に、桃花星が同宮すると色事の問題が多くなります。女命は神経質な面が強く、心が広いわけではありません。こちらも人生は三十、四十代以後の発展と考えたほうが良いでしょう。

13 丑・未宮が命宮で、身宮に廉貞星・破軍星が入るか、その逆の配置となる場合、技術職にかなり適しています。ただし、化忌・擎羊星・陀羅星が同宮または対宮に入ると、一生にわたって心身が安定せず、様々な問題を経験します。

14 武曲星・貪狼星で未宮命宮の場合、非常に打算的になります。戊・己・庚・辛生まれでは火星同宮となり、貴格です。癸生まれの人は、最初は貧しく、後に発展します。貪狼星は条件が悪いと酒色の問題が出やすく、注意です。

●武曲星が卯・酉宮で七殺星と同宮する場合

15 武曲星・七殺星は卯・酉宮で同宮します。非常に企画力がある配置です。この組み合わせは同情心があり、人をよく補助します。若い時期は苦労が多くなりますが、基本的に生涯を通じて起伏が大きい命となりやすいです。度量はそれほど大きくなく、短気で性急な性質となります。仕事や人生に冒険を求める面があります。条件が良いと、突然の成功もありえます。ただし、凶星が多いと、子供時代から持病をかかえ、怪我などにも注意です。化忌が同宮すると、財的トラブルも多くなります。

16 武曲星は本来火星・鈴星とは吉の関係ですが、武曲星・七殺星の組み合わせで、火星・鈴星が同宮すると、破財の運となります。

17 この配置で官禄宮の場合、技術職で身を立てます。文昌星が同宮すると、印刷関係や衣類加工等も向くでしょう。

●武曲星が辰・戌宮で独守する場合

18 武曲星が辰・戌では、割合立場・地位が安定し、財運も良いです。ただし、怪我をしたり、痛みをともなう病気になりやすいです。

19 辰・戌宮での武曲星は、少々複雑な性情を持ちます。独立独歩で、一人で生きていけるのですが、同時に良い友人も多くいるでしょう。財を求めますが、それほど金銭には固執しません。化禄・左輔星・右弼星が同宮加会する人は、なお財運が良いです。辰宮の命宮では、物事に固執しやすくなります。基本的によく話しますが、戌宮命宮では寡黙なタイプが多いです。職業的には、どちらも建築業等に適しています。武曲星・七殺星が卯・酉宮、武曲星が辰・戌宮では、金融関係や金属業も悪くありません。

20 辰の武曲星で甲乙生まれは、財運・仕事運ともに有利です。戌・丑・未宮（墓地）も悪くありませんが、少年時代は不利が（辰宮命宮に比べ）多いでしょう。文昌星・文曲星が同宮すると、「出将入相」と言って、大変良い吉格となります。天魁星・天鉞星が同宮すると、財運に有利です。擎羊星・陀羅星が同宮する場合は、財的に損をしやすいです。これは財帛宮でも同様の判断です。

21 戌の武曲星で甲乙生まれの人は、社会的地位・立場と、金運が安定します。

22 丑宮で甲生まれの人は「座貴高貴」と言って、悪くありません。陀羅星（丑宮では入廟する）が本宮に入り、三合に化科・化禄・化権が入ると上格となり、非常に富貴です。

未宮で庚生まれの人は、やはり「座貴高貴」です。この場合、武曲化権は最吉となります。

辰宮で癸生まれの人は、天魁星・天鉞星が同宮加会し、多の吉星が同宮加会すると、財運は強く、非常に豊かな配置です。官禄宮は紫微星・天府星が入り、大吉です。甲生まれの場合、化科・化禄が加わり、さらに富みます。

戌宮で甲生まれの人は、集禄が財帛・官禄宮に入るため、富貴な命です。

辰宮の命宮で丙生まれの場合も、やはり集禄となり、多くの助力を得ます。ただし、廉貞星に化忌が付くのが難点で、財は入りますが、残らない傾向です。

●武曲星が巳・亥宮で破軍星と同宮する場合

23 武曲星・破軍星は巳・亥で同宮します。大限・小限でこの地に入る場合、社会的立場や財運は悪くありません。ただし、病気には注意です。

24 武曲星・破軍星は、性情として剛毅で、金銭的に節約をしません。また物事を衝動的に決定してしまう傾向があり、運勢的にも起伏が激しくなります。物事に固執しやすく、集団を好みません。祖業を継ぐことは少なく、若い時期に生地を離れやすいでしょう。条件の良い配置では、外科医・加工業・技術者として成功しますが、文昌星・文曲星同宮となると、破軍星にとって凶となり、一生苦労が多いです。

25 頭脳優秀で、理系・技術系の仕事に適しています。

亥宮で戊・壬生まれの人は、財運・職業運ともに安定します。ですが、少年~青年期は不安定です。商売運・職業運は良いのですが、祖業を継ぐと苦労します。煞星と同宮すると、技術的な分野は良いですが、財は入っても散財してしまいがちです。

26 亥宮で戊・壬生まれの人も、同じく財運・職業運ともに安定します。ですが、少年~青年期は不安定です。文昌星・文曲星と同宮すると、かえって人生は発展しません。別名「寒士」と言います。擎羊星・陀羅星が同宮すると、健康を害します。火星・鈴星が同宮すると、公的機関とのトラブルが多くなり、人生は波乱含みとなります。他の煞星が入っても同様です。このような人は、技術職が適しています。以上のような場合、他の条件が良くても、男性は放蕩な傾向で、女性は色情運が強いのです。財は入っても散財しやすいです。

【十二宮別の武曲星】

1 武曲星が夫妻宮に入ると、晩婚が多くなり、結婚生活は意外と平凡です。擎羊星・陀羅星・地空星・地劫星・化忌が入る人は、家庭生活に情がなくなります。

2 子女宮に入ると、子供は活力があります。

3 財帛宮に入ると、基本的に良好です。

4 武曲星・貪狼星が財帛官にある場合、突然の成功もありえます。商売などで、思いがけない幸運に見舞われます。さらに擎羊（墓地では吉度が高い）が同宮すると、突然の成功、中晩年より良好に発展し名声を得る、といった意味になります。大限で遭遇すると海外運が増す、あるいは貿易など、海外との関係で財をつくる人が多いようです。

5　疾厄宮に入ると、鼻が過敏な傾向です。擎羊星・陀羅星が同宮すると、大いに健康を害します。

6　武曲星・天府星が疾厄宮で同宮すると、大きな病にはなりにくいです。

7　遷移宮に入ると、変動が多くなります。安定は得られません。

8　遷移宮に入り吉星と同宮すると、商売上手となります。例えば命宮に武曲星・破軍星で、禄存星・天馬星が遷移宮に入る場合などです。

9　奴僕宮に入ると、仕事上における人間関係は悪くありません。煞星が入ると、あまり良好となりません。貪狼星・破軍星が同宮では、変動・移動を好むようになります。

10　官禄宮に入ると、財務や経理の仕事に向いています。化権・化禄同宮となれば、ますます職業運は良いでしょう。武曲星に化忌・地空星・地劫星が同宮し、卯宮が疾厄宮の場合、酉宮の流年などに気管をやられたり、怪我や手術など身体上の問題が起きます。

11　武曲星・貪狼星が官禄宮にあると、技術で身を立てる人です。煞星が同宮して化忌が付く人は、技術系の仕事につけば、人生を安定させることができます。

12　田宅宮に入ると、良い住宅に居住します。煞星が同宮すると、雑然とした場所に住みやすく、近くに市場や繁華街がある場所でしょう。

13　福徳宮に入ると、心身ともに苦労がたえません。財は入っても散財しやすく、本当の自己の楽しみには使えない、という意味があります。

【その他】

1　大限で武曲星・鈴星・陀羅星・文昌星の運に入ると、時として「河に身を投げるような事態」になると言われます。この組み合わせが命宮となると、人生においてトラブルが起きやすいのです。ですが、化禄・禄存星があれば、トラブルから逃れられる可能性が高く、逆に生まれながらに何かの才能があるでしょう。

2　武曲星の大限で化忌が付き、擎羊星・陀羅星・天刑が加わると、少年時代に大きな挫折を経験します。大人になると、化権が絡む時に、利権争いに注意です。

3　武曲星・破軍星の組み合わせと財帛、あるいは大限で逢う場合、財は入っても、去ってしまいがちです。

⑤天同星〈福星〉

陰陽	五行	斗分	星情
陽	水	南斗星	福禄・歓楽

【命宮について】

1　天同星は五行でいえば陽水です。この星は性質として長寿な傾向で、先祖運も厚いです。命盤の条件が良ければ、対人運や子供運も良いのです。財運は悪くありませんが、大きな財を引き寄せるほどではないのです。しかし、衣食住で困窮することも少ないです。頭脳明晰で性格も温和、感情も豊かです。凶星が絡まなければ善人となり、陰徳を積む人も見られます。上昇を望むよりも現状に満足しやすく、仕事よりも人生を謳歌しようとます。ただし、主体性が弱い傾向があり、仕事や対人、環境に関することも、周囲の影響によって変化しやすいでしょう。博学で、芸術的才能の高い人が見られます。

2 天同星は凶を吉に制化する力を備えています。行運が凶でも三合に天同星が加会すると、最悪の事態は逃れます。さらに天梁星が加会すると、良さが増します。天同星は福星で、人生が安定しやすくなります。そのため、あまり心労・苦労を体験しない人も見られます。化禄が付くと、一段と吉運が増すでしょう。

3 天同星が命宮に入る場合、やや保守的な傾向が出ます。命盤の条件良ければ、幼年期は比較的平和で、大限でも同様の現象となります。

4 女命で天同星の場合は、普段は温厚な人が多いのですが、恋愛などに夢中になると、少々逸脱してしまう人も見られます。天同星は天梁星と同宮し、さらに左輔星・右弼星と同宮するのを喜びます。仕事に関しては、一生安泰です。

5 天同星が文昌星・文曲星に逢うと、人生は順調な傾向です。また、文学的な才能もあるでしょう。女命でこの組み合わせの場合は、不思議と結婚生活は不順になりやすく、その原因として、感情的逸脱をしやすく、また心中が男性に比べて複雑だからです。

6 天同星が擎羊星・陀羅星・火星・鈴星・化忌と多く同宮加会すると、身体上の問題が発生します。怪我・病気、時として手術などです。もしくは、持病に悩まされます。

7 天同星が擎羊星と同宮するか、対宮に入ると、生涯を通して怪我・事故が多くなり、他者とのトラブルや争いに注意する必要があります。陀羅星や化忌が同宮すると、太りやすくなります。また目が細い、目の疾患が出やすいという傾向もあります。

8 天同星が火星・鈴星と逢うと、やはり目の疾患にかかりやすく、巨門星が同宮では、珍しい病気に注意です。

9 天同星と天機星が同宮、天同星と太陰星が同宮、天同星と天梁星が同宮で、かつ左輔星・右弼星と同宮すると、長寿です。

10 天同星・天機星が命宮、もしくは身宮に入ると、宗教・芸術方面に才能ある人が見られ、地空星が同宮すると、宗教的儀式を好みます。

【十二支別の天同星】

●天同星が子・午宮で太陰星と同宮する場合

1 天同星・太陰星で子・午宮が命宮の人は、身長の高い人が多く、中には太り気味の人が見られます。辰・戌宮あるいは寅・申宮が命宮の人は、中背で小太りになりやすいのです。丑・未宮では中背、巳・亥宮では普通の体格で、卯・酉宮では比較的痩せています。丸い目か、アーモンド形の目をしています。天同星命宮の人は、眉と目がキレイです。唇は潤いがあり、歯も美しく、両眼に力があり、しぜんと福相になりやすいのです。

2 「水澄桂萼格（天同星・太陰星が子宮にあり煞星の同宮対冲がない）」と言って、この命格の人は激務の職業には不向きです。

丙・丁生まれで、かつ夜生まれの人は、一生生活に困らないとされます。仕事も順調な人が多く、命盤の条件が良いと、労せずして成果を得られる福分があります。ただし、女命はやや異なり、容貌には恵まれますが、感情が比較的不安定となります。芸術的才能を持つ人もいます。一生、型にはまらないような生き方をする傾向があります。

安定を求めて公務員を目指すのも良いですが、芸能・娯楽関係・クリエイターなども悪くありません。

丁・戊・己・辛・癸生まれは財と社会運が安定しやすく、さらに吉星を見ると、富と地位を得られます。

禄存星が同宮し、左輔星・右弼星が同宮すると、富貴となる可能性大です。擎羊星同宮は、身体に問題が出ます。

女命は容貌美しい人が多いです。時に、性的欲望が強い人も見られます。

女命は比較的図太いところがあり、感情的な打撃を受けにくいです。

3 女命で子宮の天同星は、皮膚は白く、骨が細い傾向です。割合痩せていて、女性らしいと言えます。午宮の場合は、やや太り気味の人が多いです。少し、女性らしくないかもしれません。辰戌丑未卯酉の人は、比較的痩せています。寅申巳亥の人は、比較的太り気味の人が多いです。どちらにせよ、天同星は温柔な性質になります。

4 子宮で化権・化禄が入り、さらに文昌星が同宮すると、吉が増します。ただし、対宮の午宮に擎羊星・陀羅星が入る場合は、気性が強く、むしろ武職（警察官や軍人・消防士など）に適しています。煞星が多く同宮加会すると、突発的な病気・怪我・死もありえます。

5 丁生まれで化科・化権が三合に入り、禄存星が対宮に入る場合は、富貴双全も夢ではありません。癸生まれで禄存星同宮は、大きな財を手に入れやすいです。

6 午宮の場合は社交的で、仕事も外回りが適しており、友人・知人も多いです。

7 午宮が命宮で丙生まれの人は、「馬頭帯剣《ばとうたいけん》」と言って、孤独感を持つ人が多く、人生も定まりにくいのです。出国する機会も多くなります。大限でこの組み合わせになると、海外に出たり、外国で結婚・離婚をするような現象が見られます。幼年期は複雑な状態になりやすく、トラウマを残しやすいです。擎羊星が同宮しなくても、化忌・火星・鈴星・截空星が同宮していれば、技術的な仕事で身をたてたほうが安全です。時おり、一生を通じて病気や痛みに悩む人が見られ、心の安定とケアが大切になります。

8 甲・丁・己・辛・癸生まれの人は財と仕事が安定しますが、煞星同宮では波乱多く苦労しがちです。女性は美しい人が多いですが、色事に溺れる人が時に見受けられます。

仕事は営業・外交など、外向きなことに向いています。

●天同星が丑・未宮で巨門星と同宮する場合

9 丑・未宮で、天同星と巨門星は同宮します。巨門星は計画の星であり、天同星は社交の星です。芸術方面の才能に恵まれています。

丑・未宮で命宮の場合、天同星命宮としては、運勢の波風が荒くなりやすいほうです。特に丁生まれ、もしくは宮干が丁になる時期には、巨門星に化忌が付き、大変悪い時期となります。この命宮では、特に言葉の表現に問題があり、それが多くのトラブルを招きます。若年期は苦労多く、中年期から安定する傾向です。成功しても何か、幸福感や達成感に欠けた感じがします。これは、必要以上に物事に固執したり、強い幻想を抱きやすいところに原因があります。この生まれは是非も多く、命盤の条件が良くなければ、大きな発展は望めません。また、周囲や他者の影響を容易に受けてしまいがちで、成功するとしても、永続性が弱くなります。

命盤の条件が悪いと、男命の場合は異性に対して強い執着を持つ場合があります。ただし、表面的には至極真面目です。感情的に不安定で、不満を持ちやすく、時として冷淡です。この宮での命無正曜では、対宮に天同星・巨門星が入りますが、夫妻宮は天機星となるため、順調には行きにくいです。陀羅星が同宮すると、結婚において問題が発生しやすくなります。巨門星が独守していると、陀羅星が同宮していなくても、複雑な感情を持ちやすいのです。

職業運としてサービス業・法律関係・飲食業・エージェント業・高度な技術職などが向いています。

10 丑・未宮では、煩悩を多く抱え、才能があっても発揮できない人が多いでしょう。そのため焦燥感にとらわれやすいのですが、晩年に入って安定します。女命も同様に、感情的な安定には欠けるでしょう。夫妻宮は亥宮で太陰星が入るため、男命は配偶者に恵まれますが、女命は配偶者で悩みやすいでしょう。

11 丑宮の場合、甲・乙・丙・庚・辛・壬・癸生まれは財と仕事に恵まれます。ただし、対人関係の問題や、口舌のトラブルは多いでしょう。擎羊星・陀羅星が加会すると、男女ともに多情な傾向になります。特にこれらが同宮する場合は、身体に傷が残りやすく、火星・鈴星同宮は、難病などになりやすいので、注意です。大限などでこのような組み合わせに入る場合も同様ですが、さらに条件が悪い場合は、最悪、命に関わることも考えられます。また、火の災いにも注意です。

12 未宮の命宮で、甲・乙・丙・庚・辛・壬生まれは、財と立場は安定するほうです。擎羊星・陀羅星が同宮すると、感情も不安定で気分屋の傾向が強く、何事も竜頭蛇尾となりやすいのです。一生、口舌のトラブルや是非を招きます。三合に煞星が多く加会すると、火の災いに注意です。子宮の天同星と似ています。

13 未宮が命宮の場合、癸生まれでは巨門星に化権が付き、対宮の丑宮から擎羊星が冲することになります。これに火星や白虎が同宮加会すれば、訴訟や法律のトラブルが多くなります。

14 未宮で命無正曜の場合、対宮に天同星・巨門星が入り、卯宮財帛宮に太陽星（旺）、亥宮官禄宮に太陰星（廟）が入ります。このため、丑宮に比べて吉命です。ただし、命宮を化忌が冲破したり、化忌が同宮する場合、または殺星が入ると、破局の生まれとなります。特に擎羊星は凶意が強く、注意が必要です。丙生まれの人は対宮の天同星に化禄が入りますが、平凡な格です。しかし、比較的安定した人生を送ることができます。

●天同星が寅・申宮で天梁星と同宮する場合

15 天同星と天梁星は寅・申宮で同宮します。天同星は社交の星で、友人も多いのですが、天梁星は名声を望み、金銭も浪費気味な傾向です。このため地位・名声を得られても、財運は弱い傾向です。

16 寅・申宮の場合、性情は落ち着いていて、穏和です。こだわりが強い傾向もありますが、対人運は悪くありません。またこの組み合わせは、長寿で健康な傾向です。早い時期から学習に勤しみ、外出を好みます。一生を通じて外出が多く、遠地に移動したり、引っ越しをすることも多いでしょう。

17 寅宮が命宮では、落ち着きのない人生となりやすいです。多くの是非を経験し、刑事訴訟等にも注意が必要です。地位と財も安定しません。また吉星が同宮せず、煞星が多く同宮加会すると、困難の多い不安定な人生となります。命盤の条件が良いと、辰宮の福徳宮には太陽星が輝度高く入るため、名声・名誉を得られます。

18 寅宮が命宮で条件が良く、さらに吉星が多い場合。例えば天魁星・天鉞星・文昌星・文曲星・左輔星・右弼星・三台・八座などが多く同宮加会すると、名声を得られます。あるいは、特殊技術や法律関係の専門家として、地位を得られます。甲・乙・丁・己・庚生まれは福分が厚く、文昌星・文曲星が同宮すると、執筆を好みます。この申宮の命宮では、非常に特殊なケースが起きます。命無正曜となり、比較的命盤の条件が良く、四煞星・地空星・地劫星が同宮すると、かえって吉命となる場合があります。

●天同星が卯・酉宮で独守する場合

19 天同星は卯・酉宮で独守します。命盤の条件が悪いと、悲運の命となる人も見られ、突然の事故や病気、または突然死もありえます。これは酉宮の方が顕著です。

20 卯宮が命宮では、対宮の酉宮に太陰星が入ります。互いに命宮・身宮になる場合は、感情の起伏が激しくなります。女命はおおむね結婚運が良好で、一生にわたって幸福を享受できます。しかし煞星が同宮加会すると、その限りではありません。

21 酉宮が命宮で、身宮に太陰星が入らず、さらに命盤の条件が悪い場合は、離婚する確率が高いです。身宮が卯宮で、太陰星が守り、三合に桃花星が多いと、時として多くの男性と関係を持つことになります。あるいは、芸能関係の仕事につきます。福徳宮に桃花星が入り、煞星が加会すれば、水商売等に進む可能性があります。これは卯宮も同様です。

●天同星が辰・戌宮で独守する場合

22 天同星は辰・戌宮で独守となります。辰・戌宮で截空星が同宮すると、一生にわたって起伏が激しい傾向となります。しかし、性情は意外に温厚です。社交的で、友人知人と交わるのを好みます。

辰宮が命宮の場合、丙・丁生まれの人は、比較的良好な命です。庚・癸生まれは、幸運が永続的になりません。左輔星・右弼星・文昌星が同宮すると、社会的にも安定します。擎羊星・陀羅星同宮は、身体に傷を受けるか、病気に注意です。火星・鈴星に逢うと、身体に痣などができやすくなります。性格は天真爛漫となり、人から好かれます。この配置は、一つの物事が持続しない傾向にあります。ただし、衣食住に困ることになりません。自由を好み、束縛されるのを嫌います。

戌宮が命宮の場合、丁生まれは天同星に化権が付き、対宮の巨門星に化忌が付き、三合に化禄・禄存が入るため、仕事・社会運はよく発展し、名声を得られます。ただし化忌の影響のため、父母を早くに亡くす可能性があります。

職業としては辰・戌宮ともに、公務員・貿易・設計・外交に適しています。

23

戌宮の命宮は弱地ですが、丁生まれはそれほど悪くありません。この状態は対宮から巨門化忌が冲しますが、三合に化禄・化科、本宮に化権が入り、さらに天魁星・天鉞星が命宮や対宮に入る場合は、特殊な格となります。何もない所から創業して成功する、立身出世の命になります。早年期は苦労しますが、中晩年になると財と地位を得ます。

24

●天同星が巳・亥宮で独守する場合

天同星は巳と亥で独守します。比較的社交性がありますが、男女ともに感情の起伏が激しい傾向にあります。煞星が多く同宮加会すると、凶的現象が発生しやすいです。最悪の場合、身体に傷が残ったり、病気になります。天馬同宮では、一生ふらふらと動き回り安定しません。旅行業・娯楽業などとは相性が良く、財と地位が安定します。左輔星・右弼星・文昌星に逢うと、良い立場を得られます。とにかく、煞星加会は孤独・怪我・病気に注意です。女命は容貌美しい人が多いですが、多情な人が多く見られます。

【十二宮別の天同星】

1　天同星が兄弟宮に入れば、基本的に兄弟とは仲良く付き合えるでしょう。

2　夫妻宮に入れば、辰・戌・丑・未宮では配偶者は年上となります。男命は内助の功を受けやすくなるでしょう。

3　男命で酉宮に太陽星・天梁星となる場合、夫妻宮は無正曜となりますから、対宮の天同星と巨門星を借りて判断します。夫妻の感情は良好とはならず、一緒に仕事をすると、気持ちが離れてしまうでしょう。

4　子女宮に入れば、子供は大変遊び好きになります。

5　財帛宮に入れば、財運は悪くなく、平穏な感じです。何かをコレクションしたり、アンティークが好きな人が多いです。化忌や地空星・地劫星が入ると、破財の憂いがあります。

6　疾厄宮に入れば、肥満・むくみ・膀胱に注意です。

7　遷移宮に入れば、海外や遠地に行くことで、実力者の援助を受けられます。天馬同宮になると、さらに海外や遠地に赴く機会が多くなります。

8　奴僕宮に入ると、丑・未宮では部下運は悪く、素直に動いてくれません。また煞星が同宮すると、友人や部下と財務上の問題が起こります。

9　官禄宮に入ると、格局が良ければ文化方面で名を上げます。天同星は福星ですが、官禄では良さを発揮しづらいのです。ただし命宮の条件が良い時には、娯楽・文化関連の仕事は特に良いと考えられます。

10　福徳宮に入ると、物質的な享受を得られ、精神的苦労も軽いでしょう。

11　父母宮に入ると、長寿の命です。ただし煞星が加わる場合は別となります。たとえば、丑・未宮で天同星・巨門星同宮となる場合は、命宮が子・午宮で、貪狼星が独守します。対宮・三合に擎羊星・陀羅星が入る場合は、長寿となりません。

12　田宅宮に入ると、近隣に娯楽関連の施設があります。例えば田宅具が子宮で天同星・太陰星が入る場合、住居の近くは緑多く、花も多く咲いている場所が多いです。住居も陽光が入り、寝室も過ごしやすいでしょう。

⑥ 廉貞星〈囚星〉

陰陽	五行	斗分	星情
陰	木火	北斗第五星	実利・桃花

【命宮について】

1　廉貞星は五行では陰の木火で、官禄宮を司ります。命宮や身宮に入ると、桃花の性質を表します。性情としては聡明で記憶力も高く、自由を好み、束縛を嫌います。因習にとらわれず、流行や最先端な物事を好みます。競争意識が強く、勝つことにこだわります。率直で弁論を好み、指導力も高いでしょう。女命の廉貞星は個性が強いですが、表裏がなく率直です。また女命は貞節で、財を守り、たとえ破財してもへこたれず、努力する強さがあります。とはいえ、廉貞星は基本的に凶星のため、対宮と三合宮の条件次第なところがあります。

2 廉貞星が命宮の人は、吉星が多く同宮加会すると、財は満ち立場も安定します。廉貞星は官禄宮の主ですが（太陽星や紫微星も同様）、廉貞星は特に権力・権威と言う意味合いを持っています。公的機関も悪くありません。廉貞星は同時に囚星でもあるため、何かの制裁を受けやすいです。例えば財帛宮に化忌が入れば、金銭的損害を被りやすいでしょう。

3 廉貞星は桃花、つまり色情の星の一面を持っていて、命宮や身宮に入ると、その傾向は強くなります。女命で廟地に入る場合は、それほど強く現れません。意外に、男性と距離を置く人が見られます。落陥になると、むしろ狐独な人が多くなります。煞星同宮では、さらにその傾向は強くなります。未・申の命宮の女性は「秀朝垣格」となり、寡黙で端正な女性が多いです。

4 廉貞星は紫微星と命宮・身宮それぞれに入るのを喜びます。さらに左輔星・右弼星が同宮するならば、権威・権力を掌握し、高い地位を得ることが可能です。

5 廉貞星は禄存星との同宮を喜び、非常に財運が強くなり、富を得るでしょう。

6 文昌と同宮すると、聡明で音楽を愛好します。

7 将星と同宮すると、権威があり、職業的には加工業や軍人に適しています。性情は剛強で、物事に固執しやすくなります。

8 廉貞星が紫微星と同宮し、さらに左輔星・右弼星が入ると、高い地位や大きな権力を得やすいでしょう。

9 廉貞星は擎羊星と逢うのを喜ばず、幼年期には皮膚の病気に注意です。擎羊星・陀羅星と逢うと、刑事事件や怪我に注意です。

10 廉貞星に四煞（擎羊星・陀羅星・火星・鈴星）の組み合わせは、生涯を通して是非が発生しやすく、牢獄の災いもあるかも知れません。命宮が巳宮で、子宮（疾厄宮）に化忌と白虎が入る場合、身体問題が出やすく、手術の危険も大です。

11 廉貞星・貪狼星が巳宮、または廉貞星・天相星が子宮で同宮する場合、あまり高い発展は望めません。丙生まれは廉貞化忌となり、さらに擎羊星・陀羅星・火星・鈴星のいずれかが同宮で夫妻宮に入る場合、絶えず離婚の可能性が高くなります。

12 廉貞星と白虎が同宮する場合、訴訟や入獄の災いがあるかもしれません。これは入廟落陥を問いません。大限・小限・流年で廉貞星が入り、また白虎が絡む時、訴訟や交通事故に注意です。

13 廉貞星・破軍星、または廉貞星・天府星が同宮し、さらに火星が同宮となる場合、自ら面倒を引き起こしやすく、またあきらめが悪くなります。

14 廉貞星が文昌星・文曲星と同宮する場合、あまり長命とは言えません。一生にわたって問題が多く、感情的にも落ち着きません。

15 廉貞星が未の命宮の場合で、身宮に武曲星・破軍星が入る場合、裸一貫から事業を成功させる人が出ます。しかし、生涯通して起伏が激しく、不安定です。

16 廉貞星が命宮か身宮に入る場合、一生にわたって不安定です。特に化忌が入り、煞星が同宮加会すると、大病になりやすいでしょう。

【十二支別の廉貞星】

●廉貞星が子・午宮で天相星と同宮する場合

1　子・午宮に廉貞星が入り、擎羊星が同宮しない場合、智恵高く権威を掌握します。しかし、福徳宮に七殺星が入るため、憂うつで孤独感に苛まれやすいでしょう。性格的に、人と迎合せず、群れません。職業的には公務員や飲食業などは悪くありません。

ただし、擎羊が加わると「刑囚来印格」となり、是非が多く訴訟事など経験します。大限でこの組み合わせがあっても同様です。

「刑囚来印」の女命は問題が起きやすく、早くに夫を亡くしたり、流産・手術などに注意です。

2　廉貞星・天相星が子宮に入る場合、甲・丁・己・癸生まれは財と仕事に恵まれます。丙生まれでは一時的に成功しても、永続性がありません。ですが左輔星・右弼星・文昌星・文曲星と同宮すると、職業的地位を得ます。文昌星と同宮すると「礼楽」となり、文化的で礼節を得ます。禄存星が同宮すると富貴となり、人生も安定するでしょう。武曲星や破軍星と同宮では、祖業を継いではいけません。擎羊同宮は是非が多くなり、問題です。対宮に火星・鈴星が入り冲されると、病気に注意です。女命で甲・己・庚生まれは、性格は意外にさっぱりとした人が多いのですが、擎羊が同宮すると、嫉妬深くなります。

3　廉貞星・天相星が午宮に入る場合、甲・乙・丁・癸生まれの人は、金銭・仕事ともに安定します。その他は、ほぼ子宮と同じです。女命の場合、丙・辛・乙・戊の生まれは、さっぱりとした気質になります。

4　子・午宮で廉貞星・天相星が入り、擎羊星が同宮すると「刑囚来印」となり、訴訟などを経験しやすくなります。

5　子・午宮の命宮では、電器類の生産や、加工業などに適しています。

●廉貞星が丑・未宮で七殺星と同宮する場合

6　廉貞星が丑・未宮に入ると、忙しい中で財を得ます。丑宮に比べ、未宮の方がやや良いです。冒険を好み、何事も単独行動を好みます。そして、仕事も独断で進めがちです。吉星同宮で良さが増すのは言うまでもありませんが、凶星同宮は身体上の問題か、人生上の失敗が多くなります。

7　廉貞星・七殺星が同宮で大限に入る場合、出国の機会が多くなります。身宮や命宮に入ると、船員や航空関係などの仕事についている人も多く見られます。

8　丑・未宮で擎羊星・陀羅星が同宮すると、路上で亡くなったり、交通事故や手術などに注意です。仕事は軍人・加工業・電気関係・機械・金属等の生産業や、技術者に適しています。

9　未宮で甲生まれの人は、金銭と立場に恵まれます。丙・戊生まれの人は問題を経験しやすく、成敗どちらも体験する、起伏の激しい人生になりやすいです。それでも煞星がなければ、比較的安定しやすいです。

10　未宮の廉貞星・七殺星は、個性として生活の範囲は小さく、友人も少ないです。物事に固執しやすいのですが、温厚な人が多いです。丑宮では、未宮とおおむね同じです。表裏がなく、割合率直です。変化を好まず、自己の原則を保とうとします。環境の影響を受けにくく、心は性急です。内面は案外温和です。ただし、一生変動が多く、人生は定まりにくいでしょう。未宮に比べ、桃花の問題が多くなります。

●廉貞星が寅・申宮で独守する場合

11 廉貞星が寅・申宮に入ると、変動性が強く、社会的に高位は得られません。ですが、財は誘引できます。性情は性急で、思ったことはすぐに口に出す傾向がありますが、基本的に働き者で、効率良く仕事をします。遊びも好きで、働く時は徹底的に働き、遊ぶ時は徹底的に遊ぶタイプです。

12 申宮では「雄秀朝垣格」と言い、名声を求める傾向にあります。そして、自己の権力を広げようとします。金銭的には安定しやすいでしょう。

13 寅宮では甲・乙・庚生まれの人は貴格となり、丁生まれの人はその次位のランクです。「府相朝垣格」が成立する配置で、甲生まれでは最も良い格となります。文昌星と同宮すると「礼楽」となり、文化的で礼節を得ます。禄存星が同宮すると富貴となり、人生も安定するでしょう。擎羊星・陀羅星と同宮すると、膿を伴う病気になりやすいです。女命で乙・丙・戊・辛生まれの人は清廉な人で、化禄入ると精神的にも物質的にも順調です。天馬星が同宮すると、外務的仕事に適しています。ですが化忌が付くと、順調には行きにくいです。

14 申宮では甲・戊・庚生まれの人は貴格となり、丙・丁・己生まれの人はその次のランクです。化禄が付くと富貴の命となります。その他は寅宮とほぼ同様です。ただし、火星と空亡星が同宮し、落陥している場合は、投身自殺の暗示があり注意です。

●廉貞星が卯・酉宮で破軍星と同宮する場合

15 廉貞星と破軍星は卯・酉宮で同宮します。破軍星は特殊技術で利を得やすい星ですが、変動を好み、忙しい動きによって財を得ます。化忌や擎羊星・陀羅星が同宮すると、一生を通じて波風多く、心中穏やかではありません。

16 卯・酉宮が命宮では、冒険精神が強く、強固な意志力を持ち、長期の辛苦にも忍耐強く立ち向かいます。専門技術で身を立てやすく、生活自体はシンプルさを重んじます。吉星が多い場合、公務員も悪くありません。ただし、職業上の地位はさほど高くはなりにくいです。煞星が同宮すると、むしろ専門技術が人生を支えます。火星が同宮する場合は、理想と現実は乖離しやすいでしょう。廉貞・破軍と武曲星・貪狼星が、それぞれ命宮・身宮に入る人は、技術職のみ安全です。

17 卯・酉宮が命宮で、文昌加わり殺星なければ、吉を招きやすいです。しかし、物事を成すのに心労と波乱は避けられません。とはいえ、財と立場を得られます。乙生まれの人は、財帛の紫微星に化科が入り、吉でしょう。壬生まれの人は、天魁が命宮に入り、紫微星と七殺化権で禄存星も入り、財と地位を得やすくなります。辛生まれの人は禄存星が対宮に入り、また文昌に化忌で命宮に入りますが、地位は別として、財的には困難や貧窮に強くなり、なんとかなります。早い時期には、学業はふるいません。

18 女命で廉貞・破軍と武曲星・貪狼星がそれぞれ命宮・身宮に入る場合、感情の起伏が激しく、心中穏やかになりません。さらに化忌・擎羊星・陀羅星が同宮すると、桃花つまり色事の問題が大きいでしょう。

19 卯宮で乙・丁・辛の生まれは、吉格で幸運に恵まれやすいです。甲・丙・庚生まれは変動運が強く、突然の成功や失敗を体験しやすいでしょう。成功しても維持が難しいのです。大限で武曲星に逢うと、親の代からの仕事を必ず破ります。文昌星同宮では礼楽の命です。禄存星同宮では財と地位に恵まれます。四煞星が同宮加会では、技術職や専門的な工芸関係が良いでしょう。擎羊星が同宮では是非が多く、陀羅同宮も病気や怪我に注意です。どちらにせよ、苦労多く問題を抱えやすく、公的機関とのトラブルや病気に気を配るべきです。擎羊星が未宮（官禄宮）に入ると、社会的に逸脱した生き方をしやすく、酉宮（遷移宮）に擎羊星となると、海外で死亡しやすく、官禄宮に擎羊星・陀羅星どちらかが入れば、仕事上のことで事件・訴訟・トラブルに巻き込まれやすくなります。女命は乙・丙・戊・辛生まれの人は、一部的に成功しても長続きしません。

20 酉宮で乙・辛・癸生まれは吉格で、幸運にも恵まれやすいです。甲・丙・庚生まれは変動運が強く、突然の成功や失敗を体験しやすい。しかし、成功しても維持が難しいのです。大限で武曲星に逢うと、親の代からの仕事を必ず破ります。禄存星が同宮では、富貴を得られます。文昌星・文曲星が同宮では一生貧しい傾向で、トラブルや苦労が多いでしょう。四煞星が同宮加会すると、公的機関とのトラブルや病気になりやすく、擎羊星・陀羅星どちらかが丑宮（官禄宮）に入る場合、難儀することが多く、対宮の卯宮（遷移宮）に擎羊星が入れば、外で倒れたり事故に注意です。女命で甲・乙・庚・癸生まれの人は、清廉でしょう。

21 卯・酉宮が命宮の人は、孤独な性質となります。ただし専門的技術を持つと成功しやすく、例えば外科医などが好例です。人と交際も狭く、友人も少ないでしょう。そのため生活スタイルは意外にシンプルで派手になりません。

●廉貞星が辰・戌宮で天府星と同宮する場合

22 廉貞星と天府星は辰・戌宮で同宮します。この配置は悪くありません。友人の助力も大きく、比較的成功しやすい配置です。この場合、戌宮のほうが辰宮より有利です。

23 辰・戌宮が命宮では、家庭・家族を非常に大切にします。

24 戌宮の場合、比較的ステイタスの高い職業につきやすいです。異性縁も良く、弁舌も優れるでしょう。

さらに頭脳明晰で、クリエイティブな資質があります。職業的には財務・建築に適しています。文昌星同宮では公務員も悪くありません。

甲・庚生まれの人は、金銭と地位に恵まれます。己生まれは貴格で、対人運に恵まれます。丙・戊生まれは変動運強く、成否の差が激しいでしょう。煞星がない甲・乙生まれは、財と地位が安定します。文昌星・文曲星・左輔星・右弼星が同宮すると、さらに高い地位が見込めます。多く煞星が同宮加会すると、狡猾な人生となり波乱が多いです。地劫や空亡星が同宮では孤立するでしょう。特に擎羊星が同宮すると是非が多く、陀羅星が同宮すると膿を伴う病気になりやすいです。

25 辰宮では、甲・庚壬生まれの人は財と仕事に恵まれます。丙・戊生まれの場合、変動運強く、成否の差が激しいでしょう。その他は戌宮とほぼ同じです。

●廉貞星が巳・亥宮で貪狼星と同宮する場合

26 廉貞星・貪狼星は、巳・亥宮で同宮します。下戸でない限り、酒量は多くなる配置です。廉貪ともに桃花星のため、比較的色事のトラブルが出やすいでしょう。弁舌の才能もありますが、意外に主体性がなく、自分の意見より周囲の考えを参考にするタイプです。30歳以後から発展していきます。化忌同宮または文昌星・文曲星が命宮で同宮し、福徳宮の条件が悪い場合は、少年~青年期に、トラウマになるような嫌な経験をします。また、この組み合わせが大限・小限で巡り、文昌星・文曲星が関わる場合は、交通事故に注意です（砕骨之格と言われます）。早い時期に家を離れる人が多いです。

27 廉貞星・貪狼星が命宮に入ると、冒険的行動を好み、投機やギャンブル的なことを好む人も見られます。比較的風流な人で、対人運は悪くありません。

28　巳宮は、職業として小売販売・技術関連に悪くありません。化禄が入ると感情的に明るさが出て恋愛運も順調となります。化忌が入るとトラブルが多いです。男命では女性を求めて歓楽街などへ訪れます。甲・丙・戊・己・壬は福分がありますが不安定です。しかし禄存星が同宮すると富貴が増します。文昌星・文曲星が同宮すると実利が弱くなります。昔は、女命で煞星同宮は娼婦になると言われていました。今は、色情問題が出やすいと解釈してください。

29　亥宮は、職業として小売・技術関連に悪くありません。化禄が入ると感情的に明るさが出て、恋愛運も順調となります。化忌が入るとトラブルが多いです。文昌星・文曲星丙生まれの人は、災い多く、行限で文昌星・文曲星と逢っても同じです。

30　廉貞星・貪狼星が流年で巡る場合、命盤の条件が良いと吉運になりますが、桃花運には最も注意です。良くなければ、対人運では誤解を生じやすく、金銭の損失も起きやすいのです。最も恐れるのは擎羊星・陀羅星の同宮です。また火星・鈴星も同様で、全体的に凶運となり、身体の問題や、怪我に注意が必要です。化忌か入ると火災に注意ですが、同時に色事の問題を起こすと、大変な結果を招くときがあります。

31　巳・亥宮が命宮の命無星曜は、対宮に凶星がない場合「府相朝垣格」となり、多くの貴人の助けがあります。

32　女命の場合、桃花つまり色事の問題が多くなり、同時に享楽的で遊び好きになります。

33　廉貞星・貪狼星に化忌が付くと、変動運が強まり、様々な仕事に手を出す人が見られます。

34　天馬が入ると、早い時期に家を出て、遠地に行く人が多いです。

【十二宮別の廉貞星】

1　夫妻宮に入ると、化禄が付けば一生恋愛感情が強くなります。化忌が入ると、異性トラブルが多くなりがちです。通常は夫妻宮に廉貞星が入ると夫婦関係はあっさりしていますが、化禄が入ると、桃花運が強まります。

2　子女宮に入ると、個性強い子供で変わった玩具や趣味に没頭します。

3　財帛宮に入ると、出世することで財を得ます。化忌が入れば苦労多く破財です。

4　疾厄宮に入ると、性病・悪腫・十二指腸の問題、また医療ミスなどの問題を表します。

5　遷移宮に入ると、苦労多いでしょう。

6　奴僕宮に入ると、変動運が大きいです。

7　官禄宮に入ると、発展の可能性大で、地位を得ます。

8　田宅宮に入ると、近くに樹木や電線の多い場所に住むでしょう。化忌が入ると家中の電気製品が故障します。

9　福徳宮に入ると、身心の苦労多く家にいることが少ないです。

10　父母宮に入ると、廉貞星は七殺星と同宮加会すると父母を早く亡くしやすく、独守では父母は長命です。

⑦ 天府星〈令星〉

陰陽	陽
五行	土
斗分	南斗第一星
星情	寛容・尊栄

【命宮について】

1 天府星は五行では陽土で、田宅宮と財帛宮の主です。命宮に入る場合、社会で頭角を現し、地位・権威を得ます。相応の富を得たり、発展することが可能です。他者を統率したり、コントロールすることに秀でますが、他者にコントロールされるのは好みません。天府星は別名禄庫とも呼ばれ、蓄財運があり、金銭的にも悪くありません。凶に対する制化能力も大きいです。

天府星と天相星が命宮に入ると、衣食住で困窮する人は少ないです。口福の星です。

天府星命宮の人は肥満な人が多く、条件良いと財に対してもコントロール能力が高いです。

女命は貴婦人のような気質や気品があります。

性情として頭脳明晰で機智に富み才能も豊かです。多く学び、多くのことを成し遂げます。財務処理力や企画力を持ちます。印象に比べて内面は穏やか、心も善良で義理堅いです。享受も好みますが、安易に一攫千金を望むような冒険はしません。

欠点として地位や権力に固執しやすく、安易に負けを認めない意固地な面があります。また大ざっぱな面があり小さなことに目がいきません。

女命は家事を好みませんが、他のことは手際よくやります。ただし家の中の調度品には気を配ります。理知的で頭は良く気品があり、気質も優雅です。

2　大限・小限・流年で天府星が巡ると、金銭的にはかなり良好で、不動産を買ったりします。天府星・武曲星・禄存星が三合で加会すると、財務状況は非常に良くなります。また天府星が禄存と同宮し、文昌星・文曲星が同宮加会するのも同様です。

3　天府星は文昌星・文曲星・左輔星・右弼星を喜び、幼年期は色々と問題あっても、中年期以降は大発展します。大限などで紫微星の運に入ると、相当のリーダーシップ・指導者運が得られます。

4　天府星と左輔星・右弼星が同宮するとリーダーシップ能力が高まりますが、それによる発展の度合いには、個人差があります。天府星は空亡星と同宮するのを嫌います。群れることを嫌い、孤独な気質となります。独自で起業・創業しても、他者の助力を得られません。

5　天府星は煞星と同宮すると財的損耗が大きく、無駄なことに金銭を費やす、金銭管理能力の弱さが出ます。

6　天府星が相貌宮（父母宮）および奴僕宮に入ると仕事では辛労多く、兄弟宮も良くありません。

7　天府星と天相星が三合で加会すると「府相朝垣格」となります。例として卯の紫微星・貪狼星の配置で、命宮が酉宮となる場合は丑宮（官禄宮）に天府星が入り、巳宮（財帛宮）に天相星が入ります。逆も同様です。

府相朝垣格は火星・鈴星を恐れず、その凶意を弱めます。ですが危険なのは擎羊星で、衣食住でも苦労することになります。条件が良いと、六親との関係も良く、口福もあります。流年で府相朝垣格の地に巡ると、共同事業を始めたり、仕事も行動的となり、順調に行きやすいです。

8　大限で天府星の地に入ると、財運が強くなり、儲けのチャンスです。不動産に関する運も良いでしょう。

化禄・化権が入ると、商売をしている人は儲かり、公職は出世するでしょう。

【十二支別の天府星】

●天府星が子・午宮で武曲星と同宮する場合

1　天府星と武曲星は子・午宮で同宮します。男命は早年期から発展しやすく、企画・分析の能力が高いです。女性は気が強くなり、結婚は遅くなりがちです。むしろ早婚では夫妻に問題が出やすく、離別の可能性があります。男女問わず職業的には、金属業・宝石関係・機械関連・建設設計や不動産業などが良いでしょう。化権・化禄が入ると、非常に高い発展が期待できます。財帛宮・田宅宮に入ると、金銭運・住居運が良好となります。

2　子宮の場合、丁・己・庚・癸生まれは財と仕事が良好です。身宮・命宮に入ると、長寿の傾向です。左輔星が同宮すると、強運です。文昌星・文曲星の同宮も同様で、恩恵があります。禄存星が同宮すると、さらに巨万の富を得るでしょう。天府星に天魁星・天鉞星が加わるのも、財的に安定します。四煞星と加会すると、少々狡猾な部分が出やすくなり、また財の損失もあるでしょう。空亡星と同宮では、孤立しやすいです。化権・化禄入ると、不動産運があります。

3　午宮の場合、紫微星・天相星が戌宮に入り、廉貞星が寅宮に入り、三合の配置となります。甲生まれの人は、順調に発展します。（図1）
甲生まれは、例えば寅宮が命宮では、廉貞星が独守します。命宮に化禄・禄存が入るため、戌宮（財帛宮）を照らし財運良く、午宮（官禄宮）では武曲星に化科が付き、素晴らしい貴格の生まれです。

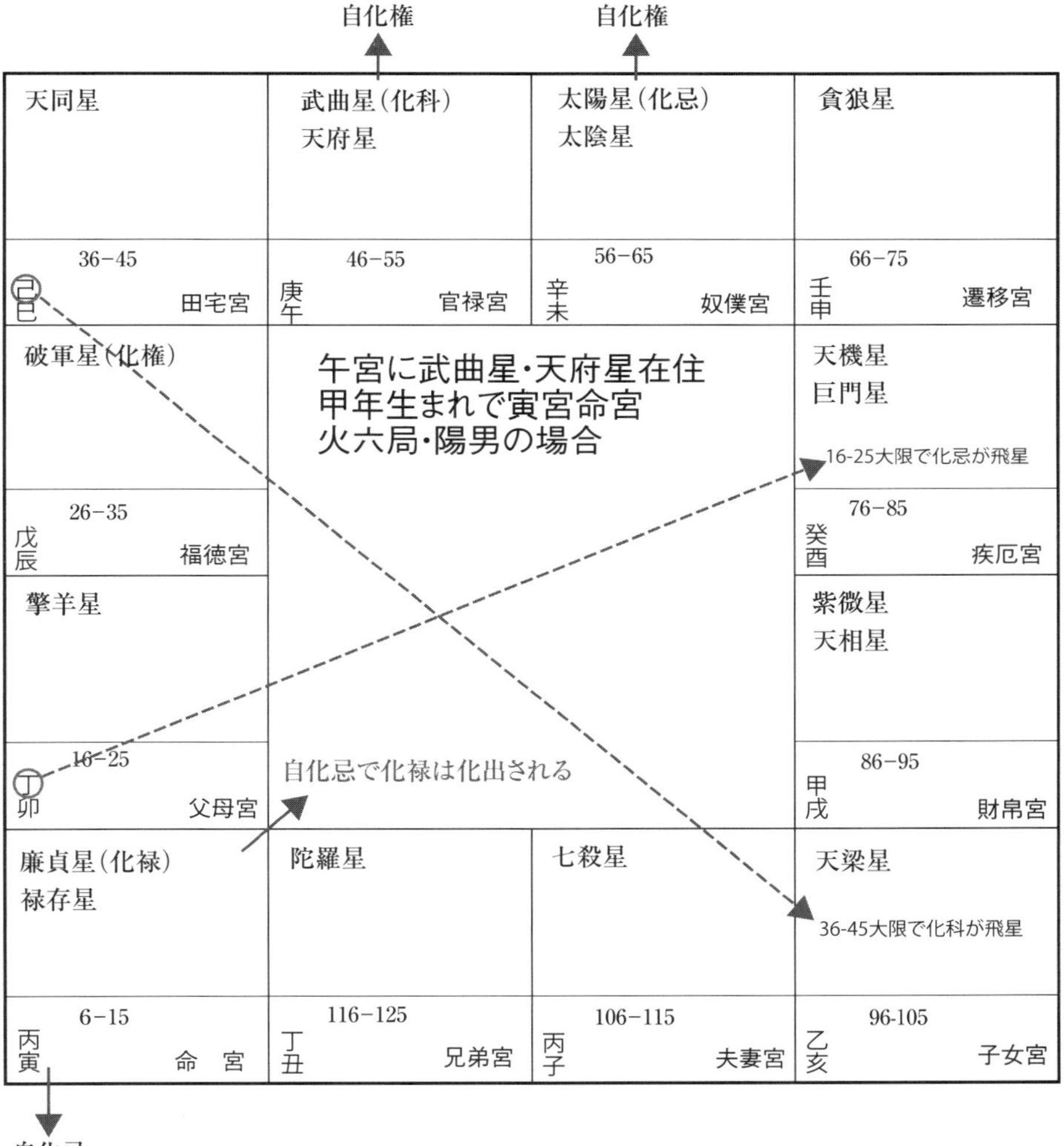

図1:午宮 武曲星・天府星の例

もし陽男で大限が順行する火六局ならば、初運の丙寅宮が6～15歳となり、命宮自化忌で生年化禄が化出され、父母宮には擎羊星が座すため、トラブルが多くなります。本人も病気をしがちでしょう。続く16～25歳の大限では、大限丁卯宮（父母宮）に擎羊星が独守し、対宮の天機星・巨門星に大限化忌が入り、また良くありません。その後、戊辰宮26～35歳は破軍星に生年化権が付くため、この時期は発展が望めます。己巳宮36～45歳は天同星が入り、対宮の亥宮に天梁星（大限化科）が入りまあまあです。そして庚午宮46～55歳は生年化科があり、大限財帛宮に化禄と禄存が入るため、非常に発展します。続く辛未宮56～65歳は、煞星が同宮加会するため少し不利となります。また擎羊星・陀羅星が対宮に入る場合、人生は敗れやすいです。

●天府星が丑・未宮で独守する場合

4 天府星は丑・未宮で独守となります。天府星が未宮では、太陽星が午宮に入り、廟地で太陰星は申宮にあり、旺します。これは基本的に吉となりますが、殺星同宮・対宮、あるいは化忌が絡むと、若干凶が混ざります。基本的に丑・未宮の天府星は、条件が良いと発展しやすく、早期の成功も可能です。指導力・統率力があります。天府星は田宅宮の主であり、三合宮に吉星多ければ、建築家や生産業などで発展が望めます。

5 丑宮で、乙・丙・辛・戊生まれの人は、財と仕事が安定します。時として、財は安定しても地位は得られない等、一見成功しているように見えても、虚名の人も見られます。丑宮の命宮では太陽星が子宮に入り、太陰星が寅宮に入ります。両星ともに力がないため、虚名となりやすいです。命宮に吉星多く同宮する場合には、別の判断となります。文昌星・文曲星が同宮すれば優秀です。擎羊星・陀羅星・火星・鈴星に逢うと、狡猾な人となり、空亡星が同宮では孤立します。

6　未宮で己生まれは貴格で、吉星がさらに加わると、財と仕事は良好です。文昌星・文曲星・左輔星・右弼が同宮すれば、かなり高位に発展します。甲・庚生まれは貴格とは言えず、先に成功しても後にしぼみやすく、竜頭蛇尾となりやすいです。四殺が入ると狡猾な人となり、空亡星が同宮では孤立します。

7　丑・未宮が命宮では、夫妻宮に武曲星・破軍星が入るため、火星・鈴星から冲されると、離婚しやすいです。火星・鈴星に逢わなければ、単に色事の問題で終わるでしょう。

●天府星が卯・酉宮で独守する場合

8　天府星が卯・酉宮で独守し、対宮に武曲星・七殺星が入ります。職業的には生産業や、弁舌を活かした仕事など向いていますが、命盤によって差が生じます。また金融関係・銀行・保険業などの業務も適しています。

9　卯宮で乙・丙・辛生まれは、財と仕事ともに良好な貴格です。甲・庚生まれは総じて始めが良く、終わりは良くない竜頭蛇尾の傾向です。左輔星・右弼星が同宮すると、良好となります。さらに文昌星・文曲星・禄存星同宮では、大きな財を得られる可能性があります。擎羊星・陀羅星・火星・鈴星が同宮は狡猾になり、空亡星同宮では孤立しやすいです。

10　酉の天府星で乙・丙・戊・辛の生まれは、財と仕事ともに良好な貴格です。その他は卯宮とほぼ同論です。

11　女命で卯・酉宮では、家中では口うるさく、自分勝手で権威的になります。自らの過ちを認めず、語気が荒いタイプです。

●天府星が巳・亥宮で独守する場合

12 天府星は巳・亥宮で独守します。この配置は条件によって差が大きく変化します。技術的な面に向いており、条件良い人はその分野で上位になれます。加工業など適しています。

13 巳宮で、乙・丙・戊・辛生まれの人は、財と仕事ともに良好です。左輔星・右弼星・文昌星・文曲星が同宮では、高位に出世可能です。禄存星と文昌星・文曲星が同宮すると、大きな財運を持ちます。四煞星が同宮すると狡猾な面があり、空亡星同宮では孤独です。

14 亥宮で乙・丙・戊・辛生まれの人は、財と仕事ともに良好です。己生まれは貴格で、甲・庚生まれの人は、先に良くても後に先細りする運勢です。そのほかはほぼ、巳宮と同論です。

15 女命の巳・亥宮は、聡明で理知的・貞節な人ですが、いささか激情家の面を持ち合わせています。

●天府星が寅・申宮で紫微星と同宮する場合

16 紫微星・天府星は寅・申宮で同宮します。性情は孤独症で、夫妻宮の条件にもよりますが、晩婚が多いです。煞星が同宮すると、離婚の可能性が高くなります。この組み合わせが子女宮に入るのは、あまり良くありません。

17 寅宮で甲・庚・己・丁生まれは終身、福分が厚いです。甲生まれは最も富貴な格です。左輔星が同宮する場合は、さらに良さが増します。禄存星・文昌星・文曲星が同宮すると、大きな財を手中にすることも可能です。四煞が同宮すれば、狡猾な面が現れ、空亡星同宮では孤立しやすいでしょう。女命で壬・甲の生まれは富貴な命で、さらに条件が良いと、力のある夫や良き子供に恵まれます。

18 申宮は、ほぼ寅宮と同論です。

●天府星が辰・戌宮で廉貞星と同宮する場合

19 天府星と廉貞星は辰・戌宮で同宮します。戌宮の方が比較的有利です。

20 戌宮が命宮で、甲生まれの人は廉貞星に化禄が付き、官禄宮には禄存星と武曲星があります。化科が付き、良好です。

21 己生まれは財帛宮に禄存星が入り、官禄宮には化禄が入るため、財と仕事、そして名声運が良好となります。丁生まれの人は天魁星・天鉞星が命宮を挟み、禄存星が財帛宮に入るため、財運良好となります。

22 最も忌むのは乙・丙・戊の生まれです。擎羊星・陀羅星が命宮を冲します。さらに煞星が同宮加会すると、早死にの危険があります。吉星が入ると救いがありますが、起伏は激しい人生となります。丙生まれは命宮に化忌が入り、もし火星・鈴星が同宮すれば、刑事事件や訴訟に巻き込まれやすくなります。

23 戌宮が官禄宮となる己生まれの人は、命宮・財帛宮に化禄・禄存が入る「集禄」となり、命格も高いです。人を管理する力も強く、かなり高い地位に登る人もいます。加工業・財務関係・建築なども悪くありません。個性は強く、弁舌もたち異性縁も良いでしょう。

辰宮は戌宮とほぼ同論です。

【十二宮別の天府星】

1 夫妻宮に入ると、配偶者は才能高く、個性も強いです。財の管理もうまく、対外的な仕事もこなします。結婚に対しては理想が高く、良い配偶者を得られます。

2 子女宮に入ると、頭が良く機敏で、天真爛漫な子供となります。

3　財帛宮に入ると、一生財的に安定します。
4　疾厄宮に入ると、一生大病になりにくい傾向ですが、もし発病しても、比較的治りやすいのです。
5　遷移宮に入ると、外での助力が多いです。
6　奴僕宮に入ると、友人や知人の助力を得やすく、煞星同宮すると、友人や知人部下から財務上の迷惑をかけられやすいです。
7　田宅宮に入ると、住居の環境は良く、高所に居住しやすいです。
8　福徳宮に入ると、自分で使える財が確保できます。
9　父母宮に入ると、基本的には良好ですが、天府星が父母宮・奴僕宮・兄弟宮に入るのは苦労多くなりがちです。原則として、吉星は六親宮よりも、自己宮に入らなければなりません。

⑧太　陰　星〈富星〉

陰陽	陰
五行	水
斗分	中天星
星情	不動産・芸術

【命宮について】

1　太陰星は五行では陰水で、田宅宮の主です。太陰星が命宮に入れば、早く発展するか遅く発展するかのどちらかで、条件によって大きな差が出ます。輝度が高い場合や夜生まれの人は良い条件に恵まれ、輝度が低い場合や昼生まれの人は、良い条件とは言えません。また、新月近くか満月近くかでも差が出ます。季節としては、秋冬生まれが良いでしょう。煞星が加わると、妻を早くに亡くす人も見られます。

2　太陰星が命宮にあれば、聡明優雅で調和を望み、争いを好みません。器量が大きいですが、いざ事をなす時は、意外に小心な面が出ます。観察力に優れ、忍耐力もあります。

3　太陰星が輝度高く入廟となる場合は、快適な生活を享受し、旅行に行く余裕もあり、人縁も良いでしょう。性質として、他者への同情心があり、信用も厚いでしょう。聡明で記憶力も高いです。ただし、人から束縛されるのを好まず、自由な生活を愛します。表面は誠実で穏やかに見えますが、内面にはせっかちな面を持つものです。芸術的センスがあり、文筆などにも優れます。器用で、多くの物事に精通します。静かな環境を好みます。

太陰星の欠点として、表面や外見のみを重視する傾向があります。入廟では清潔好きで、何をするにも丁寧ですが、落陥すると一転して、苦労が多い人生となります。また、心に痛手を受けやすいのです。命宮（または夫妻宮）が太陰星または天機星・太陰星同宮では、片想いになりやすいとされます。

女命で太陰星が落陥すると、異性に強く惹かれますが、上手に接することができません。また、異性に心を開くのも苦手です。

男命で太陰星が落陥すると、異性に対して変わった考え方を持つか、縁がないかのどちらかです。

女命で太陰星の人は、案外多情です。温厚で善良ですが、主体性がない人が多くなる傾向です。

4　基本的に、容貌は色白です。昼生まれの人はやや色黒となり、男命で子・午宮の人は背が高く、卯・酉宮の人は中肉中背、丑・辰・未・戌宮では太りません。寅・申宮では小柄で痩せています。巳・亥宮では背は高くなく、太りやすいです。眼はくっきりしていて、切れ長です。夕方・夜生まれの人は容貌が美しく、男命はやや女性的です。

子宮の女性には、少し太る人も見られます。午宮の女性は痩せています。酉・戌・亥宮でも太りやすく、卯・辰・巳宮では比較的痩せています。寅・申の人は痩せ気味で、背は中位です。丑・未の人は太陽星同宮となるため、体形に関しては一概に言えません。

5 太陰星は財星です。ただし、蓄積の財運です。条件が良い場合、一生財には困らないでしょう。

・太陰星は禄存星と同宮加会するのを喜びます。三台・八座が加わると、知名度も上がります。

・太陰星が文曲星と同宮する人は、入廟ならば早い時期から発展し、中年期には妻の助力を得られ、名声を手にします。天魁星・天鉞星が加わると妻財運が良く、また妻は良家の出身です。

・太陰星が輝度低く、文曲星と同宮して命宮・身宮に入ると、一生苦労が多くなり、不安定な人生です。この場合、専門的な技術職に携わるのが良いでしょう。

・太陰星は禄存星・左輔星・右弼星と同宮すれば、生涯を通じて財的に恵まれます。また福分も厚く、成功しやすいのです。

・太陰星に化禄が付き、輝度が高い場合は、財的に安定し、人生も享受できるでしょう。

・太陰星に化科が付き、輝度が高ければ、財運は良く、名声・名誉も得られる双運となります。

6 太陰星に化禄・化科・化権のいずれかが付いても、輝度が低い場合は、あまり良いとは言えません。さらに煞星が加わると、友人などとの金銭トラブルが起こりやすくなります。生涯を通じて苦労も多くなり、財は入ってきても支出が多く、蓄財は難しいでしょう。この場合、生地を遠く離れたほうが良いのです。

7 太陰星が擎羊星・陀羅星と同宮の場合、人が離れやすく、また散財しやすくなります。さらに煞星が加わると、人生には辛苦が多くなります。母を早くに亡くす人もいます。また夫妻宮がこのような状態ですと、妻を早く亡くしがちです。

8 太陰星が火星・鈴星と同宮すると、せっかちになります。そのかわり、計算やお金の処理は早いのです。

9 太陰星が落陥の地にあり、煞星が同宮すると、感情の起伏が激しくなります。時に、手術などを経験します。女命では、些細な欠点が多くなるでしょう。

10 太陰星が命宮で白虎・喪門が同宮すると、母親に良くありません。夫妻宮がこの状態ですと、妻に良くないでしょう。

11 太陰星が身宮に入り独座する場合は、母が再婚しているか、再婚した家庭で成長するか、他の人に育てられる可能性が高いでしょう。

12 女命で太陰星・天機星が落陥していて、それぞれ身宮と命宮に入ると、異性面の問題がでやすいでしょう。特に天機星が丑宮に入り、太陰星が卯宮にあると、色情運が発生しやすく、時に風俗関係の仕事をすることすらあります。

13 日月（太陽星・太陰星）が命宮、または財帛宮を挟む配置では、名実両方に良いでしょう。

14 太陰星・太陽星が丑・未宮で同宮して疾厄宮に入り、本命宮に空亡星が入る場合、または逆に本命宮に太陽星・太陰星が入り、疾厄宮に空亡星あるいは敬羊星・陀羅星が入る場合、目の病気になる可能性が高いでしょう。

15 太陽星と右弼星が同宮、また太陰星と左輔星が同宮し、身宮・命宮をそれぞれ守る配置は、良い格局となります。生涯にわたって恵まれやすく、故郷を離れたところで発展するでしょう。

16　日月（太陽星・太陰星）が文昌星・文曲星と同宮すると、家柄良く、社会的にも地位を得るでしょう。
また、海外運があります。

【十二支別の太陰星】

●太陰星が子・午宮で天同星と同宮する場合

※天同星の欄を参照してください。

●太陰星が丑・未宮で太陽星と同宮する場合

1　太陰星は丑・未宮で太陽星と同宮します。文昌星・文曲星と同宮すると出世し、高位を得やすくなります。特に公的機関や役所に勤めれば、高い地位を得るとされます。大限・小限でも同じ影響があります。
太陰星・太陽星が同宮して命宮に入ると、生涯多忙となり、変化運が強くなります。大きな発展は難しいでしょう。性格も二重性が出やすくなります。

太陰星・太陽星が丑宮で同宮する場合、丁・戊生まれの人は、お金も仕事も上手くいきます。吉星が同宮加会すると、さらに良くなります。化科・化禄が付くと高い地位を得やすく、さらに吉星が同宮加会すれば、財と地位を両方得られるとされます。文昌星・文曲星が丑宮を挟むと、高い地位が望めます。

さらに吉星が同宮加会すれば、生涯にわたって恵まれるでしょう。ですが三方に吉星がなければ、凶意が出てきます。

太陰星・太陽星が未宮で同宮する場合、甲・丁・戊・庚・壬の生まれは、お金も仕事も上手くいくでしょう。吉星が同宮加会すると、さらに良いでしょう。化科・化禄が付くと、丑宮と同様です。文昌星・

文曲星が未宮を挟むと、高い地位が望めます。また亥宮・卯宮の三合に、それぞれ文昌星・文曲星が入り加会すると、出世運が非常に強くなります。しかし、三方に吉星がないと逆に凶意が出ます。最初は勤勉ですが、後に堕落することになります。

●太陰星が寅・申宮で天機星と同宮する場合

※天機星の欄を参照してください。

●太陰星が卯・酉、辰・戌、巳・亥宮で独座する場合

2 太陰星が卯・酉宮、辰・戌宮、巳・亥宮に入ると、単守となります。

卯・辰・巳宮は太陰星にとって、落陥の地です。もしこの地が夫妻宮となり、太陰星に化忌が付けば、女命ならば配偶者が離婚経験を持っている可能性が高いでしょう。大限・小限でこの配置の場合は、失恋します。男命では太陰星が桃花星となるため、酉・戌・亥宮で廟すると、かえって桃花が強くなり浮気や不倫する可能性があります。落陥では、異性運は報われません。

事業としては財務や建築・文化事業・牧場・自然科学などが向いています。文昌星・文曲星・天魁星・天鉞星が同宮加会すると、金融界で成功できる可能性があります。

①太陰星が戌宮に入る場合、対宮の辰宮に太陽星が入るため、生涯を通じて発展性があります。比較的早くから成功し、さらに海外運を持っています。

②太陰星が亥宮に入ると「月朗天門格」という吉格となります。生涯を通じて運勢は安定感があります。権勢を得やすく、また財を招来するのが上手く、異性からモテるでしょう。もし本命宮が丑宮で巨門星が入り、夫妻宮が亥宮で太陰星となる配置では、不倫をする可能性があります。

壬生まれで禄存星・化禄・天魁星・天鉞星と同宮すれば、上格になります。

乙生まれで禄存星・化禄が入り、さらに化忌が命宮に入る場合は、旺地なので悪くありません。ただ財を招来しますが、地位はそこまで高くはなりません。

丙生まれでは天魁星が命宮に入ります。禄存星が対宮に入り、未宮の財帛宮が無主星となりますが、対宮の丑宮に座す天同星化禄を借りて使うため、富が入ります。
③太陰星が戌宮に入る場合、己年生まれは明禄・暗禄となります。三合宮に化禄・禄存があるものを「明禄」と呼びます（明は太陽、禄は化禄・禄存）が、己生まれは禄存星が午宮に配置されます。また支合（暗合）する宮に化禄・禄存があると暗合の明禄となり「暗禄」と言いますが、戌宮と支合するのは卯宮となり武曲星が必ず配置されるため化禄が付きます。男命逆行大限の場合は、寅宮の天梁星化科が合する亥宮の大限26歳以後は、全てうまくいくでしょう。
丁生まれは天魁星・天鉞星が酉・亥宮に入り、命宮を挟みます。三合に化科・化権・化禄が揃い禄存星が財帛宮に入るため、財運にも地位にも良い配置となります。
④太陰星が戌宮に入る場合、天機星が午宮に入り、それぞれが身宮・命宮を守る配置となれば、色情運が強くなります。煞星が加わると、三回以上結婚しても満足しないでしょう。
⑤女命で太陰星が卯宮に入る場合、天機星が丑宮に入り、それぞれが身宮・命宮を守る配置となれば、非常に貪欲であり、桃花星の配置によっては淫乱となります。

【十二宮別の太陰星】

1 太陰星が夫妻宮に入り、輝度が落陥して煞星が同宮すると、配偶者に先立たれる可能性が高いでしょう。しかし入廟すれば妻は優しく、家にいて夫の世話をするのが好きな良妻となります。

2 太陰星が子女宮にある場合、陰宮（陰支宮）にいると先に女の子を産む。陽宮（陽支宮）では先に男の子を産む。お昼生まれの人は子供の数が少ないか、子供がいないでしょう。

3 太陰星が財帛宮に入ると、平穏な財運です。ただし落陥の地にあって化忌が付くと破財となり、支出が相当に酷くなります。

4 太陰星が疾厄宮に入ると、女命は自分の病気や欠点を人に話したがります。男命なら、糖尿病の可能性があるでしょう。

5 太陰星が遷移宮に入ると、外部の女性の援助や助力を得られる運があります。化権が付くと遠地に行くでしょう。

6 太陰星が奴僕宮に入ると、女性の秘書や部下から多くの助力を得られます。

7 太陰星が官禄宮に入ると、穏やかな発展性があり、変化・異動が少ないでしょう。化権・化禄が付くと、異動が多くなります。

8 太陰星が田宅宮に入ると、林の近くに住む傾向が強く、時として日光が遮られます。もし化忌や煞星が同宮すると、若い時に母を亡くしている可能性があります。

9 太陰星が福徳宮に入ると、男命では福分が強く、女性との縁があります。

10 太陰星が父母宮に入り、落陥して煞星が同宮し、さらに白虎に冲されていると、若いときに母を亡くします。孤辰でも同論です。

⑨貪狼星〈殺星〉

陰陽	陽
五行	水木
斗分	北斗第一星
星情	欲望・桃花

1 貪狼星は陰陽では陽であり、五行では根は水で、皮は甲木です。感情は突発的で気まぐれです。運が強ければ財運と社交運を招来します。ですが地空・地劫等の空亡星と同宮加会すると、財は少なくなります。

【命宮について】

1 ①貪狼星が子・午宮の人は、中肉中背で体格が良いか、太っています。丑・未宮の人は体格が良いでしょう。寅・申・卯・酉宮の人は少し背が低いのですが、体格は良いか、痩せています。辰・戌宮の人は中背で、少し太っています。巳宮の人は背が低く、痩せています。亥宮の人は巳の人より、少し背が高いでしょう。

②女命で亥・子・巳・午宮の人は、中肉中背です。丑・未・辰・戌・卯・酉宮の人は、比較的痩せています。巳・亥宮の女性は、小さめで可愛いでしょう。亥宮の人は、少し高めです。貪狼星の女性は比較的艶やかで、子・午・卯・酉・巳・亥宮の女性は美しくなります。

2 貪狼星は水木二つの五行を持つ星のため、二種類の働きがあります。福を招くと同時に禍を作ります。廟と陥を見て、吉なのか凶なのか、星の状況から判断しなくてはいけません。

①貪狼星が命宮にある人は小さいことを気にせず、ライフスタイルも多種多様です。ナイトライフを好み、グルメです。基本的に優しい性格で、付き合い上手。人をもてなすことも多いでしょう。苦労が

あってもへこたれず、お金を稼ぎます。喋り上手で、占いが好きでしょう。

②貪狼星・廉貞星が巳・亥宮で同宮する人は、理解力が高く、分析能力もあります。リーダー性を持ち、負けず嫌いですが、人に否定されたり、注意されることを快く思いません。ユーモアがあり口が達者ですが、虚言も出ます。人付き合いが良く、異性に対しても優しいです。歌が上手です。男女ともに、床上手と言われます。女命なら嫉妬しやすいでしょう。

③貪狼星が落陥の地に入ると、環境に影響されやすく、振り回されやすいでしょう。敬羊星・陀羅星が同宮して化忌が入ると、心に一物ある人で、ギャンブルや投機を好みます。異性運が悪く、異性をコントロールできずに苦労します。

④女命で貪狼星が落陥の地にあれば、せっかちで自己中心的ですが、仕事はできる人です。

⑤貪狼星が命宮にあり、廉貞星同宮で巳・亥宮の人は、複雑な感情を持ちます。敬羊星・陀羅星が同宮するとなおさらです。また恋愛運や異性運に問題が生じやすいでしょう。特に巳宮に出やすいです。

⑥貪狼星は入廟の地で大限に入ると、異性問題など、色情面の事件が起きやすいでしょう。

⑦貪狼星は火星と同宮加会するのを喜びます。火星が入廟の地にあれば、名声を得るでしょう。外国とビジネスをするのにも良いです。大限に入れば海外運があり、大きな財を招来するでしょう。

⑧貪狼星が鈴星と同宮すると、権威・権力を持ちます。オーナー経営者や管理職に向きます。若いうちから遠地へ行くことで発展します。第三の大限では、海外留学する可能性が出てきます。

⑨貪狼星が禄存星と同宮すると、財を招来する運が強く、財務状況はとても良いでしょう。

⑩貪狼星は火星・鈴星いずれかと同宮すると「火貪格」「鈴貪格」となり、好運を持ちます。ただし、予

想外の事件が起きやすくなります。

⑪貪狼星は左輔星・右弼星との同宮加会を喜びます。ただし、財運は良いのですが、お金が入るのが少し遅くなります。人生の前半では、それほど財は入りません。社交運があり、ビジネス上の付き合いに役立ちます。喋り上手であり、人間関係をもとにして成功するでしょう。

⑫貪狼星と化権・化禄の同宮は良い組み合わせです。大きな財を招来します。本命宮で化禄同宮は、生涯財に困らないとされます。また男命は女性縁を持ちます。

⑬貪狼星は化禄と同宮すると、他者から奢られやすくなりますが、化権同宮では人に奢るようになります。

⑭貪狼星が夫妻宮に入ると、化権・化禄が同宮しても、この流年で異性関係の事件が発生するでしょう。

⑮貪狼星が截路空亡と同宮すると、反対に良い作用を得ます。しかし女命には良いのですが、男命には良くありません。

⑯貪狼星は敬羊星・陀羅星・化忌を嫌います。傷や痣があるなど容姿に問題が出たり、身体に問題が生じやすいのです。

⑰命宮に貪狼星・敬羊星・陀羅星が入ると、異性への興味がとても強くなります。敬羊星・陀羅星・化忌星・天刑が同宮加会すると、そのために訴訟やトラブルが発生します。天刑と敬羊星、または陀羅星と同宮すると、異性問題や結婚問題で裁判やトラブルになります。貪狼星・天刑・化忌だと、裁判になります。

⑱貪狼星は文昌星・文曲星を喜びません。享楽的過ぎて仕事をしません。また、嘘つきになりやすいの

です。巳・亥宮で廉貞星・貪狼星が同宮し、さらに文昌星または文曲星と同宮すると、これは良くありません。特に貪狼星と文曲星同宮は、なお悪くなります。仕事は文化系・教師・研究職・公務員などが向いています。

⑲貪狼星が煞星と同宮し、吉星と同宮加会しないと、専門的分野の技術者か職人として身を立てるほうが良いでしょう。例えば貪狼星が敬羊星・陀羅星と同宮し、さらに地空星・地劫星が落陥の地で同宮する場合などです。

3　貪狼星と破軍星が命宮と身宮にそれぞれ入り、三合宮に左輔星・右弼星・天魁星・天鉞星、三台・八座・禄存星がない場合は、投機・ギャンブル・酒・異性・夜の生活などに溺れやすくなります。恋愛運・異性運に問題が出やすいでしょう。

①貪狼星が寅宮で、破軍星が戌宮に入り、身宮・命宮が子宮と午宮の地にあるならば、必ず異性関係で事件が起きます。

②貪狼星が入廟の地で寅・午・戌宮に入ると、人生はあまり上手くいきません。大限でも同じように考えます。

【十二支別の貪狼星】

●貪狼星が子・午宮で独守する場合

1　貪狼星が子宮に入り、丁・己生まれの人は福分があります。丙・戊・庚生まれで寅・申宮に入れば下局となり良くなく、申・子・辰宮に入ると、さらに成功は難しいでしょう。また、文昌星・文曲星が同宮すると、誠実さは弱くなり、素直でありません。戊・己生まれは鈴星が同宮し、かつ吉星が同宮加会すれば、非常に出世し高位につきます。敬羊星・陀羅星が同宮すると、食肉処理のような血なまぐさい仕事につきます。貪狼星が亥・子宮に入ると、異性との事件が発生しやすくなります。敬羊星・陀羅星が同宮すると、さらにその傾向が強くなります。敬羊星・陀羅星が同宮しなくとも、恋愛運や異性問題は複雑で、空想・妄想好きになります。

①女命が咸池・天姚・紅鸞と同宮するか、貪狼星・敬羊星・陀羅星と同宮すると、恋愛運は波乱含みで、異性とのトラブルが起こりがちです。

②大限・流年で子宮の貪狼星に逢うと、しばしば異性とのトラブルに悩まされます。

2　貪狼星が午宮に入り、丁・己生まれの人は福分があります。丙・戊・庚生まれで寅・申宮に入ると、下局となり、良くありません。申・子・辰宮に入ると、成功は難しいでしょう。敬羊星が同宮すれば、丙・戊の人は財も地位を得ます。ただし、海外運が強すぎるため、漂流するような人生となりやすいのです。文昌星・文曲星が同宮すると、誠実さが弱く、素直でありません。文昌星・文曲星が同宮では、紡織業界に向いています。貪狼星が独守で午宮に入ると、飲食業や食品加工業が良いでしょう。

●貪狼星が辰・戌宮で独守する場合

3　貪狼星が辰宮に入り、火星・鈴星と同宮加会すると、財も地位も得られます。管理職、官僚や、オーナー経営者に向くでしょう。中年になると、名声を得たり海外運が増すなど、海外とビジネスでの縁があります。癸生まれは物事が長続きしません。辰・戌・丑・未宮に入るか、空亡星が同宮する場合には、逆に物事が上手くいきます。吉星が同宮すると、長寿となります。文昌星・文曲星が同宮だと、華やかでも中身がない人生となりやすく、職業的には文筆業などが良いでしょう。左輔星・右弼星と同宮では、外交官や経理関係が良いでしょう。化権・化禄、あるいは火星・鈴星と同宮すると、非常に良い格局です。

4 貪狼星が戌に入り、丁・己生まれの人は福分があります。丙・戊・庚生まれで寅・申宮に入ると下局となり、良くありません。文昌星・文曲星が同宮では、華やかだが中身がない人生となりやすく、職業的には文筆業などが良いでしょう。火星・鈴星と同宮は管理職や官僚に向き、オーナー経営者になれるなど、発展性があります。中年以後名声を得られるでしょう。戊・己生まれは将星と呼ばれ、非常に高い名声を得るでしょう。左輔星・右弼星と同宮では、外交官か経理関係が良いでしょう。化権・化禄、あるいは火星・鈴星と同宮するのは、非常に良い格局です。

●貪狼星が寅・申宮で独守する場合

5 貪狼星が寅・申宮に入ると変動運が弱まり、沈着で着実に仕事ができ、穏やかな人生となります。大限でこれに逢えば、吉星や四化星がなくても、比較的穏やかに過ごせるでしょう。もし煞星の同宮冲破がなければ、芸術系・エンタテイメント・デザイン系の仕事が良いでしょう。女命ならば美容・エステ・インテリア・装飾など、芸術と関係ある仕事をすると良いでしょう。擎羊星・陀羅星が同宮すると、食肉処理のような血なまぐさい仕事につきます。

①貪狼星が申宮に入り、庚生まれならば、財も仕事も上手くいきます。文昌星・文曲星が同宮では、華やかだが中身がない人生となりやすいです。

②貪狼星が寅宮に入り、文昌星・文曲星と同宮すると、誠実さは弱く、素直でありません。

【十二宮別の貪狼星】

1 兄弟宮に入ると、腹違いの兄弟がいる可能性があります。

2 子女宮に入ると、子供は非常に遊び好きです。

3 財帛宮に入ると、エンタテイメント関係の仕事でお金を稼ぐか、異性をターゲットとした仕事につきやすいです。

4 疾厄宮に入り、化忌があると、性病にかかります。

5 遷移宮に入り截空・煞星がある、あるいは流年擎羊・流煞が巡る時に田宅宮が良くなければ、自宅で盗難に遭う可能性があります。

6 奴僕宮に入ると、早年期は部下運が良くありません。煞星が同宮加会すると、部下に変動が起きやすく、安定しません。

7 田宅宮に入ると、若いうちには不動産を持てません。もし化権・化禄と同宮すると、不動産を扱う仕事につきます。

⑩巨門星〈暗星〉

陰陽	陰	五行	水	斗分	北斗第二星	星情	暗・弁舌

【命宮について】

1 巨門星は五行では陰水で、暗と是非を意味する星です。是非の星とはいえ、心は割合善良です。ただし、口舌のトラブルやゴタゴタが多いのが特徴です。職業としては学術研究、口を使う仕事に向いており、頭脳明断で記憶力が良く、言葉も的確です。分析力が高く、研究心もあります。特に弁舌に優れており、相手に対して説得力を発揮します。忠義心も厚いのですが、現状や現実に不満を持ちやすいのです。心は根暗で傷付きやすく、神経質です。一つのことを貫き通すことが苦手で、結果が出にくいのです。

2 巨門星は是非が伴う星で、利害にも影響します。財的に損することもあります。

3 女命で巨門星は過敏で小心な人が多いです。猜疑心が強く、時には激高します。財に対して慎重で、節約するタイプです。

4 女命は会計や経理の仕事がもっとも適しています。人縁は悪くありませんが、人と群れるのは好みません。優柔不断になりやすいのが欠点です。多くを学びますが、結果が伴いにくいです。猜疑心が強く、表裏があります。人とも最初は熱く情を通わせますが、後に淡白な関係になりがちです。口舌の問題が出やすく、人から傷つけられたり、逆に他者を傷つけたりする人も見られます。化権・化禄がないと、人生は小規模な成功で終ります。

5 女命で巨門星の人は、感情が原因で不本意な事態になりやすく、男性とのトラブルも多いです。子・午宮の巨門星の場合は夫妻宮に太陰星が入りますが、廉貞星の大限・小限に入ると、不倫などの不適切な関係ができやすくなります。ただし、自己の家庭は守ります。

6 巨門星は禄存星を喜びます。同宮すると一生平穏で、左輔星・右弼星が同宮すると衣食住に困ることはなく、一生安定するでしょう。

7 巨門星は擎羊星・陀羅星を非常に嫌います。より複雑な感情の持ち主となりますが、特に陀羅星（陰星）を恐れます。必然的に疑念や策動を持ちやすく、性的な問題を引き起こしやすいでしょう。

8 巨門星と擎羊星が同宮すると、病気・怪我・手術などを一生の間に多く経験します。

9 巨門星と陀羅星が同宮すると、多くの疾患を生じます。また痣や傷を持ちやすいでしょう。

10 巨門星は火星・鈴星・白虎が同宮、あるいは対宮に入り、三合に禄存星が入らない場合には、交通事故・刑事訴訟に遭いやすく、ひどい時は入獄もありえます。

11 巨門星と火星・鈴星が遷移宮に入る場合は、交通事故に注意です。

12 巨門星が命宮または田宅宮で火星・太耗と同宮すると、住居の火災に注意です。

13 巨門星は喪門と同宮すると災いが多くなりますが、特に身内との問題に不利となります。

14 命宮で巨門化忌の場合は、様々な災いに注意です。仕事も離職・転職を経験したり、突然に地位や社会的立場を失うことがあります。

15 巨門星は化権を喜びます。弁舌爽やかで人の信頼を得られ、良い立場を手に入れやすく、この組み合わせの大限に入ると、社会的にも仕事的にも発展可能です。

16 巨門星と火星・擎羊星が同宮・対宮に入ると、突発的な出来事が起きやすく、怪我などで傷が残りやすくなります。火星・擎羊星が命宮・対宮でなく三合に入ったとしても、似たような現象が起きやすくなります。

【十二支別の巨門星】

●巨門星が子・午宮で独守する場合

1　巨門星が子・午宮の場合、書籍や文章を好みます。条件が良ければ、格局としても悪くありません。化権が入ると上昇運が高くなります。化権が入らず他の条件も悪い場合は、むしろ上述の事柄で災いが起きやすくなります。
巨門化忌は是非や問題を多く経験します。特に辰・戌・丑・未の墓地ではそれが顕著となりますが、化権が同宮すると救いとなります。また、巨門化忌は身内縁が悪くなります。刑事事件にも巻き込まれやすいです。

2　子・午宮の巨門星で化科・化禄・化権が三合宮に入ると「石中隠玉格」と言い、名声を得やすく、財運も安定します。代理仲介業・卸業・貿易等で才能を発揮します。ただし、中には不正行為を行う人もいます。化科・化禄・化権が入らず文昌星・文曲星・天魁星・天鉞星が同宮すると、公職・教育関係・文化系の仕事に適しています。

3　子・午宮で、化科・化禄・化権が三合に同宮加会する場合、丁・己生まれは財・名声・社会的立場は安定します。丙・戊生まれはその次のランクとなります。辛・癸生まれは上格です。擎羊星・陀羅星が同宮すると、男女ともに邪な心を持ちやすく、男女の問題にも注意です。三合に煞星が多いと、火の災いに注意です。子と午はほぼ同論です。

4　子宮の場合、午宮に比べて会話の才能があります。それを起点として開運・発展します。

5　子・午宮では、癸生まれは命宮に化権が入り、禄存星も加会します。辛生まれでは化禄が命宮に入り、天魁・化権も加会します。このように、癸・辛生まれの人は上格で吉命です。丁・乙生まれの人は富（財運）あって貴（名声・地位）がありません。禄存星が同宮・対宮しますが化忌も絡むため、福分がやや減退します。丙・戊生まれの人は人生が凶となりやすく、最悪の場合は早く亡くなる人も見られます。

●巨門星が丑・未宮で天同星と同宮する場合

※天同星の項目を参照してください。

●巨門星が寅・申宮で太陽星と同宮する場合

※太陽星の項目を参照してください。

●巨門星が卯・酉宮で天機星と同宮する場合

※天機星の項目を参照してください。

●巨門星が辰・戌宮で独守する場合

6 巨門星が辰・戌宮にあると、弁舌の才能に長けています。そのため人と衝突することが少なく、対人運も悪くありません。組織においても能力を発揮します。基本的には善人ですが、必要とあらば謀略もできるのが特色です。

7 辰・戌宮では、研究・創造・学術にとても興味を持ち、大学教授などになる人も見られます。ただし、化禄・化権が同宮しなければ、本来の良さをあまり発揮しません。その理由として、巨門星は法律関係に（善悪は別として）縁ができやすく、辰・戌は天羅地網の地のため、訴訟事や数々の是非があるためです。条件が悪ければ、入獄の災いに遭うこともあります。

8 辛生まれは化禄が入りますが、巨門星は化権が入るほうが良さが出ます。積極的な行動が上昇運を招きます。

9 辰・戌宮の職業として、代理業・公職・一般サービス業などに適しています。

10 辰宮で辛・癸生まれは「辛人奇格」で、名声・地位を得ます。丁・庚生まれはあまり良好とはなりません。生涯を通して口舌のトラブルや是非を経験します。擎羊星・陀羅星が同宮すると、男女ともに邪淫の傾向が増します。加えて四煞は凶命です。大限・小限で巨門星に火星・鈴星がプラスしている場所に入ると、外出時に怪我や病気に遭い、死亡することもあります。

11 戌宮で辛・癸生まれは「辛人奇格」で、名声・地位を得ます。しかし、辰宮に比べ問題が出やすいです。丁・庚生まれの人で三合に煞星が加会する場合、火の災いに注意です。その他は辰宮に準じます。

12 命盤の条件が良ければ、巨門星は晩年に発展します。ただし苦労しての成功でしょう。

13 命宮が辰・戌宮で、辛生まれの人は禄存星が酉宮に入り、命宮で巨門化禄となり化権も加会するため、対人運に恵まれます。戌宮の命宮で擎羊星が入ると、四庫地で凶意は弱く、災いは軽いです。化禄が命宮に入り、午の財帛宮は太陽星で、大吉です。三合に天魁星・天鉞星が加会すると、名声を得やすいでしょう。

●巨門星が巳・亥宮で独守する場合

14 巨門星が巳・亥宮に入れば、研究・創造・学術研究も悪くありません。条件が良ければ学者や大学教授などになれるでしょう。

15 巳宮より亥宮のほうが良い配置です。巨門星はもともと暗星ですから、亥宮に入り、対宮に輝く太陽星があるのはありがたいのです。生涯を通して割合平穏となり、福徳があります。

16 巳宮は太陽星が亥宮に入り、輝度が低いため一生様々な是非を体験します。仕事は貿易・代理業・法律関係・医療関係・作家・文化事業などに適しています。他の条件が良くないと、成功するのは難しいでしょう。

17 巳宮で辛・癸生まれは財・仕事がそこそこ安定します。本来、身宮や命宮が巳宮なのはあまり良くありません。たとえ財と名声を得ても、永続性はありません。擎羊星・陀羅星同宮では、男女ともに邪淫の相が出やすいのです。三合に煞星加会すると、必ず大きな災いを経験します。

18 亥宮では太陽星が巳宮となり、対人・対外運も良好です。太陽星は動星で、煞星なく吉星多い場合、富貴となります。しかし、競争と苦労は伴います。早年は苦労が多く、中年期から発展します。己生まれは「集録来朝」と言って、吉格です。丙生まれの人は化権・化禄・禄存星が三合で絡み、天魁星が同宮すると上格となります。辛生まれの人は化権・化禄が加会して吉となります。壬生まれは禄存星が命宮に入り、天魁星・天鉞星が三合加会し、吉です。癸生まれは化権が加会し、天魁星・天鉞星も三合加会して、富となります。しかし、男命には有利ですが、女命にはあまり有利となりません。これは社会運が良くても、プライベートでは波乱になるためです。

【十二宮別の巨門星】

1 子宮の命宮に廉貞星・天相星が入る場合、巨門星は亥宮の兄弟宮に入り、天姚と同宮します。さらに対宮は太陽星・禄存星が入ります。この場合、私生児が生まれやすいとされます。

2 巨門星が夫妻宮に入る場合、配偶者とは口舌や紛争が多くなりがちです。もし巨門星単独で煞星が同宮加会しなければ、内助も期待でき、夫婦のコミュニケーションも良い傾向です。禄存星が同宮すると、財的にも良好な配偶者です。子・午・丑・未・辰・戌宮で煞星が入る場合は、離婚しやすいです。丙生まれで子・午宮の巨門星が夫妻宮に入るのは悪くありません。ただし擎羊星と火星・鈴星が同宮すると、離婚の可能性は高くなります。巨門星は暗星で、離別・死別しやすいのです。

3 巨門星に天姚・天刑が同宮し夫妻宮に入ると、夫婦ともに感情が不安定となり、さらに煞星が加わると、離婚に至るでしょう。

4 子女宮に入る場合、煞星同宮では子供が少ないか、時として流産の危険性が出てきます。また煞星がなくても、子女とは縁が薄くなりがちです。

5 財帛宮に入る場合、競争社会に身を置きやすく、公務員などは汚職などのトラブルに注意です。口の災いや財の争いも多く、特に化忌が入ると財についての是非を多く経験します。化禄が同宮すると、かえって災いが増幅されてしまいます。そのため巨門星は化権の方が良好なのです。

6 巨門星が戌宮の財帛宮に入る場合、命宮は寅宮で、官禄宮は午宮になり、太陽星が入ります。これは基本的に悪くなく、条件が良ければ一生名声に恵まれます。また、技芸を重んじる人が多いです。仕事を人から頼まれやすくなります。

7 疾厄宮に入ると、煞星が同宮すれば近視・色弱など目に問題があり、また皮膚がやられやすいです。

8 遷移宮に入れば、人間関係など対外運的な是非を体験しやすいでしょう。

9 奴僕宮に入ると、部下はあまり力になりません。

10 官禄宮に入れば、飲食関係・司法書士・行政書士など、高度な技術を伴う仕事などに適しています。官禄宮で煞星が同宮加会すると、訴訟などに遭遇します。

11　田宅宮に入れば、祖業を継承するには良くありません。
12　福徳宮に入れば、化忌が付くのは良くありません。精神的に不安定となります。
13　父母宮に入れば、化忌は最も良くありません。父母が離婚したり、幼年期に親の情愛を受けにくかったり、父親が都合で遠方地に行ったりと、あまり意思の疎通ができません。

⑪ 天相星〈印星〉

陰陽	陽
五行	水
斗分	南斗第五星
星情	補佐・文書

【命宮について】

1　天相星は陽の水で、「掌印之官」と言われています。やや指導力に欠ける面はあるものの、知略と社交で権力を掌握します。社交運を高めることで、権力者や地位を持つ人と近づくことができ、これが人生にチャンスをもたらします。大限でこの星に逢えば、吉事が起きるでしょう。

①天相星は独力では成功できる星ではありません。左輔星・右弼星・文昌星・文曲星・天魁星・天鉞星と同宮すると、成功運が得られます。男命の天相星は、四煞星および地空・地劫と同宮すると、人生が不安定となり、特殊な技術職で身を立てることとなります。

②天相星は基本的に吉星で、美味しい物を食べ、良い服を着ることができ、悩みの少ない人生を送れるとされます。ただし落陥の地では、こだわりが強く、食べ物にうるさくなります。官禄宮の主であり、文職を司るため、基本的に公務員が向いています。

③天相星は三合宮が良ければ権力を掌握することができます。しかし煞星同宮や冲破があれば、書類や契約面でのトラブルに巻き込まれるでしょう。
④天相星が吉星と同宮すると、名誉や地位を得ることができます。逆に天相星が落陥し、煞星同宮や冲破があれば、財運に問題が出ます。
⑤天相星が命宮の人は、言葉が正直で、とても優しい人です。丑・未宮が命宮の人は、性質的に癖が強く、普段は無口であまり話しませんが、いざ話すとなると、誠実で嘘をつきません。同情心が強く、人助けが好きです。正直で人付き合いが良いのも特徴です。勤勉で自由を求め、弱者に味方をします。ただし、以上は入廟の地にあることを条件とします。卯・酉宮は落陥の地のため、この傾向は弱くなります。
⑥天相星は落陥の地で四煞星が同宮し、かつ地空・地劫の冲破があれば、人に騙されやすく、安易に他人を信じて失敗します。これが元で、面倒なことに巻き込まれたりします。
⑦天相星が大限に入ると、財や利益をもたらします。左輔星・右弼星が同宮では、権威が得られます。落陥の地では煞星がなければ、成功はせずとも生活は安らかです。
⑧女命は天相星が命宮にあれば、オシャレが好きで、食べることも好きです。落陥の地では、こだわりが強く、食べるのが好きというより、食べ物にうるさくなります。しかし、言い争いは好まず、穏やかに過ごしたいと内心では思っています。仕事に対しては、基本的に思い入れが弱く、余計なことに気をかけたくありません。
⑨天相星は左輔星・右弼星と同宮するのを喜びます。この組み合わせになると、権威・権力を得られま

す。大限で左輔星・右弼星があれば、転職や引っ越し、移動によって出世したり、権力を得られます。女命で左輔星・右弼星があると良好で、人生は平穏で安定したものになります。
⑩天相星は左輔星・右弼星・文昌星・文曲星を喜びます。高位を得て、うまくいけば管理職まで出世できます。ただし女命は文昌星・文曲星を喜びません。魅力が強くなりすぎるのか、愛人や側室になると言われています。また、配偶者は異性とのトラブルを抱えていたり、離婚の経験を持っているでしょう。
⑪女命で天相星が落陥の地にあり、煞星が同宮し、さらに桃花星が加わると、恋愛運や異性運に問題が出やすく、また離婚の可能性があります。
⑫天相星が紫微星・天府星・左輔星・右弼星と同宮すると、生活が安らかで福分が強いです。
⑬天相星が敬羊星・陀羅星・地空星・地劫星と三合で同宮加会すると、生活は浪費が多く、大限がこれに巡ると、口舌や是非の問題が発生し、訴訟や裁判に発展しかねません。また、火星・鈴星と同宮するのを嫌います。命宮が子・午・卯・酉・巳・亥宮の場合には、身体に傷や痣があるなどの問題がでます。大限が巡り、かつ疾厄宮が良くなければ、手術や命に関わる事態となりえます。特に、亥宮の場合は注意が必要です。

2　天相星が命宮に入り、七殺星あるいは破軍星が身宮に入ると、技術で身を立てます。もし桃花星が同宮すると、夫婦関係は良くありません。

3　「府相朝垣格（天府星が官禄宮、天相星が財帛宮に配置される格で大富貴格）」で敬羊星が同宮加会していなければ、全体的に吉となります。六親も欠けることなく、自動的に成功が巡ってくると言われます。例えば、紫微星・貪狼星が酉宮にあり、天相星が亥宮、天府星が未宮、そして化権が同宮すれば、その年は変動の年ですが、他者が色々活躍してくれます。

4　天相星が入廟の地で大限に入ると、財運は良くなります。しかしこれは、煞星の沖がないのが条件です。また、文昌星・文曲星・左輔星・右弼星と同宮加会することが必要です。もし落陥の地で煞星と同宮、もしくは沖破を受ければ、散財します。また、裁判の年になる可能性があります。

【十二支別の天相星】

●天相星が丑・未宮で独守する場合

1　天相星が丑・未宮に入り、吉星が同宮加会すると、財も仕事も上手くいくでしょう。左輔星・右弼星・文昌星・文曲星が同宮加会すると、非常に出世します。火星・鈴星の沖破があると、身体に障害を持ちます。何かを切り開いたり、創業するような格局ではないので、人生は比較的平穏です。自由な生活が好きですが、環境には変動が出やすいです。また、やりたいことが色々とあっても、実行にまで移すことは少ないでしょう。

●天相星が卯・酉宮で独守する場合

2　天相星が卯宮に入り、乙・辛生まれならば吉格です。甲・庚生まれは人生に困難がつきまといます。左輔星・右弼星・文昌星・文曲星が同宮加会すると、非常に出世します。敬羊星・陀羅星などの煞星が同宮加会すると、手先が起用になり、技術系の仕事が向きます。火星・鈴星の沖破があると、身体に障害を持ちます。女命では異性運が変動しやすく、恋人を裏切るような行為をしがちです。その場合、おおむね相手の格局は悪くないのです。また女命は桃花運が強く、さらに天姚・咸池・桃花星が巡ると、強化されます。

男命は自身に創造力がなく、人に雇われることになります。そのため公務員・技術系・外交系などの仕事が良いでしょう。これは廉貞星が遷移宮にあるためです。

●天相星が巳・亥宮で独守する場合

3　天相星が巳宮に入り、丙・戊・壬の生まれは福分があります。左輔星・右弼星・文昌星・文曲星が同宮加会では、非常に出世します。ビジネス界で重要なポストに付きます。人柄も良いのですが、そのかわり友人などに騙されやすくなります。変動運が強いです。火星・鈴星の冲破があると、身体に障害を持ちます。手先が起用で、技術系です。これは命宮に武曲星・破軍星、対宮に天相星でも同じです。このため、加工業や生産業等が向きます。

4　天相星が亥宮に入り、丙・戊生まれは福分があります。その他は巳宮と同じです。

【十二宮別の天相星】

1　兄弟宮にあると、兄弟とは平和で仲がいいです。

2　夫妻宮にあると、女命なら気質が良く、内向的で優しい、口数が少ないという性格です。化禄があると夫婦の仲は良く、財に恵まれます。男命では、配偶者はお金の管理が上手です。しかし、体が弱くなりそうです。未宮より丑宮が良いでしょう。

3　天相星が夫妻宮にあると、同時に二人の妻を持つか、よく妻と喧嘩をします。もし男命で、陀羅星や地空星・地劫星と同宮すると、妻と死別する可能性があります。これは廉貞星・七殺星が未宮で命宮となり、敬羊星が同宮し、夫妻宮には天相星と陀羅星が同宮し、地空星・地劫星が加わるような場合です。

4 子女宮にあると、食いしん坊な子供になります。

5 財帛宮にあると、旺廟の地では財運は穏やかです。大限が財帛宮に入り、天相星が落陥しているか、煞星が同宮もしくは冲破していると、お金が減ります。これは主に、書類上のトラブルによります。

6 疾厄宮にあると、下半身に病気が起きるでしょう。

7 官禄宮にあると、穏やかで変動運が少なく、落ち着いて仕事に従事できます。

8 父母宮にあり、文昌星・文曲星・左輔星・右弼星に逢うと、父親は公務員です。

9 天相星の人は丸顔で、少し角ばっています。子・午・卯・酉・辰・戌・丑・未宮の人は、少し背が高いです。寅・申・巳・亥宮の人は、少し背が低い。四敗四墓の地なら、少し太っています。四生の地なら、少し痩せ気味です。顔立ちがしっかりしていて、和やかな顔で、元気な表情をしています。

10 女命の顔は楕円型です。辰・戌・丑・未宮の人は、中背より低くて太り気味。子・午・卯・酉宮の人は、背が高くて痩せています。寅・申・巳・亥宮の人は中肉中背、あるいは背が低くて、痩せています。顔立ちは美しく、和やかで優しいでしょう。辰・戌宮の紫微星・天相星は少し太めで、寅・申宮の武曲星・天相星の女性は、顔立ちは普通です。

⑫ 天　梁　星〈蔭星〉

陰陽	五行	斗分	星情
陽	土	南斗星	長寿・蔭

【命宮について】

1　天梁星の属性は陽土です。長寿をもたらし、解厄力があり、凶意をよく抑えます。容姿は眉がくっきりしていますが、若いときから頭髪が薄くなりやすい傾向です。非常に落ち着きがある印象です。個性は穏やかで、公明正大です。気質としてもさっぱりしています。正義感が強く、容易に悪には服従しません。決断力があり、勇敢で、細部まで気配りができます。分析力があり、段取りがうまいでしょう。ですが、人付き合いはあまり広くありません。高い志を持ち、負けず嫌いです。意外と目立つのが好きで、親分肌なところがあります。理性的で、口は達者です。多趣味であり、宗教や精神世界に惹かれます。配置によっては権威・権勢を好む傾向が出てきます。

①天梁星が落陥し、さらに煞星が同宮加会すると、自堕落な傾向が出てきます。凶星が同宮加会すると、ギャンブル等に傾倒して破財する可能性があります。

②女命の天梁星は聡明で、仕事ができます。男性的で、姉貴肌な気質です。物事に熱心で、世話好き。決断力があるので、リーダーに任じられたり、自然とリーダーシップを取りますが、性格としては熱血タイプというより、意志が強くてサッパリしています。

③天梁星が文昌星・文曲星と同宮すると、出世運が強くなります。家柄も悪くなく、リーダー運があります。この配置が官禄宮にあると、権力を握ると言われます。公的機関に進めば、地位も悪くありま

せん。また、文化関係の仕事に向いています。

④天梁星が入廟して化科が付くと、出世運も対外運も良いでしょう。しかし天梁星が落陥して敬羊星・陀羅星と同宮すると、悪い習慣を持つ傾向になります。具体的には、ギャンブル好きになりやすいでしょう。地空・地劫同宮では、破財します。

⑤天梁星が巳・酉宮に入り、敬羊星・陀羅星と同宮すると、手術等で身体に傷が残るような事故が起こるとされます。特に、若いときが危険です。天梁星が天馬と同宮して、巳・申・亥宮（四馬の地）に入ると、環境の変動が多く、仕事でたびたび外出するなど、非常に忙しい人生となります。大限でこの配置に逢うと、海外へ行く可能性があります。

⑥女命の天梁星が天馬と同宮すると、性格は活発となり、外向的で熱意があり、サッパリとしています。また異性運があり、男性の友人が多いでしょう。

⑦天梁星が天馬と同宮して田宅宮に入ると、異動します。

⑧天同星・天梁星が同宮して命宮に入る、あるいは対宮に入る、あるいは三合に入ると、色々と危険に出会いやすくなりますが、状況はそれほど酷くはありません。解厄力と援助運があるため、他者からの助力を得られるのです。

2

天梁星が命宮の場合、子・午宮では背が高い、あるいは高くなくても体格はがっちりしています。丑・未宮なら中背です。寅・申宮なら中背で、少々太っている傾向です。宮位に関わらず容姿は四角く面長な傾向で、額は広く、比較的頭髪は薄くなりやすいです。印象は穏やかで落ち着きがあり、若いときから大人びています。女命の天梁星命宮では、子・午・寅・申・辰宮ならば比較的背が高いでしょう。

丑・未宮ならば、それほど高くありません。卯・酉・巳・亥宮ならば、中背か低い方で、若い頃は痩せています。しかし、中年期から太ってきます。気質は穏やかで優雅ですが、子・巳・亥宮の女性は活発です。

3 天梁星と太陰星が身宮・命宮にそれぞれ入り、ともに落陥の地にあると、変動運が強くなります。地元を離れた方が発展するでしょう。女命はこの格局では、異性運や恋愛は不安定になりやすく、既婚男性と付き合うような事態になりやすいでしょう。

4 天梁星が命宮に入り、福徳宮に太陽星が入り、三合宮に文昌星・文曲星が入ると、功績を残して有名人になるでしょう。

5 天梁星が申宮で命宮となれば、援助運が高く、目上からの助力を得られます。努力・辛苦を重ねて創業し、子孫に多くの財を残す配置とされます。ただし、子女宮に廉貞星がある場合は桃花の格局となり、異性面に問題が出やすいでしょう。

6 天梁星が奏書と同宮し、三合宮に吉星が入ると、予想外のチャンスを得ることができます。

7 天梁星が流年で青龍と同宮すると、その年の太歳の力を得て、裁判などは上手くいきます。

8 天梁星と巨門星が身宮・命宮にそれぞれ入り、落陥の地となる場合、生涯を通じて多忙となり、異性運や結婚等には問題が出やすいです。

9 天梁星が入廟で文昌星・文曲星・天魁星・天鉞星・禄存星と同宮すると、財運は良く、お金に困ることがないでしょう。

10 天梁星が落陥の地にあって煞星が同宮すると、発展性がありません。大限でこの配置では、悪い人と出会うでしょう。職人などの技術職か、公務員が向いています。これは人生に波乱が少ないからです。

【十二支別の天梁星】

●天梁星が子・午宮で独守する場合

1　天梁星が子・午宮に入る場合、大小限がその宮位に入る時に、地位・名声を得られます。しかし、財運はそれほど良くありません。お金が入っても散財しやすいでしょう。桃花運も出やすく、注意が必要です。文昌星・文曲星が同宮すると、公務員や服飾関係に向いています。また子宮では船員やバスガイド、キャビンアテンダントなど、移動する仕事も良いでしょう。

2　天梁星が子宮に入る場合、丁・癸・己生まれは福分が厚く、吉星と同宮すれば生涯にわたって恵まれます。特に左輔星・右弼星・文昌星・文曲星と同宮すると、出世運を高めます。文昌星と禄存星が同宮すると、特定の分野で非常に高名になる可能性があります。

3　天梁星が午に入る場合「壽星入廟格」と呼ばれ、名誉・地位・名声を得る吉格です。丁・己・癸生まれで吉星と逢うと、生涯福分に恵まれ、長寿です。さらに天同星が身宮に入れば、解厄力が強くなり、凶意を恐れる必要はありません。左輔星・右弼星・文昌星・文曲星が同宮すると「出将入相格」となり、さらに福分が厚くなります。文昌星と禄存星が同宮すると、ある特定の分野で非常に高名になる可能性があります。

●天梁星が丑・未宮で独守する場合

4　天梁星が丑・未宮に入る場合、落ち着きがあり、物事が丁寧で細やかです。ただ、悪い人と接しやすいでしょう。職業的にはサービス業や貿易の仕事が向いています。また男命・女命とも、医師・看護師・薬剤師・製薬・研究者など、医療関係の仕事が向きます。

5
天梁星が丑宮に入る場合、戊生まれは高位に登ります。乙生まれの人は財運も仕事も上手くいきます。吉星と同宮すれば生涯福分に恵まれ、長寿を得ます。また丑宮命宮では「日月並明格」となりますが、乙・丙・丁・辛生まれで煞星が同宮加会しなければ、富貴な命となります。文昌星・文曲星が同宮すると出世をしますが、さらに左輔星・右弼星が同宮加会すれば、非常に高名・高貴となります。

天梁星が丑宮に入る場合、太陽星が巳宮に入り、太陰星が酉宮に入るため「日月並明格」となります。命宮に煞星の冲破がなければ、名利両方を享受できます。特に甲生まれは陀羅星が命宮に入りますが、禄存星と化禄が命宮を挟み、陀羅星の凶意を抑えます。さらに官禄宮に太陽星が入り、また化忌が付きますが、入廟となるため化忌の凶意を防ぎます。「座貴向貴」といって、非常に大吉となります。

6
天梁星が未宮に入る場合、戊生まれは高位に恵まれます。乙・壬生まれの人は財運も仕事運も良好です。吉星と同宮すれば、生涯福分に恵まれ、長寿を得ます。左輔星・右弼星・文昌星・文曲星が同宮加会すれば、非常に高名・高貴となります。文昌星と禄存星が同宮すると、特定の分野で非常に高名になる可能性があります。

●天梁星が巳・亥宮で独守する場合

7
天梁星が巳・亥宮に入る場合、熱意があっても空転し、物事の進みが上手くいかないことが多いです。この配置の女命は物事の良し悪しの判断が不得手で、さらに天馬と同宮すると放蕩になりやすく、性的な問題も出やすくなります。敬羊星・陀羅星など煞星が同宮すると、出世が難しくなります。技術系や公務員、公共関係の仕事のほうが、波乱が少ないため安全でしょう。女命は派遣社員や代理業などに縁があります。この配置は異性運に問題が出やすく、特に天同星が命宮にあって、天梁星が巳・亥宮に入ると、恋愛や結婚が上手くいきません。

①天梁星が亥宮に入り、天同星が巳宮に入り、禄存星・化禄が亥宮に入る（壬生まれの人）配置では、大限が亥宮に巡る時に、夫妻宮には巨門星と地劫星が入るため、異性運は曖昧な関係となりやすいです。

②陀羅星が同宮する場合は、それほど悪くありません。強い意志を持ち、それが良い方向へと進みます。誠意があり、なおかつ口が達者で、目立つのが好きです。これは天梁星の特徴です。

③天梁星・天同星が巳・亥宮に入る場合、天梁星は落陥の地のため、男女に関わらず色情問題が出やすく、社会的成功にも悪い影響を与えます。ただし、吉星が多いと財運は悪くありません。女命は美しいが奔放で、異性面は問題あります。煞星の冲破があれば、寡婦か孤独となりやすく、低調な人生となりやすいでしょう。

【十二宮別の天梁星】

1　天梁星が子女宮に入ると、子供は技能に優れ、学習能力が高いでしょう。

2　天梁星が財帛宮に入ると、公から財を得やすいでしょう。福分が厚く、成果が出やすい特徴があります。化権・化禄が入ると、かえってギャンブルなどにハマりやすいでしょう。

3　天梁星が疾厄宮に入ると、健康運は良く、あまり病気にならないでしょう。

4　天梁星が遷移宮に入ると、対外運が良く、付き合いが広くなります。大運が遷移宮に巡り、入廟するならば、対人運が良く、有力な人物と出会えます。落陥の地だと、たびたび病院に行くような事態になります。四煞・地空・地劫などが同宮すると、故郷を離れることができません。

5　天梁星が奴僕宮に入ると、入廟の地ならば吉と言えます。落陥の地では不吉となり、四煞が同宮では、人間関係で精神を害されます。

6　天梁星が官禄宮に入ると、入廟の地ならば変動運が低く、人生が安定します。

7　天梁星が田宅宮に入ると、裕福な家に生まれたり、高地に居住します。近くに病院があります。

8　天梁星が福徳宮に入ると、精神的に穏やかです。

9　天梁星が父母宮に入ると、両親が長生きするでしょう。

⑬ 七殺星〈将星〉

陰陽	陰
五行	火金
斗分	南斗第六星
星情	威勇・権勢

【命宮について】

1　七殺星は南斗第六星で、陰陽五行では火金です。紫微斗数では凶星と分類されますが、これは一生のうちに、苦しい時期が必ず巡るためです。しかし、それは他星の配合などの条件によって大きく変化するため、大運をよく調べなければなりません。若い頃に苦労するよりは、若い頃に成功したほうが、全体的にみて落ち着いた人生になると言えます。

①独立志向があり、実家や家業に落ち着くことができず、事業では変化が多いです。人に頭を下げるのが苦手で、青年期は学校や家庭に反抗心を持ちやすいでしょう。ですが、目下や部下には好かれます。目下を世話する、面倒見の良い面を持っているからです。せっかちですが、さっぱりした気質を持ち、自然とリーダーになるタイプです。考えが表情に出やすく、隠しごとが苦手です。気性は激しいですが、怒っても直ぐに機嫌が直ります。意志の力が強く、忍耐力を持っており、困難を克服するパワーにあふれています。ただし、突発的な変動運に見舞われやすいのです。

②女性は姉御肌で、さっぱりした気質。そして外向的です。幼い頃から独立心が芽生え、結婚した後も、家に入らず仕事をしたいと考えます。家庭では、男性を尻に敷くような強さが出てきます。

③男性では七殺星が大限に入り、化禄・禄存星がなかったり、「七殺朝斗格」が成立していなければ、その一〇年は変動運が激しく、社会的・職業的に非常に苦労することになります。「七殺朝斗格」とは、七殺星が午・申宮に入る場合です。また寅・子に入ると「七殺仰斗格」となります。

2

七殺星は主に成敗を司る星のため、人生で起伏が激しくなります。特に大限で吉星が入らなければ、非常に変動多く、不安定となります。

①七殺星は空亡星と同宮を嫌います。七殺星本来の力を失うため、不如意で空転します。

②七殺星は孤独の星のため、何をするにも独力で行う傾向になります。

③七殺星で老少の大限（若いころと老年期）では、大限命宮に吉星が入らなければ、予想外のトラブルや事故が発生します。

④七殺星は紫微星と同宮加会するのを喜びます（命宮および三合宮）。禄存星が同宮すると、性急さが

抑制され、穏やかになります。財運的にも福分が強まります。左輔星・右弼星・文昌星・文曲星と同宮加会すれば、権威・権力を掌握でき、管理者やリーダーのポストにつきます。

3

「七殺朝斗格」が成立し、さらに文昌星・文曲星と逢うと、管理職まで進むことができます。生産業・商業に関わるなら、企業家・事業主となります。文昌星・文曲星は名声を高め、左輔星・右弼星はリーダーシップを発揮し、権威・権力を掌握します。文昌星・文曲星・左輔星・右弼星全部と同宮加会すると、権力・名誉・名声を得ることができます。七殺星は文昌星・文曲星・天魁星・天鉞星と同宮加会すると、公職につきやすくなります。七殺星は敬羊星と鈴星を嫌い、同宮すると裁判・訴訟等が発生しやすくなります。大限に入れば、予想以上に金銭的損失があります。さらに白虎が加わると、裁判ばかりか身体的な怪我・事故に見舞われる可能性が高くなります。

①命宮に七殺星が入り、敬羊星・陀羅星と同宮すると、あまり発展性が望めず、人生は不安定となります。特に四煞星のうち二星が同宮加会すると、身体に怪我等を負いやすく、重傷になる可能性も高いです。例えば、酉宮で武曲星・七殺星が敬羊星と同宮したり、武曲星・七殺星が卯宮で擎羊星が酉宮と対冲する場合は、お金がなくなるだけでなく、生命にも関わる問題が発生します。また桃花星として、紅鸞・天姚等が同宮・対冲する場合も同様です。

②七殺星が敬羊星・火星と同宮すれば、技術者・重工業、そして運送業・運輸業など、車に従事する仕事につきます。七殺星が少年運や老運にあり、さらに空亡星が入ると、生命に関わる事態となり、手術や病気を経験します。

③七殺星が四馬の地（寅・申・巳・亥）で敬羊星と同宮する場合、これは四絶となり、運勢的にかなり

不利になります。離別・決別などの事態が発生しやすく、例えば夫婦が離婚するなどの凶事が起きます。特に七殺星は五行では金のため、寅宮に入ると身体に問題が発生しやすいです。もしそれが夫妻宮なら、離別などの事象が起こります。

④七殺星と破軍星がそれぞれ身宮と命宮に入ると、故郷を離れ、専門技能で身を立てるでしょう。ただし生涯多忙となりやすく、人生は順風とは言えません。

⑤七殺星が命宮に座し、破軍星が官禄宮に入ると、職業的に変動運が強く、さらに煞星が同宮加会すると、事業は成功と失敗を繰り返すようになります。ですが、この配置は特殊な技能技術を身につけるという特徴があり、それが人生を開きます。

⑥七殺星が命宮・身宮に入り、生年官符と同宮する、あるいは流年で敬羊星・生年官符が巡ると、訴訟や裁判・投獄などの難が起きたり、乗り物による事故と遭遇します。

⑦七殺星が敬羊星・鈴星と同宮し白虎が加わる、あるいは流年で白虎が巡ると、訴訟・裁判・投獄等の発生、または身体的におおきな怪我をします。もし少年運ならば、勉強を嫌い、不良生徒となり、老運ならば最悪の場合、事故死など、畳の上では死ねないという最期になります。

⑧少年運で敬羊星・鈴星・白虎が巡るのは凶です。ひどい場合、裏社会やヤクザの道に入るとされます。もしそれが命宮にあるならば、悪の道へ走る可能性が高くなるでしょう。

4

容姿は細面な顔立ちです。子・午・寅・申宮の人は中肉中背、あるいは少し背が低いでしょう。丑・未・辰・戌宮の人は中肉中背、あるいは少し背が高く、やや太っています。卯・酉宮の人は中背で骨格良く、少し太っています。巳・亥宮の人は背が高くて太りやすく、目は大きく、眉は太いです。子・午宮以外の人は、基本的に濃い顔立ちで、もし命宮に煞沖があれば、顔に傷があったり、身体に障害がある可能性が高くなります。

5 女命で子・寅宮ならば、中背で少々痩せ気味です。午・申宮ならば少し背が高く、あまり痩せてはいません。丑・未宮の人は背が高く、太りやすいです。卯・酉宮の人は少し背が低く、太り気味です。辰・戌宮の人は中背より少し高いです。巳・亥なら中肉中背です。子宮以外の人は、容姿は普通です。

【十二支別の七殺星】

●七殺星が子・午・寅・申宮で独守する場合

1 七殺星が午・申宮に入ると「七殺朝斗格」となり、三合宮に吉星が入るならば、権威・権力を高め、技術性のある生産業で発展するでしょう。苦労を伴いますが、貯蓄をつくることも可能です。創造性や思考能力があり、企画分析の能力を発揮します。ただし、子宮はあまり良くありません。身体に問題が出やすいからです。午・申・寅宮は普通です。寅宮が命宮ならば、技術職に向きます。文昌星・文曲星・天魁星・天鉞星と同宮加会するならば、公務員など公職のほうが良いでしょう。

2 女命で七殺星が命宮ならば、運勢的に非常に多忙で、出産や育児の際に困りやすいでしょう。

3 子・午・寅・申宮の七殺星は理知的ですが孤立を好みます。そのくせ孤独感を感じやすいでしょう。

4 七殺朝斗格は苦労を多く経験しますが、独創的であり、社会的成功に恵まれます。

5 七殺星が子宮に入り、己生まれの人は、化禄・禄存が対宮から照らし、天魁星・天鉞星・化権が三合に同宮加会するため、上格となります。癸生まれも禄馬が同宮し、吉となります。

6　七殺星が午宮に入り、甲生まれの人は化禄・禄存が財帛宮に入り、化権も三合宮に入るため、財も仕事も運があります。己生まれの人は禄存星が命宮に入り、化権・化禄が三合宮に入り、天魁星が対宮から照らすため、やはり良好です。丁生まれの人は禄存星が対宮から照らすため、財運があります。

7　子・寅宮で「七殺仰斗格」になると、大きな成功に恵まれるでしょう。これは人の助力を得られるためですが親の援助など実家の支援ではありません。七殺星が身宮または命宮に入る場合、お金があろうがなかろうが、若い時に苦労をします。

【十二宮別の七殺星】

1　七殺星が兄弟宮に入ると、兄弟が少なく、気持ち的にも距離があります。

2　七殺星が夫妻宮に入ると、夫婦間の感情が希薄で、別居しやすいです。辰・戌宮に入るとその傾向が強くなります。子・午の夫妻宮では、配偶者が強すぎます。本命が廉貞星で、敬羊星・陀羅星と同宮すると、二回結婚します。七殺星・敬羊星・陀羅星が同宮すると、桃花運が強く、二回結婚をすることになりやすいです。寅・申宮の夫妻宮は相性が悪くなりがちで、別れる可能性が高くなります。辰・戌宮の夫妻宮は、表面上は良く見えますが、心は離れています。

3　七殺星・敬羊星が子女宮に入ると、流産をします。七殺星が子・午宮に入る、または武曲星・七殺星が同宮で卯・酉宮に入ると、子供運は良くありません。

4　七殺星が財帛宮に入ると、早く財を招来できますが、消えるのも早いでしょう。四馬の地にあって禄馬（禄存・天馬）が同宮すると、お金を稼ぐ能力を持ちます。七殺星が空亡星と同宮すると破財となり、お金を失いやすいです。武曲星・七殺星・敬羊星が財帛宮で同宮すると、争いによって財を失います。

5　七殺星が疾厄宮に入ると、肺や気管支の病気が起きます。紅鸞・天喜が加わると、命に関わる事態となります。

6　七殺星が遷移宮に入ると、よく外出します。落陥の地では、車の事故に遭遇しやすいでしょう。四煞星・地空・地劫に逢うと、多忙で苦労するでしょう。廉貞星・七殺星が丑・未宮に入ると、放浪や長期の旅をするでしょう。七殺星だけが身宮か遷移宮に入るのも、放浪を意味します。

7　七殺星が奴僕宮に入ると、部下が忠義を尽くさないために苦労するでしょう。

8　七殺星が寅宮で命宮に入ると、甲生まれは禄馬が同宮します。化権が三合に入ると、財に恵まれます。庚生まれでは武曲星に化権が付いて財帛宮に入り、対宮を照らし、禄馬が加わります。癸生まれは官禄宮に化禄・禄存が同宮し、財帛宮は旺地で化忌が入るため、利益よりも名声に恵まれます。

⑭ 破軍星〈耗星〉

陰陽	五行	斗分	星情
陰	水	北斗星	損耗・変動

【命宮について】

1　破軍星は陰の水です。北斗星であり、変動を司る星です。落陥の地では、破耗や身体に軽傷を負うなどの凶意が強まりますが、旺廟の地では、他に真似のできない特殊技能を持つなど、得意分野での成功を意味します。破軍星は損耗や変動を意味する星であり、このため欠点が多いと言われますが、化禄・禄存があれば上格とされます。これは破軍の欠点をカバーし、長所が際立つようになるからです。化権も同様に、良い影響があるでしょう。変動という意味から、突発的な発展もあり得ます。

①旺廟の地では、一攫千金などの突発的な成功をもたらします。

②北斗星であり、陰陽五行では陰水となります。夫妻宮・子女宮・奴僕宮の主星でもあります。そのため入廟すると子供が多く、落陥すると少ない傾向です。子女宮から逆に推論するならば、破軍星が身宮に入ると子供運は良くありません。疾厄宮に入り煞星と同宮すると、三番目の子供が亡くなります。これは、疾厄宮は子女宮から数えて三番目だからです。擎羊星・陀羅星と同宮すると、子供運には非常に悪いです。遷移宮や奴僕宮で煞星と同宮加会すると、難産になります。その他、破軍星が落陥して煞星と同宮すれば、育児を全うできないとされます。

2 破軍星は損耗の星のため、財が去っていくなど、基本的には財運に不利です。

①破軍星が財帛宮に入り、さらに落陥の地で煞星が同宮すると、必ず破財となります。

②破軍星が父母宮に入ると、六親（特に親）、もしくは目上の人の財運に問題が出ます。大小二限でこの配置となれば、六親にとって財運が良くありません。

③破軍星はもともと損耗を司る星のため、煞星との同宮加会は凶意が強まります。

④破軍星が落陥の地で煞星と同宮すると、顔に傷が付き、また傷跡が残るとされます。

⑤破軍星が入廟の地に入り、特に辰・戌宮にあれば、仕事や社会運には良いでしょう。

3 大限が破軍星のある宮に入ると、事業や社会面では変動が起きるでしょう。

4 破軍星の性質は、せっかちで忍耐力がありません。自己中心的で、時にはずる賢くなります。率直ですが、心の中をオブラートに包まず、そのまま言葉にしてしまいます。それが人との軋轢を生むことがあるでしょう。冒険心に富み、ギャンブルや株式投資、創業など、投機的なことを好みます。また、あまり外見を重視せず、自身も髪型や着るものには無頓着になりがちです。ただし女命はそうではありません。猜疑心が強く、人と歩調を合わせることを嫌います。廟地である子・午・辰・戌宮が命宮となると、かえって傲慢になりやすいでしょう。破軍星は変革の星ゆえに、新しいものを好みます。環境の変化から影響を受けやすいです。また好奇心旺盛で、変わったものが大好きです。

①欠点として、煞星が同宮すると陰湿で、腹に一物持つタイプとなります。トラブルメーカーと言われます。自己中心的で客観的に反省ができず、ギャンブルにハマりやすいです。

②破軍星の子供は、機械を分解するのが好きです。

③破軍星の男命は外見を重視しませんが、女命ならば逆に、外見にこだわります。これはプライドが高く、神経質なところにもよります。残念ながら、浪費癖があります。衣類や化粧品で散財をしやすくなります。率直なタイプですが、自説を譲りません。

④破軍星は天府星が身宮・命宮に入るのを喜びます。例えば紫微星・破軍星が同宮して身宮に入り、天府星が命宮に入る、あるいはその逆のケースです。卯・酉宮の地に入ると賢く、口が達者で、リーダーシップがあり、上手に発展していきます。

破軍星は禄存星と同宮するのを喜びます。通常、落陥の地では変動運が強く、故郷を離れ遠地で発展を求めますが、化禄か禄存星があると状況が変わり、落ち着いての発展向上が可能となります。また破軍星は文昌星・天魁星・天鉞星と同宮すると、名声を得て事業は成功します。この場合、発展性は悪くありません。人事や管理職に向いています。

6

破軍星が敬羊星・陀羅星と同宮し、身宮・命宮・疾厄宮に入ると、先祖運が良くありません。一説には、障害を持つ等の影響があるそうです。

①破軍星が火星・鈴星と同宮すると、生涯を通じて多忙となり、金銭的に不安定です。

②破軍星が鈴星と命宮で同宮すると、多忙なわりには蓄財が難しく、支出が多くなります。大限に入ると、相当のお金が消えることになります。

③破軍星が地空・地劫、空亡星と同宮するのは不吉で、落陥の地での同宮は、間違いなく相当の支出に見舞われます。支出がなければ、必ず身体に損傷があります。特に卯・酉・巳・亥宮に入り、截空と同宮すると、相当ひどくなるでしょう。

④破軍星が文昌星・文曲星と同宮するのは、吉星ながら相性が良くありません。文昌星同宮では刑尅の意があり、男命ならば父親に問題があります。文曲星と同宮では損耗の意が強くなり、財運が恵まれません。そのため大限で破軍星・文曲星同宮となれば、お金を失います。財帛宮が子・午宮にあり、破軍星と文曲星が入る場合「加官進禄格」となりますが、外見が華やかでも、中身がありません。たとえば、多額の債務を抱えながらも、高級車に乗ったり、高級なマンションに住むような状態になります。

⑤破軍星が亥・子宮に入り、文曲星と同宮し、さらに煞星が加われば、身体的な問題が出やすいでしょう。

⑥女命で破軍星が文昌星・文曲星と同宮するのは、配偶者運に悪く、特にお金で苦労します。恋愛面や

異性運でも不安定となります。

⑦破軍星が陀羅星と同宮すると、財運に凶意をもたらします。

⑧破軍星または貪狼星が寅・申・巳・亥・卯・酉宮に入り、禄馬（禄存・化禄と天馬）と同宮すると、男女を問わず色情運か強く、異性運・結婚運に問題が出ます。吉星（左輔星・右弼星・文昌星・文曲星・天魁星・天鉞星）と同宮すれば発展性があり、権威・権力を握ることも可能ですが、運が長く続かない傾向です。なおこの場合、宮位は関係ありません。

⑨破軍星に文昌星が加わることは「重水朝東」と言われます。卯・酉宮で同宮し、三合宮に吉星が加会する場合、名声を得て発展できます。ただし、財の出入りは激しいでしょう。

⑩破軍星と文曲星が卯・酉宮で同宮すると、お金を稼ぐことは容易ではありません。

⑪廉貞星・破軍星・文昌星が卯宮で同宮する場合、乙生まれでは禄存星が同宮するため、運は良くなりますが、辛生まれは禄存星が対宮に入り、かつ文昌星に化忌が付くため、若いときに学業が思うように進まず、中年期は多忙でトラブルが多いです。そして晩年は病気に悩まされやすくなります。

【十二支別の破軍星】

1　●破軍星が子・午・寅・申・辰・戌宮で独守する場合

破軍星が子宮に入ると、独守となります。甲・丁・己・癸生まれは福分があります。煞星の同宮冲破がなければ「英星入廟格」で、禄・権・科の配置が良いため、甲・癸生まれは非常に出世運・成功運が高いです。しかし、丙・戊生まれは問題があります。孤独になりやすく、身体に障害を持つか、早逝の可能性があります。それでも「英星入廟格」のため財運はあるのですが、不安定で長続きしません。

2 破軍星が子宮に入る場合、癸生まれは化禄・禄存星が命宮に入り、吉格となります。甲生まれでは、化禄と禄存星が加会します。庚生まれでは禄存星が財帛宮に入るため、財運が高いでしょう。丁・己生まれも禄存星が対宮に入り、財運に恵まれています。

3 破軍星が午宮に入る場合、丁・己・癸生まれなら福分があります。子宮と同じく、煞星の同宮冲破がなければ「英星入廟格」で、甲・癸生まれは非常に出世運・成功運が高いです。そして同じく丙・戊生まれには問題があります。また、火星・鈴星が同宮すると、あれこれ多忙となりやすく、仕事で争いが起きるでしょう。

4 破軍星が午宮に入る場合、煞星の冲破がなく、さらに文曲星の冲破がなければ、恵まれた財運となります。甲生まれの場合、化権が命宮に入り、化禄・禄存星が対宮・三合宮にあります。また癸生まれは化禄・禄存星が本命宮に入るため、ともに吉です。丁・己生まれの人は禄存星が命宮にあり、天魁星が照らすため、財運に良いとされます。

5 破軍星が辰・戌宮に入る場合、非常に個性が強くなります。現状に満足せず、挑戦意識が高いです。ただし、波乱万丈な人生となるでしょう。本宮・三合宮に桃花星が入ると、男女関係の事件が多くなり、その場合、相手の年齢はたいていが年下となります。仕事は代理業・建築・外務・外交等が向いています。故郷を離れて発展します。左輔星・右弼星と同宮すれば、発展性が高く、リーダーシップを持つでしょう。

●破軍星が寅・申・巳・亥宮で独守する場合

1　破軍星がこの配置ならば、外科医や技術者に向いています。

2　寅・申生まれであれば、あまり破軍の傲慢さは出ません。技術者や企画などの仕事に向いています。左輔星・右弼星・天魁星・天鉞星と同宮では、聡明で知恵があり、公務員が良いでしょう。武相（財星・印星のこと）が遷移宮にあるため、マメに引っ越すのが良いでしょう。吉星と同宮すると、ビジネスで成功するでしょう。代理業や貿易業などに向いています。禄存・天馬が同宮すると、海外で発展するでしょう。

3　破軍星が寅宮に入る場合、甲・丁・己・庚生まれは財運も仕事運も良いでしょう。文昌星・文曲星と同宮すれば、高い地位を得ます。禄存星・天馬と同宮すると、色情運が強いです。華蓋・陀羅と同宮では、身体に障害が出やすいです。火星・鈴星と同宮では、多忙となります。敬羊星・陀羅星と同宮して官禄宮に入ると、仕事面で苦労します。

4　破軍星が申宮に入る場合、甲・乙・己・庚生まれは財運も仕事運も良いでしょう。禄存星・天馬と同宮すると、色情運が強いです。文昌星・文曲星と同宮すると、お金で苦労します。敬羊星・陀羅星と同宮では、身体に障害が出やすいです。火星・鈴星と同宮では多忙となり、仕事で争いが起こりやすいです。敬羊星・陀羅星と同宮して官禄宮に入ると、ホームレスになります。

【十二宮別の破軍星】

1　破軍星が兄弟宮に入ると、兄弟がそれぞれ異なる考えを持ち、価値観が合わなくなります。

2　破軍星が夫妻宮に入ると、普通ではない男女関係・結婚関係になりやすいでしょう。結婚前から同棲したり、不倫などを経験しやすくなります。子・午宮に破軍星が入り、丙・戊・壬生まれで煞星があれば、再婚する可能性が高く、それも二回では終わらない可能性があります。

3　破軍星が子女宮に入り、煞星と同宮すると、子供を失いやすくなります。

4　破軍星が財帛宮に入り、入廟の地にあれば、非常に財運に恵まれています。支出は多くなりますが、それでもまた入ってきます。落陥の地では破財運となりやすく、さらに地空・地劫が同宮すると、破産する可能性があります。破軍星と敬羊星・陀羅星と同宮すると、損耗が酷くなります。

5　破軍星が疾厄宮に入ると、男性なら生殖器、女性なら婦人科の病気になりやすいでしょう。

6　破軍星が遷移宮に入ると、外出することが多く、あれこれ多忙となります。

7　破軍星が官禄宮に入り、敬羊星・陀羅星が同宮すると、仕事面で非常に苦労します。多額のローンを抱えたり、転職を繰り返すことになります。

8　破軍星が田宅宮に入ると、商店街などの近くに住むと家族がバラバラになりやすいです。転居したほうが吉となります。破軍星が煞星・化忌と同宮するのは悪人を意味するため、この組み合わせが大限に入ると、大きなトラブルに遭いやすいです。

9　破軍星が福徳宮に入ると、体に良くないです。傷を負うと言われています。

第二章　甲級副星　詳細解説

甲級主星の配置は、運命のベーシックな方向性を示すものです。最も重要な骨組みのようなものですが、甲級主星の配置とは一二パターンしかなく、十二宮の配置との組み合わせでも、あわせて一四四通りとなり、これだけでは個人個人の個性までは判読しにくいと言えます。

この章で解説する「甲級副星」は、個人の生年月日時によって配置がまちまちとなるため、個性などの鑑定では、甲級副星（さらには乙級諸星）の配置が重要になってくるのです。

甲級主星十四星が紫微斗数盤における大きな運命の方向性を決める基盤だとすれば、甲級副星は命盤の詳細な個性や、吉凶を決定づける重要な要素となります。とりわけ十二宮の吉凶には大きな影響力があるため、副星の理解が命盤解読でも重要な要素となります。

甲級副星は、七吉星（左輔星・右弼星・文昌星・文曲星・天魁星・天鉞星・禄存星）と四煞星（擎羊星・陀羅星・火星・鈴星）の一一星があります。

① 左輔星

陰陽	陽
五行	土
斗分	北斗助星
星情	助力・計画

右弼星

陰陽	陰
五行	土
斗分	北斗助星
星情	助力・計画

【命宮について】

1 左輔星・右弼星は北斗助星であり、紫微星の重要な補佐星です。計画を推進発展させ、交友範囲を広げるなどの福分をもたらします。

2 左輔星・右弼星が命宮にあれば、端正な顔立ちとなり、温厚で明朗な性質です。健康と人間関係で恩恵を受け、周囲から好かれやすくなるでしょう。たとえ命宮で凶星が同宮したとしても、この性質は強く発揮されます。

3 左輔星・右弼星が命宮にあれば、社会的発展をもたらします。左輔星・右弼星の力量は命宮にあるときに最も発揮しやすく、財帛宮・遷移宮・官禄宮も次いで良く力量を発揮します。

4 紫微星の補助星であるため、紫微星との同宮加会を喜び、紫微星を助力します。同じく帝王星である天府星や、化禄・化権・化科・貪狼星・武曲星が同宮していると、社会的な発展性が高くなるでしょう。

5 廉貞星・破軍星・巨門星が落陥している際に同宮していると、逆に問題や障害が出やすく、寿命を短くするとされます。

6 落陥した甲級主星や、多数の凶星と同宮すると、左輔星・右弼星は主星を補佐する力を失い、トラブルを抑えることができなくなります。特に破軍星・廉貞星・巨門星などの凶主星の場合は、口舌のトラブルや訴訟問題に発展しやすいのです。

7 凶星同宮の左輔星・右弼星が夫妻宮・子女宮にある場合、恋愛や結婚のトラブルが多くなります。

8 右弼は左輔に比べて凶星の影響を受けやすく、凶星が同宮していると、凶にまではならなくとも、福分が相殺されやすくなります。

9 右弼は感情面の起伏が左輔に比べ激しいため、凶星が多く座する夫妻宮や子女宮に同宮すると、結婚での問題や恋愛のトラブルを多く経験しやすくなります。

【十二宮別の左補・右弼星】

1 兄弟宮に左輔星・右弼星がある場合、兄弟との仲は良好で、お互いに恩恵を得やすいでしょう。凶星が同宮加会していると、社会的な発展性を得にくくなります。

2 夫妻宮に左輔星・右弼星がある場合、この星の発展性は夫妻宮と噛み合いが悪く、結婚は一度では収まらない可能性が高くなります。また恋愛も多くの出会いがあり、桃花運の強い星が同宮している場合、同時に複数の相手と関係をもつこともあるでしょう。

3 夫妻宮に左輔星・右弼星がある場合、配偶者はおおむね仕事運・社会運に恵まれ、聡明で寛大となり、円満な傾向でしょう。

4 特に左輔星・右弼星が夫妻宮で同時に座する場合、変化運は強くなり、さらに六凶星が同宮している場合は、一度の結婚では終わらないとされます。

5
子女宮に左輔星・右弼星がある場合、恋愛や性に関しては発展性が強く、比較的早くから恋愛や性体験を経験しやすいでしょう。

6
財帛宮に左輔星・右弼星がある場合、財を招来するが大きな財ではなく、兼業などで多角的な収入源を得る可能性が高いのです。そのため副業や投資など、多方面の発展性が望めます。

7
疾厄宮に左輔星・右弼星がある場合、左輔星は基本的に病気が少ないが、脾臓・胃に注意が必要。右弼星は高血圧や冷え性などの症状がでやすくなります。

8
遷移宮に左輔星・右弼星がある場合、どの主星と同宮するかにもよりますが、対外運・対人運が良好であり、営業など、人と接することで評価を得て発展していきます。

9
奴僕宮に左輔星・右弼星がある場合、部下運や友人運は良好で、恩恵を受けられます。また、部下運のみならず、対人運全般に良好で、周囲に恵まれるでしょう。

10
官禄宮に左輔星・右弼星がある場合、事業運の発展性は高く、早くから頭角を現しやすい。人事管理に優れ、上司や周囲から評価を得やすいでしょう。

11
田宅宮に左輔星・右弼星がある場合、不動産を得るだけでなく、不動産を売買して利益を得ることも可能です。しかし凶星が同宮加会すると、売買による損失も得やすいため、注意が必要です。

12
福徳宮に左輔星・右弼星がある場合、ボランティアや社会活動などで活躍します。同時に、人生を楽しみ尽くしたいという、享楽性も強くなります。

13
父母宮に左輔星・右弼星がある場合、親との関係は良好であり、また上司や目上との関係も支障なく、発展性が高いと言えます。

②文昌星 文曲星

文昌星

陰陽	陽
五行	金
斗分	南斗助星
星情	学問・芸術

文曲星

陰陽	陰
五行	水
斗分	南斗第四星
星情	学問・芸術

【命宮について】

1　文昌星・文曲星が命宮にあると秀麗となり、若年期は中肉中背で、中年期から肥満しやすくなります。さっぱりとした性質で志も高くなります。学問・芸術・研究に才能を発揮しやすいです。

2　文昌星・文曲星は命宮にあっても落陥していると、才能を発揮することができない・適した環境を与えられないといった、鬱屈とした状態になりやすいと言えます。

3　文昌が命宮にある場合、福分と長寿を得るとされます。

4　文昌は、太陽星・天梁星・禄存星との同宮を喜び、苦手とする星は少ないですが、化忌のみは付くことを非常に嫌います。つまらないことで悩むような、器の小さい人となりやすいのです。

5　文曲は命宮にある場合、弁舌に優れ博学。試験などには非常に強く、官禄宮にあるときの出世運は、文昌を上回ります。

6　文曲は吉星との同宮を喜び、太陰星同宮だと神秘学や占いなどの方面に才能を発揮します。また廉貞星同宮の場合、高い地位まで上り詰めるとされています。

7　文曲は破軍星と非常に相性が悪く、人生で辛酸を舐めるとされます。文昌も同じですが、凶意は文曲ほどではありません。

8 文曲は貪狼星と一緒になると、桃花運を強くします。水の五行のため、桃花運は文昌星よりも強く出ます。そのため巨門星・天馬・紅鸞・天喜・天姚などの桃花星と同宮になると、男女関係の問題が生じやすく、女命で同宮すると、男で身を持ち崩す可能性があります。

9 文曲は女命の命宮・身宮にあり、廉貞星・擎羊（陀羅は含まない）・火星・鈴星と同宮することを嫌います。身を持ち崩す暗示です。

【十二宮別の文昌・文曲星】

1 兄弟宮に文昌星・文曲星がある場合、兄弟からの恩恵を受けられ、仲も良いでしょう。凶星が同宮加会していても、意外と兄弟からの援助を受けられます。落陥して凶星が加わると、兄弟は少なく、恩恵も受けられません。

2 夫妻宮に文昌星・文曲星がある場合、配偶者は人間関係に恵まれており、聡明で優美・優雅なタイプの可能性が高いです。恋愛運・結婚運もおおむね良好で、廟旺していれば愛情豊かな関係を築けます。

3 子女宮に文昌星・文曲星がある場合、早熟で、芸術・芸能・文学の才に秀でた子供となりやすいです。特に文曲星が桃花運のある星と同宮すると早熟で、恋愛や性も早くから体験します。

4 財帛宮に文昌星・文曲星がある場合、主星の輝度・力量が強ければ、財を招来します。困窮することはないでしょう。また、安定した地位や名声を得られるでしょう。

5 疫厄宮に文昌星・文曲星がある場合、文昌星は大腸・肺・肝臓・胆のうに注意。六凶星同宮では、病気に罹りやすい傾向にあります。文曲星は胆のうに注意。文曲星は基本的に病気になりにくいです。文昌星・文曲星の表す病気は、不規則な生活や、過度の飲食などから来る症状が多いです。

6 遷移宮に文昌星・文曲星がある場合、対人運・対外運の発展性が高いです。遠地・外地に行くことで、評価を得やすくなります。専門性のある分野で発展しやすい傾向があります。

7 奴僕宮に文昌星・文曲星がある場合、部下運や友人運は良好で、恩恵を受けられます。

8 官禄宮に文昌星・文曲星がある場合、人事管理・事務処理に優れ、職業運としては順調です。

9 田宅宮に文昌星・文曲星がある場合、不動産運は良好で、入廟ならば親類縁者から不動産を受け継ぐことができます。落陥している場合でも、自分の力で不動産を得ることが可能です。

10 福徳宮に文昌星・文曲星がある場合、多芸多才であり、仕事にせよ趣味にせよ、多方面に興味を持ちます。主星にもよりますが、基本的に人生を楽しもうとすると、趣味性の強い生き方を望みます。また、趣味を仕事にするような実益性も持ち合わせています。

11 文曲星と桃花星が福徳宮で同宮する場合、恋愛や結婚が人生に占める比重が高く、恋愛や相手に依存しやすい傾向です。

12 父母宮に文昌星・文曲星がある場合、父母は社交的で学歴があり、博学で、芸術的な感性も豊かです。主星の輝度・力量が強ければ、精神面・情緒面に良い影響を与えます。しかし、凶星が多く同宮したり、主星の輝度・力量が弱い場合は、偏った知識を持ったり、情緒的になりやすく、本人もその影響を受けてしまうでしょう。

③天魁星

天鉞星

陰陽	陽
五行	火
斗分	南斗助星
星情	聡明・貴人

陰陽	陰
五行	火
斗分	南斗助星
星情	聡明・貴人

【命宮について】

1　天魁星・天鉞星は、四柱推命でいうところの天乙貴人（昼貴人）です。科挙（試験）を司り、貴人（目上の実力者）の援助・引き立てで、運に恵まれる星です。

2　命宮にある場合、顔立ちは清楚で、威厳があります。優雅な振る舞いで聡明。中年期になると貫禄を持つようになります。

3　天魁星・天鉞星は主星があってはじめて価値を出す星であり、無主星では力を発揮しにくいのです。紫微星・天府星・太陽星・太陰星・文昌星・文曲星・左輔星・右弼星・化権・化禄と同宮となれば、福分は非常に強くなります。特に命宮・身宮で天魁星・天鉞星が同宮する場合、極めて強い福分となります。

4　擎羊星・陀羅星・地空星・地劫星を嫌い、命宮・疾厄宮で同宮すると、慢性病に罹りやすいとされています。

【十二宮別の天魁・天鉞星】

1　兄弟宮に天魁星・天鉞星がある場合、兄弟とは仲が良く、お互いを助け合える関係です。また友人運も良好であり、共同事業を行ったり、協力して事をなすでしょう。

2　夫妻宮に天魁星・天鉞星がある場合、異性からの恩恵を得やすい。またその異性は年の離れた人で、年上の可能性が高いです。主星や条件によっては、恩師や上司と結婚することもあります。配偶者は温和で、穏やかな人の可能性が高いです。夫婦生活も穏やかになります。

3　子女宮に天魁星・天鉞星がある場合、子供との関係は良好です。子供は聡明で素直、良い先生やコーチに恵まれ、早くから頭角を現しやすい。人間関係にも恵まれます。恋愛や性に関しては穏やかですが、順調です。

4　財帛宮に天魁星・天鉞星がある場合、様々な援助を受けやすく、事業運・財運に安定感があります。目上の実力者や地位の高い人から援助を得やすく、困難な状況になっても不思議と財を作り出す、強運の持ち主となります。

5　疾厄宮に天魁星・天鉞星がある場合、天魁星は肝臓を意味します。天鉞星は肝臓・胆のう・胃・肺に注意が必要です。しかし、天魁星・天鉞星は医者との縁に恵まれる傾向が強く、そのため病気をしても改善しやすいのです。凶星が多く同宮しない限り、あまり心配はいりません。

6　遷移宮に天魁星・天鉞星がある場合、目上の実力者や権威者から評価され、順調に発展します。

7　奴僕宮に天魁星・天鉞星がある場合、部下運や友人運は良好です。また対人運も良好で、様々な形で周囲から恩恵を受けられます。

8　官禄宮に天魁星・天鉞星がある場合、目上の実力者や上司から助力や援助を受けることができ、早くから発展・成功します。主星の輝度・力量によっては、高い地位につくことができます。天魁星・天鉞星は無主星では機能できないと言われていますが、とりわけ財帛宮・官禄宮では空回りしてしまうでしょう。

9　田宅宮に天魁星・天鉞星がある場合、不動産運は強く、親類縁者から不動産を継承できる運です。また、不動産売買による利益を得ることもできます。家庭運もおおむね良好です。

10　福徳宮に天魁星・天鉞星がある場合、福分と人縁に恵まれ、精神的にも穏やかな生活をおくります。

11　父母宮に天魁星・天鉞星がある場合、年上からの援助を得られます。親からの恩恵も多いでしょう。両親は社会的に地位のある存在です。社会に出てからは、上司や年上の実力者から恩恵を得られるでしょう。

④ 禄　存　星

陰陽	陰	五行	土	斗分	北斗第三星	星情	喜寿・福徳

【命宮について】

1　禄存星は、喜寿・福徳の星です。財帛宮・田宅宮を司り、副星ですが、主星に匹敵する力量を持ちます。

2　命宮にあれば、容姿はふっくらしています。やや肥満しやすく、行動もゆったりしています。意志は強く浪費をせず、計画性もあるため蓄財することができます。

3　禄存星は動産ではなく、動かない財や不動産を表します。そのため、貯蓄に優れます。

4　命宮や財帛宮・田宅宮で無主星となり、禄存星が独守する場合、吉星と同宮しなければ吝嗇（ケチ）となります。

5　禄存星はどの宮にあっても福分をもたらしますが、武曲星や天梁星・天機星とは相性が良くないため、福分は弱まります。凶星をあまり恐れませんが、化忌同宮では変化が激しくなり、起伏のある人生となりやすいのです。

6　地劫・地空は禄存星の力を奪うため、同宮を嫌います。同じく空亡の性質を持つ星は、危険な存在となります。

【十二宮別の禄存星】

1　兄弟宮に禄存星がある場合、吉星同宮であれば兄弟から恩恵を受けることができます。凶星が同宮なら、兄弟は吝嗇（ケチ）で、援助は期待できません。

2　夫妻宮に禄存星がある場合、配偶者は節約家となりやすく、男命ではやりくり上手な妻を得られます。女命の場合、夫は質素で、面白味のない場合があります。特に夫妻宮が無主星となり、禄存星が独座すると、この傾向が強調されます。潤いのない夫婦生活にもなりやすく、注意が必要です。

3　子女宮に禄存星がある場合、子供との関係は良好です。子供は人縁に恵まれ、将来発展するでしょう。また財運も強いです。

4　財帛宮に禄存星がある場合、堅実な金銭感覚を持ち、財運・事業運とも着実に発展します。ただし、財

5　帛宮が無主星となり禄存星が独座すると、吝嗇な性格で、福分も減少します。

6　疾厄宮に禄存星がある場合、脾臓・胃に注意が必要です。この星があると、幼少時は病弱であったり、慢性病に悩まされやすくなります。しかし凶星が同宮しない限り、成人するころには改善されているでしょう。

7　遷移宮に禄存星がある場合、早くから頭角を表しやすく、特に外地・遠地などで発展しやすいでしょう。主星の輝度・力量によっては、財や地位を早くから得られます。

8　奴僕宮に禄存星がある場合、部下や友人、仕事関係者から信頼を得て、発展していきます。また苦境に陥っても、周囲からの援助が得られるでしょう。

9　官禄宮に禄存星がある場合、急激な発展は難しくとも、財の運用や管理に長けているため、着実な蓄財で順調に発展していきます。しかし、無主星では禄存星の力を発揮しにくい状態となります。

10　田宅宮に禄存星がある場合、不動産運は良好であり、売買によって利益を上げることができます。命宮・財帛宮・官禄宮とのバランスによっては、かなりの不動産を得られます。

11　福徳宮に禄存星がある場合、生涯を通じて福分に恵まれます。楽観的で、人生を楽しむ享楽性が強く出るため、少々怠惰な傾向があります。また天同星など、享楽的な星が同宮していると、やや自堕落な傾向も強くなります。

父母宮に禄存星がある場合、家族からの恩恵が非常に強く、社会的発展において、身内からの支援が期待できます。特に両親との関係は成人してからも良好で、恩恵は多大です。

⑤擎羊星

陰陽	陽	五行	火金	斗分	北斗助星	星情	刑傷・破財

陀羅星

陰陽	陰	五行	金	斗分	北斗助星	星情	忌・狡猾

【命宮について】

1　擎羊は、怪我と訴訟を司る大凶星です。

2　擎羊が命宮にある場合、顔に傷を作りやすく、中背〜肥満型。性格は粗暴となりやすく、自分の利益に関しては狡猾で、巧妙となります。家族との縁が薄く、孤独な人生を送りやすい人です。

3　擎羊星は凶星ですが、入廟すると福分も表れます。吉星同宮で入廟した擎羊星は、高い地位と権勢を表すとされます。特に擎羊星は四墓の地で入廟するため、突如の成功が訪れる場合があります。午宮でも同じような突発的発展があります。火星・鈴星と同宮した場合、その発展性は爆発的になります。

4　力量が落ちている凶星と同宮したり、対冲を受けたりすると、肉体に障害が出たり、病気がちになります。家族や親しい者とは不和になりやすく、孤独な人生を送るとされます。

5　廉貞星・巨門星・火星と同宮すると、障害が多く、困難な人生となりやすいです。人間関係のトラブルや人縁に恵まれない状態が続き、起伏の激しい人生となります。

6　卯宮・酉宮の擎羊は、辛労を重ねるとされています。擎羊は地劫と同宮する場合、最も凶悪化すると言われ、人生において困窮したり、病弱であったりなど、凶の傾向が強くなります。

7　陀羅はトラブルや狡猾さ、不正を司る凶星です。

8　命宮に陀羅がある場合、人相を崩すと言われます。体型としては背が高く、体格は良くなるが猫背になりがちです。文昌星・文曲星・左輔・右弼と同宮すると、大きなホクロやアザがあるでしょう。自分の利益を守るためには、狡猾・巧妙となります。

9　家族との縁が薄く、孤独な人生を送りやすい。父母を象徴する太陽星・太陰星と同宮すると、注意が必要です。同宮することで親を剋するからです。同時に男命は妻を剋し、女命は夫を剋す暗示があります。

10　四墓の地では力量が増し、福分が強くなり、突如の発展運に恵まれます。力量が強く、紫微星・天府星・文昌星が同宮する状態では、逆に社会的に恵まれ、発展性が強くなるとされます。

11　陀羅星は力量に係らず、貪狼星と同宮する場合、異性か酒・薬で身を持ち崩すとされます。

12　落陥した陀羅星が他の凶星（廉貞星・巨門星・七殺星・地空星・地劫星）と同宮する場合、必ず親族の問題を抱えるとされ、夫・妻・子を傷つけます。また、身体的障害や怪我が多くなるでしょう。人生は意のままにならず、財を失うことになります。

13　命宮が無主星で陀羅が座する場合、必ず孤独となり、狡猾で見栄っ張りな性格です。

14　陀羅星が命宮に座する場合、別の名前を持つことで救われるとされ、芸名やペンネームを持って活動したり、養子になることで凶意が弱くなると言われています。

【十二宮別の擎羊・陀羅星】

1　兄弟宮に擎羊星・陀羅星がある場合、落陥していれば兄弟はいないか、仲が悪いか、縁が薄いです。兄弟と同居していると悪い関係になりやすいため、離れていた方が良いでしょう。友人運に関しても同様で、縁が薄く、恩恵を得られません。

2　夫妻宮に擎羊星・陀羅星がある場合、配偶者・恋愛相手に問題が多くなります。恋愛は波乱含みで問題が多く、早婚であればよりトラブルが多くなります。また夫婦間だけでなく、肉親と配偶者の関係もよろしくないでしょう。

3　夫妻宮に擎羊星・陀羅星があり落陥していると恋愛はトラブルが多く、結婚は離別で終わる傾向が強いです。入廟しており、かつ吉星が同宮ならば、この傾向も弱まります。晩婚ならば乗り切ることができるでしょう。

4　子女宮に擎羊星・陀羅星がある場合、子供は健康面に問題がある場合が多く、虚弱体質であったり、慢性的な持病をもっている可能性が高いです。

5　財帛宮に擎羊星・陀羅星がある場合、入廟する四墓の地（丑・未・辰・戌）と、落陥するそれ以外の宮では、影響が大きく異なります。本来、擎羊星・陀羅星ともに、財帛宮にあると、経済観念を失わせます。このため資産運用を狂わせるほか、浪費の傾向を強くします。そのため主星の輝度・力量が重要となります。これが弱く、凶星同宮となる場合、散財・困窮・破産などのトラブルに見舞われる傾向がより強くなります。しかし四墓の地では、強力なバイタリティを発揮し、一攫千金の可能性もあります。しかし、基本的にアップダウンのある財運です。

6　疾厄宮に擎羊星・陀羅星がある場合、擎羊星は頭部・大腸に症状がでやすいでしょう。陀羅星は肺・皮膚・頭部に注意です。幼少時は病気・怪我を経験しやすいです。また、病気になるとなかなか治らない傾向があります。

7 遷移宮に擎羊星・陀羅星がある場合、四墓の地（丑・未・辰・戌）では突発的な発展運がありま す。その他の宮にある場合は、対外運・対人運が良くなく、妨害や嫉妬などを受け、トラブルになりやすいです。

8 奴僕宮に擎羊星・陀羅星がある場合、部下・友人・同僚や取引先と不和になり、対立しやすいでしょう。そのため、様々なトラブルに巻き込まれます。入廟していれば緩和され、イザという時には周囲の協力を得て、窮地を切り抜けられます。基本的に敵味方が分かれやすい傾向にあります。

9 官禄宮に擎羊星・陀羅星がある場合、事業運・職業運は平穏でなく、様々なトラブルを経験するでしょう。特に上司とは折り合いを取れず、対立することが多くなります。正当な評価を得られなかったり、策略によって解雇されるような酷い状態に追い込まれることもあります。入廟していればこの傾向は緩和され、変動運・移動運の強い分野で成功できるでしょう。落陥している場合は職業を転々としやすく、苦労が絶えません。会社に適応できず、自営業やフリーになることもあります。

10 田宅宮に擎羊星・陀羅星がある場合、四墓の地（丑・未・辰・戌）にあり入廟し、吉星が同宮しているならば、不動産を所有します。その他の地で落陥し、主星の輝度・力量が弱い場合、不動産の所有は難しいでしょう。また不動産に関するトラブルや、風水的な凶意に出会いやすいため、持ち家よりは賃貸に向くと言えます。

11 福徳宮に擎羊星・陀羅星がある場合、トラブルが多く、精神的にゆとりがなく、仕事に追われるような、殺伐とした人生になりやすいでしょう。

12　父母宮に擎羊星・陀羅星がある場合、両親や目上の実力者からは、恩恵を得られにくいでしょう。特に両親とは衝突をしたり、時には虐待を受けるなど、幼少期にトラブルを経験しやすいのです。また、両親の一方に健康上の問題があると言われます。成人してからも上司や年上の実力者とは折り合いがつけられず、衝突しやすい傾向であり、命宮主星次第では、独立独歩な人生になりやすいでしょう。

13　兄弟宮・父母宮の両方に擎羊星・陀羅星が座する場合、身内に剋される凶運となります。

⑥火星

陰陽	五行	斗分	星情
陽	火	南斗助星	殺・性剛

鈴星

陰陽	五行	斗分	星情
陰	火	南斗助星	殺・性烈

【命宮について】

1　火星・鈴星が命宮にある場合、入廟していれば頑強な肉体で、髪の毛が縮れています。落陥している場合、背が低くて痩せ型になります。

2　火星・鈴星は殺将星であり、この星が命宮にある場合、性格は強く、短気になります。

3　他の凶星と同様、力量によって大きく意味合いが変わります。火星・鈴星も廟旺すると、決断力があり、積極的な性格で、社会的に発展します。しかし輝度が低く、擎羊星・陀羅星が同宮するような場合、感情の起伏が激しく、せっかちで、後先を考えない傾向にあります。軽率な行動をしがちで、多くの失敗・

挫折を経験するでしょう。

4　擎羊星・陀羅星が同宮すると、幼少時に怪我や病気・感染症に悩まされるでしょう。

5　火星・鈴星は貪狼星との同宮を喜び、貪狼星の手足となってよく働きます。貪狼星と入廟・旺した火星が同宮した場合、社会的に突然発展し、高い地位を得られるとされています。

6　紫微星・天府星も火星・鈴星をよく従えるとされます。こちらは、富に恵まれると言われます。

7　七殺星同宮の場合、過労死や突然死といった事態になりかねません。破軍星が同宮するのは、破財の暗示があります。特に擎羊星・陀羅星の同宮は、幼少時に怪我・疫病に悩まされやすい傾向があります。

【十二宮別の火星・鈴星】

1　兄弟宮に火星・鈴星がある場合、兄弟は少なく、いたとしても仲が悪いでしょう。同居していると迷惑を被りやすいため、別居したほうが良いと言えます。吉星が同宮していれば、不仲なのは改善されますが、縁は薄いままでしょう。

2　兄弟宮に火星・鈴星があり、凶星が同宮加会している場合、兄弟は病弱です。

3　夫妻宮に火星・鈴星がある場合、結婚や恋愛に関するトラブルを多く経験します。配偶者は短気で思慮が浅く、夫婦間で口論が絶えず、険悪な夫婦生活となりやすいでしょう。

4　子女宮に火星・鈴星がある場合、子供との縁は薄くなります。子供は孤立しやすい性格で、反抗的でもあり、社会に適応するのが難しい傾向です。早くから親元を離れ、独自の生き方を追求する傾向が強く出ます。その中で、成功をつかむこともあります。また凶星が同宮加会すると、流産・死産・堕胎・夭折を意味します。

5 財帛宮に火星・鈴星がある場合、経済的なトラブルに見舞われやすく、主星の輝度・力量が弱いか、無主星である場合、生活が困窮しやすくなります。四墓の地（丑・未・辰・戌）で武曲星・貪狼星が同宮加会している場合は、突然の発展も望めます。吉星が同宮すれば、人生の波乱度は弱まりますが、それが変動運の強い主星であれば、金銭的な安定感がありません。

6 疾厄宮に火星・鈴星がある場合、幼少時はケガや持病に悩まされる場合があります。

7 遷移宮に火星・鈴星がある場合、輝度・力量によってその意味は大きく変化します。得地～入廟であれば仕事がハードワークとなるが、苦労した結果が財や人縁となって現れます。落陥するとハードワークなのは同じですが、その苦労は実らず、対人運も人から中傷を受けるなど、トラブルに多く見舞われます。

8 奴僕宮に火星・鈴星がある場合、部下・友人・同僚・取引先と対立しやすく、仕事が順調にはいきません。入廟していれば、困ったときに助けてくれるような人縁を持ちますが、親交は長くは続きません。

9 官禄宮に火星・鈴星がある場合、職業運・事業運ともに不安定となります。基本的にハードワークとなり、何事も苦労しやすい人生です。入廟していれば、若年期の苦労が晩年になって報われます。落陥していると苦労が多いだけで、報われません。それどころか、転職を繰り返したり、部署を転々とするようになります。

10 田宅宮に火星・鈴星がある場合、四墓の地（丑・未・辰・戌）にあって入廟しており、かつ吉星同宮ならば、不動産を所有することができます。落陥しており、かつ主星の輝度・力量が弱い場合は、不動産の所有は難しいでしょう。

11 福徳宮に火星・鈴星がある場合、典型的なハードワーカーとなり、生活にゆとりのない人生になります。入廟していれば多忙ではありますが、それなりに仕事人生として充実していたり、逆に試練を楽しむような性格になります。落陥していると、馬車馬のように働くだけで、精神的な余裕のない生活になってしまうでしょう。

12 父母宮に火星・鈴星がある場合、両親は共働きであるか、一方が働きづめで、子供との関係が薄くなります。そのため成長した後に、他人のようなよそよそしさが出ます。また、成長期には衝突しやすくなります。両親のどちらかは病弱であったり、健康上の問題を抱えやすい傾向もあります。

第三章　四化星　詳細解説

紫微斗数には四化星という他の占星術では類をみない機能をもたらす独特の諸星があります。

この四化星の独自性は甲級主星・副星に「付く」ことで、その星の性質を化けさせる変化星だということです。四化星はその名の通り四つあり、「化禄」「化権」「化科」「化忌」があります。例えば命宮で天機星が座し、化禄が付く場合は、「天機化禄」と称し、天機星が化禄によって変化が生じるのです。

甲級主星の中で天府星・天相星・七殺星は四化星が付くことはありません。また、甲級副星の中で文昌・文曲・左輔・右弼の四星には四化星が付きます。

四化星は、この「付く」という機能以外にも「飛星派」では文字通り四化星を飛星させることで様々な事象に影響を与えていくため、四化星は紫微斗数の諸星の中でもひときわ重要な星となっています。

①化　禄

陰陽	五行	斗分	星情
陰	土（金）	中天星	福徳・財禄

四化星の中でも福徳・財禄を司る吉星です。福徳と財神の化星。化星であることを除けば禄存星の兄弟星で、

十二宮どこにいても禄存星と同宮加会することを喜びます。特に同宮対冲は平禄の運として大幸運となります。

また、命宮に化禄がある場合は、自然と福財が集まってくる福分に恵まれるとされます。周囲からは慕われ社会的にも助力を受けやすいのです。

天同星や太陰星と逢うと、財運に恵まれ、最終的には大きな財を獲るとされます。化禄星が命宮・身宮・官禄宮にあり、化権・化科が三合加会するならば思いがけない福分に恵まれるでしょう。

女命・男命問わず結婚運に恵まれ、たとえ凶星から対冲されていても解厄することができるとされます。

◇② 化権

陰陽	五行	斗分	星情
陽	火（木）	中天星	権勢・権威

四化星の中でも権勢・権威を司る吉星です。

命宮・身宮に化権があり、化科・化禄と三合加会すると貴人の格となり権威・権力を得るとされます。性質としては厳格で礼儀を重んじる傾向が強くなりますが、周囲から信頼されるでしょう。

女命の化権は吉星が同宮していることが条件となるが、衣食住に困窮することはないとされます。しかし、吉星が同宮していない場合は、性格が強いため恋愛・結婚では不和を生じる可能性があります。

主星の中でもとりわけ武曲星と巨門星とは相性が良く、化権が付くことで出世・向上運が増すでしょう。

③ 化科

陰陽	陽
五行	木（水）
斗分	中天星
星情	文化・名声

四化星の中でも名声を司る吉星です。

命宮・身宮にあると聡明で努力家で、研究・探求の意欲が強いです。

天魁・天鉞と相性が良く、目上や実力者から恩恵を得て地位・名声を獲得するでしょう。

また、学問・芸術の分野で才能を発揮することが多く、特に文章の才能に優れるとされます。化禄・化科と三合加会すると文化人として名声を得るでしょう。富貴には恵まれるため教師や指導者としての道も開けます。

化科は凶星を解厄する力はありませんが、化忌の凶意を制御する力を持っているとされます。ですが、天空・地劫・化忌同宮加会は化科を間違った方向へ努力させるため徒労に終わりやすいでしょう。

④ 化忌

陰陽	陽
五行	水
斗分	中天星
星情	嫉妬・挫折

四化星の中でも嫉妬・挫折を司る凶星です。

命宮・身宮にある場合は、特に前半生においていざこざやトラブルが多く失意と挫折を経験するでしょう。

化忌は命宮にある場合、その性質は主星に対して神経質さや偏屈・偏見を持たせ、気性も激しくなるため、他者と衝突を起こしやすい傾向が強くなります。ただし命宮に化忌がある場合、性情的には意外と素直で、むしろひたむきで頑なところが強くなります。そのため職人や特定の分野に特化した専門家やプロフェッショナルとして頭角を現すことも少なくありません。

紫微星・天府星や他の吉星と同宮していても、運気は不安定であり、擎羊・陀羅・火星・鈴星が同宮する場合は、散財しやすく出世も難しいとされます。ただし付いた主星が入廟している場合は少々の不安定さがあってもあまり凶意を受けないとされます。ですが、落陥している主星に化忌が付いた場合は化忌の凶意が最も強くなるため、辛労も多く病気や経済的な困窮に苦しむのです。

そのため凶星と同宮するのを特に危険とします。そうなると吉星が同宮加会しても難しいでしょう。

化忌が命宮にある場合は、僧侶になることで災いから逃れられるとされますが、信仰の有無だけでなく奉仕や援助の心を意識することが大事です。また、カウンセラーや司法関係の仕事も同じです。

第四章　生年四化星　詳細解説

紫微斗数の中でも特徴的な諸星として「四化星」の存在があります。化禄・化権・化科・化忌の四つの化星は生年干によって本命盤に配置されますが、特に命宮・財帛宮・官禄宮等の主要な宮に四化がある場合、化する甲級星との関係によって様々な特徴と性質をもたらします。

ここでは四〇パターンの四化星別の特徴を解説していきます。

（一）廉貞化禄

1　本宮

①廉貞星は権力の星です。命宮に廉貞化禄があるならば、その人の権威性は化禄によって具現化するため部下や友人の支持を得られるでしょう。または指導者・リーダーとしての信頼が持続します。

②廉貞星が命宮にあると桃花が現れる可能性がありますが、化禄が付くと桃花が現れる可能性があります。女命で廉貞が命宮にあると、「清白自守」と言われますが、廉貞星が桃花星（文昌星・文曲星、天姚・沐浴・咸池）と同宮加会すると桃花運が現れます。

③本宮に化禄が飛星する時期に、過去に解決できなかったことは、化禄が飛星する時期に解決できます。

④本宮または遷移宮で廉貞化禄が吉星と同宮すると、幸運が訪れます。結婚相手と巡り会えたり、他者から助力を得られる等です。ただし煞星が同宮ならば、感情面の問題が発生して結果が良くありません。

2　夫妻宮：あまり良いタイプの異性ではありません。

3　財帛宮

①旺廟に入ると、融資など公的機関からのお金が入りやすく財源が安定しています。

②不陥では、信用問題が発生しやすく長期の小切手を出すべきではありません。逃げられる可能性があるからです。

4　官禄宮：廉貞化禄が官禄宮に入り吉星が同宮していると、権力も地位を得られるでしょう。落陥では外見は華やかとなりますが中身は乏しい状態になります。

5　田宅宮：廉貞化禄が入れば、一流の室内装飾にこだわります。最新の家電製品を購入するなどします。

（二）天機化禄

1　本宮

①本宮に天機化禄の人は、頭の回転が早く想像力に富みＩＱが高いです。企画・計画することを実現できる能力がありますが精神的に疲弊しやすいです。環境は恵まれ良い変化を促してくれます。もしさらに天機星・太陰星が寅・申・巳・亥宮で同宮・対宮すると、海外へ移住の可能性があります。落陥では外見は華やかだが中身は乏しく物事が思うように進まないでしょう。

2　財帛宮

①天機星が旺廟に入ると、お金がどんどん入ってきます。でも天機星ゆえに変化・変動があります。

②不陥では、お金を得てもすぐに失いやすいです。

3　遷移宮：天機化禄が遷移宮にあると、遠地へ行くことになります。

4　官禄宮：天機化禄が官禄宮にあるとき、旺廟ならば対外運・対人運が良く遠地で成功します。落陥では中身は乏しく物事が思うように進まないでしょう。

5　田宅宮：天機化禄が田宅宮にあるとき、引っ越し・移動等の変動が良い方向へ進みます。

(三) 天同化禄

1　本宮：天同化禄が入り旺廟ならば人生は享楽的で苦労が少ないです。落陥だと精神的に疲弊しやすいでしょう。

2　夫妻宮：配偶者が賢いです。

3　子女宮：子供は大変遊び好きです。

4　財帛宮：旺廟ならば財運は良く、苦労しないで獲得できるでしょう。落陥だと悪くはありませんが理想的でないです。

5　田宅宮：不動産運は良く、華やかな洋風の花園付きの家を購入するでしょう。

(四) 太陰化禄

1 本宮：太陰化禄が本宮にあると、旺廟ならば人生は安定的で享受できます。落陥だと幸運が長続きせず精神的に疲れやすいです。

2 財帛宮：旺廟ならば財源が遠地にあるため故郷を離れたほうが良いです。また、異性からの助力を得られ、人間関係を介して財を獲得します。落陥だと悪くはありませんが理想的でないです。

3 官禄宮：旺廟ならば事業的成功は晩成となりますが長続きします。落陥だと大成する時期はさらに遅くなるでしょう。

4 遷移宮：旺廟ならば旅行を多くするでしょう。大自然と接する機会が増えます。

5 田宅宮：ローンを利用して不動産を購入します。

6 福徳宮：旺廟ならば精神的にさっぱりしていますが、落陥だとあまり良いとは言えません。

（五）貪狼化禄

1 本宮：貪狼化禄の人は自己表現能力に優れ大変社交上手です。対人運に恵まれ、特にその方面では想定外の利益を得られます。外見も魅惑的で異性から人気が高いでしょう。貪狼に四化が付くと男命は女好きで、特に寅・申・巳・亥・卯・酉宮が本宮ではその傾向はより強くなります。巳・亥宮が本宮では食いしん坊になります（命宮に貪狼があればこの傾向は出やすいです）。

2 財帛宮：貪狼化禄が財帛宮にあって、入廟すれば外向・社交から多くの金を得ます（特に辰・戌・丑・未が吉です）。独立運も強く、個人の才能で財を招来します。趣味が実益になり、楽しみながら仕事をします。落陥だと財運がありますが浪費しやすいでしょう。特に酒色に浪費しやすいでしょう。

3　官禄宮：貪狼化禄が官禄宮にあるとき、入廟では自分の技芸や好きなことを仕事にできる幸運性があります。予想外の幸運やチャンスが巡る運がありますが、名声・名誉より自分のやりたいことを追求する傾向です。エンタテイメント・芸術・芸能、文化方面の仕事に向いています。落陥していると色事や酒色に関わる仕事で成功します。

4　夫妻宮：貪狼化禄が夫妻宮にあるとき、貪狼も化禄も桃花星のため男女ともに異性との発展性が高く、多くの異性との出会いがあります。男命は異性関係には大変積極的で多くの事実を成立させます。ですが女命にとっては問題多い異性関係になりやすいでしょう。

(六) 武曲化禄

1　本宮・財帛宮：武曲化禄が本宮・財帛宮にあると、財星としての武曲星に化禄がその影響を強めます。入廟すると財運強く、独立・創業に経済的発展をもたらします。また、①武曲星・破軍星が巳・亥宮で化禄が付くと株など投資で財を得ます。②寅・申宮では経済的安定が一番弱いですが、煞星が同宮しなければその限りではありません。

2　官禄宮：武曲化禄が官禄宮にあり、入廟すると営業や外向によって財を招来します。また、兼業・兼職が可能で多方面の分野で活躍できます。

3　夫妻宮：武曲化禄が夫妻宮にあると、配偶者との仲は良く、男命の場合は共働きになりやすいでしょう。桃花星があると外に愛人を持つ場合があります。

（七）太陽化禄

1　本宮：太陽化禄が本宮に入り寅・卯・辰・巳・午宮の東～南方向で、旺廟すると富貴と名声をもたらします。棟梁運があり周囲から信頼を得ます。落陥すれば、富貴と名声、頭領運はあっても自己不振になりやすく自己評価と他者評価のギャップに悩みやすいでしょう。

2　財帛宮：太陽化禄が財帛宮にあって、旺廟していれば富貴で太陽は強い財星となり発展性が高いです。特に独立・起業・創業の運があります。落陥では旺廟ほどの発展はありませんが財を得られます。ですが煞星が加わると財を維持することができず自転車操業のような状態です。

3　夫妻宮：太陽化禄が夫妻宮にあると、旺廟では頼りになる配偶者で社会に出て財を得ます。ただし落陥では煞星が加わると離婚の可能性が強くなります。

4　官禄宮：太陽化禄が官禄宮にあって、旺廟すると社会的に多くの人から信頼・信用を得ることができます。また、権威・権力を得られ昇進・出世運があります。政治家や組織の代表になります。落陥では対人運が悪く、争いに巻き込まれやすくなります。

（八）巨門化禄

1　本宮：旺廟ならば衣食住に恵まれます。他者からの評価・評判が良くなります。落陥だと周囲と衝突・争いが起きるでしょう。

2　財帛宮：旺廟ならば様々な分野で競うタイプの仕事で財を獲ます（例えばブローカーや投資など）。落陥だと口舌によって是非が発生し、訴訟や損失を起こし、少しお金が減ることになります。

3　官禄宮：武職（警官・警備員など）や競うタイプの仕事は良いです。教職も良いです。努力なしでは成功を得られません。

（九）天梁化禄

1　本宮：話し上手で対人運良く、高位に恵まれるでしょう。凶星同宮ではトラブルが発生しやすいです。

2　財帛宮：知的作業で財を獲得します。比較的苦労せず財を獲得できます。凶星同宮では獲得できるものが少なくなります。

3　官禄宮：地位・権威に恵まれます。凶星同宮では労力多い割に成果が少ないでしょう。

4　田宅宮：格局が良ければ福分強く、不動産や家庭運に恵まれます。格局悪ければ晩年孤独となり老人ホームに入ります。

（一〇）破軍化禄

1　本宮：本宮で入廟していると環境が突発的変化が起きやすいですが吉運に恵まれます。凶星同宮や落陥では悪い方面へ変化しやすいでしょう。

2　財帛宮：入廟していたり吉星同宮では予想外のお金が得られる（偏財運）。凶星同宮や落陥だと得られる財は、条件として交換するもの（または犠牲や対価）を必要とします。例えばローンや債務、友人からの助力、所持する物を売ったり質屋に入れるなど。

3　官禄宮：破軍化禄が官禄宮にあるとき、廟に入ると引っ越しします。落陥だと職位が落ちる、あるいは職業の地位が低くなるでしょう。

（一一）破軍化権

1 本宮：入廟または吉星同宮では環境が変動的ですが良い方向へ能動的に変わっていきます。凶星同宮や落陥では変動がありますが吉運とは言えません。特に寅・申・巳・亥宮にあれば変動は良くありません。

2 財帛宮：入廟または吉星同宮では財は最初減りますが後に増加するでしょう。財は突発的に訪れます。凶星同宮や落陥では苦労多く努力すれども成果や収穫がありません。煞星が加わると物事が停滞するでしょう。

3 官禄宮：破軍化権があるとき、廟に入ると動的に変動します。落陥だと職位が落ちる、仕事をなくす、あるいは争いが起きます。

4 破軍化権が遷移宮にあるとき、廟に入ると重大な変動が来ます。動なのか不動なのかは、三合に天馬があるかどうかを見てから判断します。破軍化権が廟に入って遷移宮にあって天馬に逢うと、変動があるのを確定できます。

5 破軍化権が田宅にあるとき、家のリフォームを行います。

（一二）天梁化権

1 本宮：入廟または吉星同宮では一匹狼タイプで、物事に対して独特な見解を持ちます。社交上手で話がうまく人を納得させる力があります。落陥していると世話好きで弱者に味方をしたり助けることになります。

2　財帛宮：入廟または吉星同宮では苦労しますが財を得られます。落陥では言動に問題が起きやすく他者から批判・非難されやすいでしょう。

3　官禄宮：入廟または吉星同宮では高位・権威を掌握できますが、あまり安定感はありません。落陥ではギャンブラーになるなど不安定さが大きくなります。

※天梁星は煞星の合沖がなく、化禄・化権に逢えば吉です。ただし、化科が付くのは相性として良くありません。ですが、賭けごとには良いでしょう。

※天梁星は落陥して煞星の冲や同宮ではギャンブル好きになるでしょう。

（一三）天機化権

1　本宮：入廟または吉星同宮では、計画性があり緻密です。行動力があり活動的になります。むしろ対外的な活動や営業力で成果を出します。特に四馬の地に入ると遠地に赴くことで吉です。

※大限に天機化権が入ると家庭で喧嘩が起きやすくなります。夫妻宮に入る時も同じです。落陥していると目標が曖昧であり放浪するような運になります。

2　財帛宮：入廟では財が入ります。または吉星同宮では財運により恵まれます。落陥では物事が停滞しやすいでしょう。事業を起こしてもローンや借金をすることになります。

3　官禄宮：入廟では転職など移動をすることで出世し地位が高くなります。落陥では理想的にすすみません。煞星が同宮すると変化・変動するたびに悪い結果をもたらすでしょう。

4 遷移宮：天機化権がにあるとき、廟に入ると遠くへ行く。化権がまた天馬と逢うと必ず海外へ行きます。

5 田宅宮：引っ越しや部屋の配置替えをよくするでしょう。

6 福徳宮：心が落ち着きません。

（一四）天同化権

1 本宮：天同化権が本宮にあって入廟すると、穏やかで満ち足りており苦労ありません。落陥だと福が少ないです。

2 財帛宮：天同化権が財帛宮にあって入廟すると、労少なく成功できます。得られるものは予想より多いですが、落陥だと得られるお金が減ります。

3 官禄宮：天同化権が官禄宮にあるとき、地位やポストが堅守できます。転職など環境を変えることも可能です。

4 田宅宮：家にいることで喜びを享受できます。

（一五）太陰化権

1 本宮：太陰化権が本宮にあるとき、入廟すれば享受を得ることができ満足感があります。落陥だと福があるとは言えなく争いごとが多いでしょう。

2 財帛宮：太陰化権が財帛宮にあるとき、入廟すれば財産の運用が上手く、稼ぐのも容易となります。落陥では浪費しやすく、煞星が加わると財を失いやすいでしょう。

3 官禄宮：太陰化権が官禄宮にあるとき、頭脳労働的仕事に従事します。表面的な地位はなくとも影の実力者として権力を得ます。落陥では権力乱用して自分の責任範囲以外のことも口を出します。また、悪い人に騙されるなど損害を受けます。

4 夫妻宮：太陰化権が夫妻宮にあり落陥すれば、夫婦生活には問題が発生しやすく人に告げられないことが起きます。

（一六）貪狼化権

1 本宮：貪狼化権の人は自己表現能力に優れ、話が上手く、人と接するのが好きです。対人面において想定外の利益を得られます。また、男は命女好きで、特に寅・申・巳・亥・卯・酉宮が本宮ではその傾向はより強くなります。巳・亥宮が本宮では食いしん坊になります（命宮に貪狼があればこの傾向は出やすいです）。

2 財帛宮：貪狼化権が財帛宮にあって、入廟すれば財運高く、多くの金を得ます（特に辰・戌・丑・未が吉です）。人をもてなすことを好みます。落陥だと財運ありますが、お金があまり多く入らないでしょう。特に酒色に浪費しやすいでしょう。

3 官禄宮：貪狼化権が官禄宮にあるとき、入廟では予想外なチャンスが訪れます。フィクサーのように影で権力を得ます。落陥ではエンタテイメント事業で財を得るでしょう。

4 夫妻宮：貪狼化権が夫妻宮にあるとき、男命なら異性関係には大変積極的で、多くの事実を成立させます。女命にとっては問題多い異性関係になりやすいでしょう（特に生年四化の貪狼化権が大限宮となり重なるとその時期に異性問題は避けられません。生年四化の貪狼化権がない場合は慎重な判断で回避できる可能性があります）。

（一七）武曲化権

1　本宮：武曲化権が本宮にあると、男命では悪くはありませんが、多忙で精神的に辛労多いです。女命は晩婚もしくは死別となりやすいとされます。

2　財帛宮：武曲化権が財帛宮にあるとき、入廟すると財運強く、人と接するのを好みます。株など投資でお金を稼ぎます。①武曲星・破軍星が巳・亥宮で化権が付くと吉ですが、ただし少々損失も生じます。②寅・申宮で化権があれば財を得ますが長続きしません。煞星が加わるとさらにその傾向が強まります。

3　官禄宮：武曲化権が官禄宮にあり、入廟すると営業や移動する仕事は吉です。また、兼業・兼職が可能です。軍職（警察・消防・軍事など）が吉。

4　夫妻宮：武曲化権が夫妻宮にあると、愛人を持つという意味があります。

5　田宅宮：武曲化権が田宅宮にあるとき、外泊が多くなります。

（一八）太陽化権

1　本宮：太陽化権が本宮に入り寅・卯・辰・巳・午宮の東～南方向で、旺廟すると頑固で負けず嫌いで獅子のごとき威厳を持ちます。落陥すれば、威厳は消えてしまい印象が弱く、強い自己不信があります。さらに天刑が加わると訴訟など裁判沙汰になりやすいです。

2　財帛宮：太陽化権が財帛宮にあって、旺廟していれば発展が速く、物事が思うように進みます。落陥では旺廟ほどの発展はありませんが財を得られます。ですが煞星が加わると良くありません。

3　夫妻宮：太陽化権が夫妻宮にあると、落陥で煞星が加わり天刑星同宮すると離婚の可能性が強くなります。

4　官禄宮：太陽化権が官禄宮にあって、旺廟すると権威・権力を得られます。政治家や組織の代表になります。落陥では対人運が悪く邪魔が多く、常に争いに巻き込まれやすくなります。

（一九）紫微化権

1　本宮：紫微化権が本宮にあると、リーダーの資質や指導性を持ち、左輔星・右弼星が同宮すればより順当に大きな権威・権勢を得ることが可能となります。左輔星・右弼星がなければ少運で終わります。辰・戌・亥・子宮にあると志や目標が達成しにくく不利です。

※紫微化権が大限・小限に入り、本宮または対宮に文昌星・文曲星・左輔星・右弼星・天魁星・天鉞星・禄存星があれば必ず良い変化があります。

2　財帛宮：紫微化権が財帛宮にあって、旺廟ならば財運は旺盛で公的機関関係で財を得られます。旺廟でなければ蓄財運はいまいちで財を留めにくいところがあります。

3　官禄宮：紫微化権が官禄宮にあって、旺廟で左輔星・右弼星が同宮では、指導者・リーダー的存在になります。会社勤めなら管理職、自営業ならオーナーとなるでしょう。旺廟しなければ子会社の管理職程度で大きな権力を得るほどではありません。

（二〇）巨門化権

1　本宮：巨門化権が入廟すれば、比較的容易に利益が得られます。ですが、落陥だと他者から非難されるでしょう。女命の本宮で、子・午・卯・酉・寅・亥宮の地にあれば、結婚運が良くありません（巨門化権が命宮に入り卯・酉宮にあり、夫妻宮に太陽・太陰星があって擎羊星が同宮している状態）。命宮が巳・亥宮にあって、巨門化権が本宮あるいは対宮にあり陀羅星同宮に逢うと（巨門が陀羅に逢うと男女とも淫乱）、結婚には問題が生じやすいです。辰・戌・丑・未宮で巨門化権が天刑と逢うと争いと裁判が起きますが、解決できる力はあります。

2　財帛宮：巨門化権が財帛宮にあって、入廟すればプレゼンテーション力が高く財を生みます。落陥で煞星が加わるとお金のために面倒が起きます。

3　奴僕宮：巨門化権が奴僕宮にあると、落陥で煞星が同宮すれば友人のためにとても困ることになります。

（二一）武曲化科

1　本宮：武曲化科が入廟すれば財も名誉も得られます。サービス業に向いています。落陥だと外見は華やかだが中身が伴いません。

2　財帛宮：武曲化科が入廟すれば財運は安定しており充実しています。巳・亥宮に武曲化科があってさらに破軍化権同宮では、得た財を直ぐに支出してしまい全部を残すことができません。落陥で不吉で煞星が加わると友人知人にお金を貸しても戻ってきません。

3　官禄宮：武曲化科が入廟すれば、軍職・金融業が良いでしょう。発展性も名誉運もあります。落陥だと収入はあっても財は自由にならず（例えば妻や実家に握られる）、名ばかりの金持ちになります。

（二二）紫微化科

1　本宮：紫微化科が入廟で左輔星・右弼星と同宮ならば、多くの人を従え、名声を得ます。小さい頃から目上（先生や上位者）に好かれます。落陥では虚名です。

2　財帛宮：紫微化科が入廟では財運はありますが、偏財運（投資やクジ運など）を持つ、あるいは財を得ても安定しにくいでしょう。

3　官禄宮：紫微化科があれば高い地位や権威を得ます。名声も高くなります。落陥では努力が無駄に終わりやすく、あるいは名はあっても実がありません。

（二三・二四）文昌・文曲化科

1　本宮：文昌化科が命宮で入廟しているとＩＱが高い傾向です。名誉運が強く才能豊かです。子供の時から周囲のお手本のような存在になります。

2　財帛宮：文昌化科が落陥で財運は小さいです。煞星が加われば書類上のトラブルが起きるでしょう（例えばチケットのキャンセルなど）。

3　官禄宮：文昌化科が入廟ならば名声・名誉運が強く、高度な試験をクリアします。落陥だと忙しく一見華やかですが中身がありません。

（二五）天機化科

1　本宮：天機化科が入廟すれば聡明で計画性があります。名声・名誉運がありますが、変化・変動運があり安定しにくい傾向があります。落陥だと名ばかりの名声や評判となり、寅・申・巳・亥宮では特に変動運が大きくなります。

2　財帛宮：天機化科が入廟すれば流動性の資金の処理に長けています。落陥だと会計やレジ係のように他人のお金を管理するような立場になるでしょう。

3　官禄宮：天機化科が入廟すれば仕事は変動しやすく転職・転業があります。試験運は吉です。落陥だと変動が強くなり良い時と悪い時があります。

（二六・二七）左輔・右弼化科

1　本宮：左輔・右弼化科が入廟（同宮の主星が入廟すること）ならば思考は健全で計画性があり、何かで抜擢されるような名誉・名声運を持っています（左輔は直接助力を受け、右弼は間接的な助力を得ます）。落陥（同宮の主星が落陥すること）だと事実上助力を得られません。

2　財帛宮：左輔・右弼化科が入廟では周囲の助力を得て利益や財を獲得します。落陥では周囲から支援を得たり、逆にお金を貸したり財の往来が起きます。

3　官禄宮：左輔・右弼化科が入廟では周囲の援助や協力によって事業がうまく発展します。落陥だと援助・協力を得られず逆に他人を助けることになります。

(二八) 天梁化科

1　本宮：通常天梁が命宮にあれば理論や技術方面の才能があります。歴史や哲学、あるいは医学薬学の研究に適していますが、さらに化科が付けばこれらの研究での業績・実績において良い結果を得ることができます。また、心の優しく健全な思考を持っているため周囲の人から信頼も厚く好かれるでしょう。入廟ではこれらが良くなり、落陥だと効果が少し落ちます。

2　財帛宮：天梁化科が入廟すれば財は得やすく比較的苦労せず利益を獲得できます(例えば人に贈ってもらう)。落陥だと逆の効果で人にお金を恵んだり助けることになります。

3　官禄宮：天梁化科が旺廟していなければ実質的な権威・権勢は持てませんが周囲の人からの評価・評判が良いでしょう。落陥だと問題ある人との出会いがあり、そういう問題児の面倒をみてしまいがちです。

(二九・三〇) 太陰化科

1　本宮：太陰化科が命宮にあれば、女性が関わることで名声を得ます。もしくは仲介・マネージメント的な仕事で財や名声を得るでしょう。

2　財帛宮：太陰化科が旺廟ならば財の管理が上手です。落陥だと華やかに見えて財が伴っていません。

3　官禄宮：太陰化科が旺廟ならば女性が関わる分野で利益を出します。落陥だと名ばかりで実体が伴っていません。

（三二）太陽化忌

1　本宮：太陽化忌が命宮にある場合、廟陥に関係なく一生忙しくなります。入廟すれば忙しくとも成功するでしょうが、落陥では口舌の問題が多く発生します。弁護士や野党議員のように民意の代表的な立場になる傾向です。

太陽化忌が命宮にあって卯・辰・巳宮では、表裏があり嘘つきになりやすく特に辰・巳宮ではその特徴が顕著です。また、小心で太陽の持つ堂々と立派な本性とは逆になります。

※太陽が落陥の地で化忌が付くと、女命は不吉です。亥・子・丑宮にあれば配偶者（夫）を象徴する太陽星が暗いため、結婚生活は名ばかりで関係は良くなりません。

※太陽が入廟の地で化忌が付くと、女命は終生独身の可能性が高く、社会で活動しています（辰・巳宮にあると養女の可能性あり）。

2　財帛宮：太陽化忌が財帛宮にある場合、旺廟していても簡単に財は得られず競争してはじめて得ることができます。落陥では外見が良くても内情は苦しいでしょう。太陽化忌が申宮にあると破財運または異性運のもつれから破財します。

3　官禄宮：太陽化忌が旺廟すると緻密に計画しても物事が上手く進みません。落陥では中々結果を得ることがないでしょう。

（二二）太陰化忌

1　本宮&福徳宮：太陰化忌が本宮あるいは福徳宮で入廟の場合、一見良くても裏では損をして人に言えない悩みを持っています。落陥では常に苦悶する悩みを抱えています。

2　夫妻宮

①男命では夫妻宮に入る場合と、大限・小限で巡る時は結婚運が良くありません。

②女命での太陰化忌が夫妻宮にあるのは良くありません。特に卯・辰・巳宮で夫妻宮の場合は夫がバツイチ、あるいは配偶者が結婚に関してあまり快く思っていません。

3　財帛宮：太陰化忌が入廟ならば財は招来しますが、少々波乱が起きるでしょう。あるいは先に支出があり後に成功します。落陥では知らず知らずのうちに財が減ります。あるいは結果的に上手くいきません。

4　官禄宮：太陰化忌が入廟ならば成功はしますが時間がかかります。あるいは最初問題が発生して後に成功する、または間接的な成功となります。落陥だと変動変化が多く、陰で邪魔や嫌がらせを受けます。

5　奴僕宮：太陰化忌があれば、女性の同僚と上手くいきません。陰口を言われたり邪魔を受けます。

6　田宅宮：太陰化忌があれば結果的に家を売ることになります。

（二三）廉貞化忌

1　本宮：廉貞化忌が本宮にあるのは非常に悪く、特に亥・子・丑宮では問題が多いでしょう。訴訟事やスキャンダルが出やすく命盤を詳細に判断する必要があります。法的な星と同宮すると訴訟事になり、桃花の星と同宮加会すると桃色事件が起きます。

①女命で化忌が亥・子・丑宮にあって桃花星と同宮する場合は最優先で検討する必要があります。寅・申・巳・亥宮で桃花星が同宮するよりも影響が強くでます。また、子・卯・午・酉宮では訴訟事になりやすいです。廉貞化忌が丑・未宮にあり七殺星同宮では身体に問題が出やすいです。辰・戌宮も同じで高熱が出たり病気になったりします。

②鬱状態になりやすく、解決できない悩みが多いでしょう。

2　財帛宮：廉貞化忌が入廟の場合は財が減りやすく、あるいは運用が難しいです。落陥だと大きな破財が出やすく、例えば資金が凍結されるなどです。

3　官禄宮：廉貞化忌が入廟していると投機的なビジネスをします。ですがなかなか苦労多いでしょう。落陥で煞星が同宮すると必ずお金が減り、倒産あるいは営業撤回になります。

4　夫妻宮：廉貞化忌があるとき、異性や夫婦の関係で亀裂が生じやすいです。女命だと恋愛で煩悶するでしょう。

5　田宅宮：不動産で損をしやすく購入してはいけません。財帛宮と奴僕宮が良くなければ、結果的に不動産を差し押さえられることすらあります。

（三四）巨門化忌

1　本宮：何の気ない言葉で他者の感情を害したり傷つけたりします。あるいは非常に敵を作りやすいです。生涯において争いが多く、問題ある人物から邪魔されることから逃れられません。
①大限・小限で巨門化忌があれば、同じような問題が発生します。対人トラブル、口舌の問題が続きます。あるいは騙されたりします。特に太陽同宮で落陥していると優柔不断になり他者の甘言で損害を被ることになります。
②巨門化忌が六親宮にあるのは良くありません。身内との口舌問題や裁判沙汰が発生しやすいのです。
③巨門化忌が落陥だと詐欺にあって財の損失を被りやすいです。
④本宮で巨門化忌あるいは対宮に巨門落陥化忌だと、裁判で必ず敗れるでしょう（注：巨門化権の裁判は和解になります）。ただし、本宮が丑・未宮で天魁星・天鉞星同宮ならばまだ大丈夫です（例えば裁判関係者が知人だったりするなど有利に働きます）。

2

財帛宮：巨門化忌が入廟では書類上の問題が発生します。一般的に卯宮で巨門化忌が入廟して、天機化科が同宮すると、最初は上手くいかず損失を被りますが結果的に財を得ます（巨門化忌は前者、天機化科は後者）。天機は知恵の星で計画性を持つため、化科が付けば計画が非常に用意周到ですが、巨門化忌があるため邪魔を受けやすく、こういうことになることも仕方ありません。（図2）
①命宮が申宮にあり主星なく命無星曜格となり（対宮に天機星・太陰星）、丁生まれの人は財帛宮に巨門化忌が落陥で入るため、非常に破財の運が強くなります。ほとんどが口舌の問題や対人トラブルによってです。（図3）

3

官禄宮：巨門化忌で、入廟でも問題が多く、裁判沙汰になれば敗訴となります。落陥だとさらに問題多く、詐欺に遭ったり倒産を経験するような状態になります。

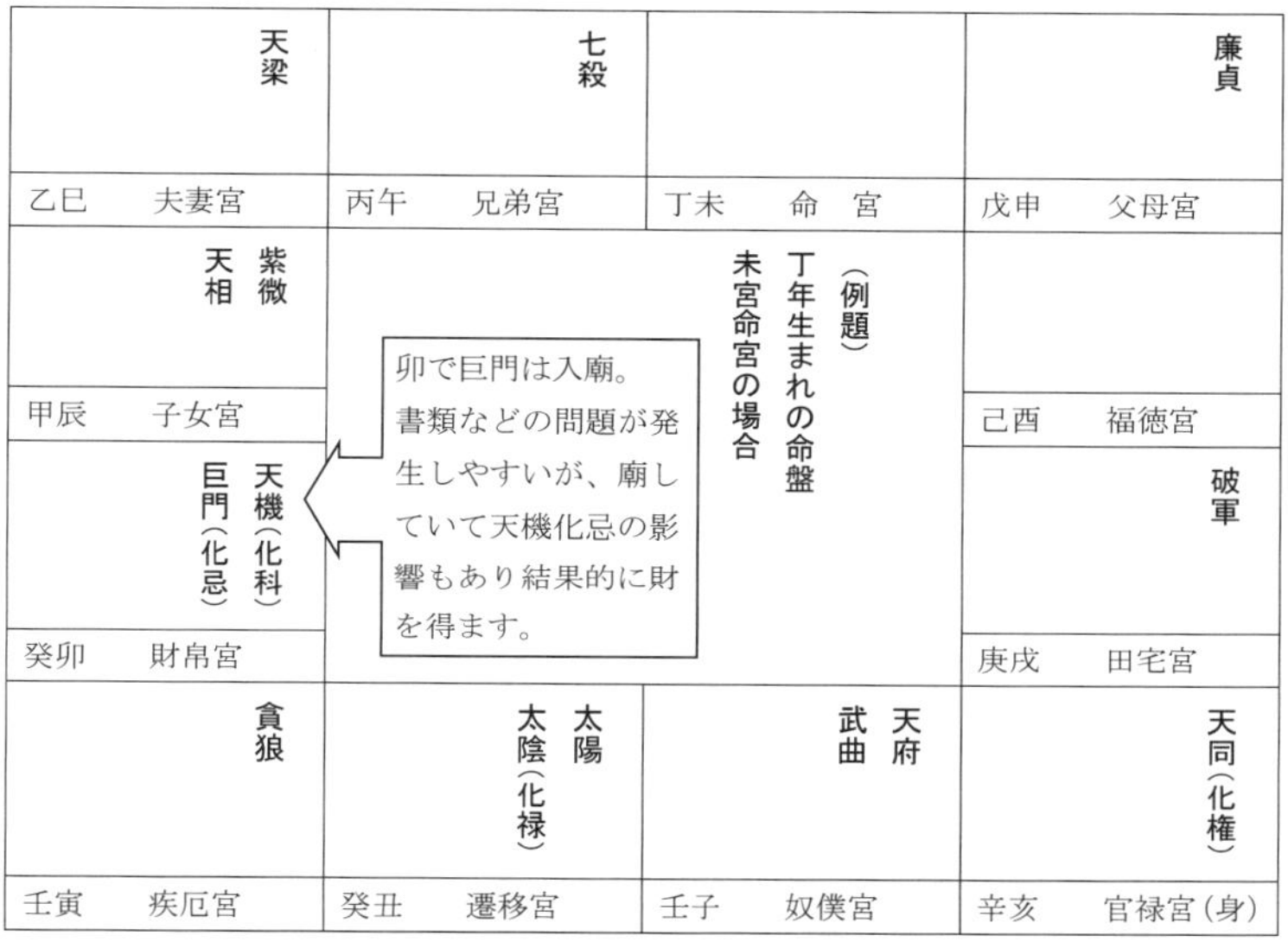
天梁
乙巳　夫妻宮
七殺
丙午　兄弟宮
丁未　命宮
廉貞
戊申　父母宮
紫微　天相
甲辰　子女宮
（例題）
丁年生まれの命盤
未宮命宮の場合
己酉　福徳宮
天機（化科）　巨門（化忌）
卯で巨門は入廟。書類などの問題が発生しやすいが、廟していて天機化忌の影響もあり結果的に財を得ます。
癸卯　財帛宮
破軍
庚戌　田宅宮
貪狼
壬寅　疾厄宮
太陽　太陰（化禄）
癸丑　遷移宮
天府　武曲
壬子　奴僕宮
天同（化権）
辛亥　官禄宮（身）

図２

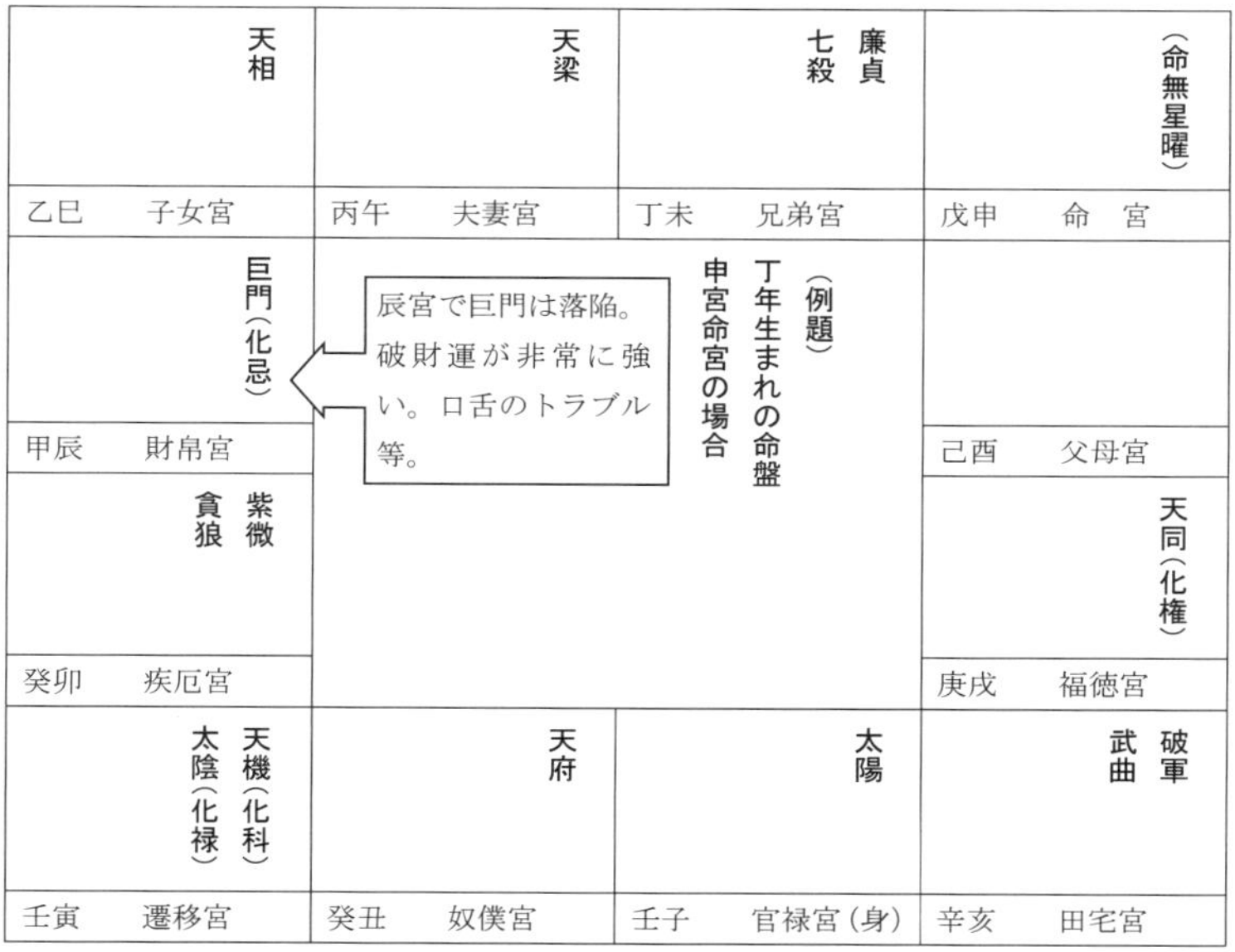
天相
乙巳　子女宮
天梁
丙午　夫妻宮
廉貞　七殺
丁未　兄弟宮
（命無星曜）
戊申　命宮
巨門（化忌）
甲辰　財帛宮
（例題）
丁年生まれの命盤
申宮命宮の場合
辰宮で巨門は落陥。破財運が非常に強い。口舌のトラブル等。
己酉　父母宮
紫微　貪狼
癸卯　疾厄宮
天同（化権）
庚戌　福徳宮
天機（化科）　太陰（化禄）
壬寅　遷移宮
天府
癸丑　奴僕宮
太陽
壬子　官禄宮（身）
破軍　武曲
辛亥　田宅宮

図３

（三五）天機化忌

1　本宮：天機化忌が入廟では誤算や判断ミスが起きやすいです。また、家族・身内で問題が発生しやすいでしょう。落陥だと良くない変動が起きます。落陥で煞星が同宮するとリストラや転職を余儀なくされたり、事業者は倒産を経験するなどトラブルが多いでしょう。

①大限・小限で天機化忌があっても同じような変動が起きます。

②天機化忌が対宮にあると、家族・身内で問題は非常に酷くなります。

2　財帛宮：天機化忌が入廟すると判断ミスや計算ミスが多くなります。財の問題が多くなり悩みやすいでしょう（時として相当の額のお金を借りることになります）。

3　遷移宮：天機化忌があると、迷走しやすく予測不能な事態が起きるでしょう。地劫星同宮では車の事故に遭いやすくさらに天馬同宮では事故が酷くなります（地劫・天空・天馬が同宮の場合）。

4　官禄宮：天機化忌が入廟ではよく仕事や事業を変えることになります。計画変更や軌道修正を余儀なくされます。変動運が強く変化に翻弄されやすいでしょう。落陥だと降格など地位が不安定です。

5　田宅宮：天機化忌があればよく引っ越すことになります。

6　福徳宮：一生暇になることはない。悩むことが多く、余計な心配をするため心穏やかになりません。

（三六）文曲化忌

1　本宮：文曲化忌が入廟では話し下手で名声を得にくく異性との恋愛に関しても問題が生じやすいです。落陥すると書類上のミスが起きやすく、例えば契約書のトラブルや空手形や入金がないなどが発生します。また、名誉を損なうような事態に見舞われます。

2 ①大限・小限などに文曲化忌が入る時、この時期に海外へ行くことはありません。

財帛宮：文曲化忌が入廟であれば資金が凍結されるなどトラブルに遭いやすいでしょう。例えば土地を買ったら法律上でそこは家を建ててはいけない等、無駄に終わるような事態です。あるいは空手形や入金トラブルなどの問題です。落陥では同じような問題が発生しますが、より破財の運となります。

3 官禄宮：文曲化忌が入廟では苦労するのにあまり成功しません。落陥だとさらに悪い出来事に遭遇しやすく努力したことが無駄になりやすいです。

(三七) 天同化忌

1 本宮：天同化忌が命宮にあると福分を享受できず、精神的に失望感が強いでしょう。

2 財帛宮：天同化忌が旺廟であれば財を運用する能力がないため上手くいきません。落陥では財が知らぬ間に減るような状態です。

3 官禄宮：天同化忌があるとき、凄いチャンスや発展に巡りあえません。

(三八) 文昌化忌

1 本宮&福徳宮：文昌は名誉や教養の星のため、本宮および福徳宮で化忌が付くと理屈が通じないような性格です（文昌がもともと理屈の星で、化忌のため逆に理屈の通じない人になります）。

2 福徳宮

①行き過ぎた行為や出過ぎたことをしがちです（もし本命が巨門星で、殺破狼が同宮加会すると過剰な行動で人を死亡させてしまう）。

②選挙や試験は落選・落第します。

③第二大限で大限命宮あるいは三合宮に文昌化忌があれば、その運期は勉強しません。

3 大限・小限の命宮あるいは福徳宮に文昌化忌が入ると精神的にイライラしたり何をやっても上手くいくと感じません。

4 財帛宮：文昌化忌があると、書類・小切手・財務上の問題が起きます。ただし、煞星の同宮がなければそこまで状況が悪くありません。

5 官禄宮：化忌でこの一年で書類上に問題がおきやすいから特に注意すべきです。

6 田宅宮：文昌化忌があると、時として差し押さえに遭うでしょう。

（三九）武曲化忌

1 本宮：武曲化忌があると財務的な問題で苦労します。落陥で煞星が同宮加会すればさらに財運は悪くなります。

本宮に武曲化忌があり、寅・申・巳・亥宮では孤独感を抱えやすく小心者です。職人など技術で身を立てる方が良いです。

2 夫妻宮：武曲化忌で、煞星が同宮すると家庭に調和が訪れず、常に喧嘩あるいは離婚します。

3 疾厄宮：武曲化忌があると、肺・気管支の病気になります。擎羊・天刑が同宮すると身体的に傷を作るような怪我をします。
4　官禄宮：武曲化忌があると地位や名声を失いやすく降格や失墜を経験します。
5　福徳宮：武曲化忌があると、精神的に煩悶しイライラしやすいです。

（四〇）貪狼化忌

1　本宮&福徳宮&夫妻宮
いずれかに貪狼化忌があれば恋愛や結婚に良くありません。特に巳・亥・丑・未・子宮にあればより顕著に表れます。また転職を考えやすく安定しにくいでしょう。
2　本宮あるいは官禄宮
①例：貪狼星・廉貞星が命宮で巳・亥宮にあり、財帛宮に破軍化禄がある場合、競争社会で奮闘するが必ず財を招来します。
②命宮に破軍化禄で、貪狼化忌が官禄宮にあると、高級な職業に従事しないが財運は良いです。
3　夫妻宮：貪狼化忌が夫妻宮にあるとき特に良くありません。離婚の可能性があります。
※命宮の貪狼化忌は再婚の可能性があり、大限に貪狼化忌が入る場合も同じです。
4　財帛宮：貪狼化忌があると無駄やつまらない行為で財を減らします。そしてそれになかなか気づきません（貪狼星は暗星のため）。あるいはスキャンダルで財を失います。
5　官禄宮：貪狼化忌があるとき、理想的な仕事にはつけません。主にエンタテイメント関係の仕事をすることが多いです。

6　田宅宮：貪狼化忌があるとき、煞星が同宮する場合は女性に良くありません。家庭内で争いごとや病気に遭いやすいです（太陰化忌でも同じ）。

7　福徳宮：命宮に紫微星・天府星が入り寅・申宮の場合、貪狼が福徳宮に入るため化忌が付くと異性との関係性では悩みやすく出会いが少ないです（王星である紫微星・天府星は孤独な星のため）。

第五章　乙級星以下諸星　詳細解説

台湾や香港の紫微斗数では、先鋭的な飛星派を除けば乙級星や丙級星等の諸星を巧みに活用して命盤を読み解いていくのが主流です。特に一〇〇もの諸星を配置する占験派を中心とした三合派では、乙級星以下の星の詳細な解説が書かれている本も少なくありません。

台湾等では原点回帰としてこれら諸星の活用が見直されています。

本章では日本の紫微斗数本で紹介されることが少ない乙・丙・戊級星の書物・口承で伝えられている象意を詳細に解説していきます。特に日本では紹介されていない「天空」という乙級星（地劫星の兄弟星である天空とは違う星で、天空星・地劫星は本書では地空星・地劫星と表記して、この未紹介の天空とは区別されています）を初解説いたします。

（一）天馬星

陰陽	五行	斗分	星情
陽	火	／	変動・桃花

天馬星は生年によって定まります（例えば寅・午・戌年生まれは申宮に座する）。五行は陽火に属し主に変

動・移動を表します。命宮に入ると一生落ち着きなく動き回り、大限・小限に逢うとその時期に移動・変動が起きます。

・個性は活発であり安定を好みません。社交的で変化を喜ぶアウトドア派です。故郷を離れ外地で活動します。せっかちです。化禄・禄存星と命宮・身宮で逢うのを喜び、大限・小限で逢うと吉となり活動の結果、名声や財を得るでしょう。

①化禄・禄存星と同宮すると「禄馬」と呼ばれ、遠地でチャンスを得て活動するほどに財を得ます。

②天馬は空亡星と逢うと一生奔走することになります（截空が最も強く天空・旬空が続く）。天馬が旬空と逢うと「死馬」と呼ばれ一生奔走し、しかも結果が得られません。

③天馬が夫妻宮にある場合、太陰星と禄存星が廟旺で同宮すると妻財（良き伴侶や財産）を得る。これは凶星が同宮していても妻財を得るが凶星の影響も無視できません（太陰星は解厄力がない）。遠方の配偶者を娶る、または遠地の家に入ります。天馬が動星（天機星・天梁星）と同宮すると配偶者が仕事等の理由で遠地に赴くことになります。

④疾厄宮に天馬が座すると流行性の疾患にかかりやすいでしょう。

⑤紫微星・天府星と天馬が同宮すると「扶轝馬」と呼ばれ、遠地で努力の結果に名利両方を獲得します。上位者や実力者から援助を得られ、若年期では学業で実力を発揮し、中老年期には栄転昇進があるなど良い発展運を得るでしょう。

⑥天馬は太陽星・太陰星の二星と同宮すると「雌雄馬」と呼ばれます。太陽星と同宮では「雄馬」と呼ばれ物事を行うことに何事も積極的で効率性を求め責任感があります。輝度高く廟旺ならば成功成就は

容易です。巳宮で太陽星と同宮する場合は「貴馬」と呼ばれ、名声評価が高くなるでしょう。申・亥宮での太陽星・天馬星同宮では太陽星の輝度弱いため進展遅く結果も良好とはいえません。太陰星と同宮すると「雌馬」です。雄馬に比べ堅実さがあり積極性は薄れますが、リスクは控えるでしょう。輝度高く廟旺していれば結果は良好です。亥宮で太陰星同宮では「財馬」と呼ばれ財運が良好。巳宮では太陰星の輝度弱く進展が遅く結果が良くなく、また対人運が悪くなります。武曲星・天相星と同宮（寅・申宮）する場合は「財印坐馬」と呼ばれ名利両得の吉となります。紫微星・七殺星と同宮（巳・亥宮）すると「権馬」と呼ばれ大きな権威・権力を握るでしょう。火星同宮では「戦馬」と呼ばれ勇猛で好戦的、衝動性があっても商売では非常に発展性が高く吉です。陀羅と同宮では「折足馬」と呼ばれ物事が進まず停滞感が強く、常に阻害されやすく対人問題が生じやすい。七殺星と擎羊星同宮の場合「負屍馬」と呼ばれ努力すれども徒労となり無駄骨に終わります。大限・小限で吉星がなく白虎が同宮する場合は、事故や怪我の暗示。さらに凶星が加わると死の危険があります。

⑦「戦馬」「折足馬」「負屍馬」が大限・小限に入り、吉星なく白虎・擎羊星・陀羅星から対冲される場合、天馬の吉が失われ事故や怪我の危険が強くなります。天馬は地劫と同宮し太歳・小限が巡ると吉星なければ乗り物事故やトラブルが発生するような前途多難さが現れます。

（二）天喜星

陰陽	五行	斗分	星情
陽	水	／	婚姻・喜慶

紅鸞星

陰陽	五行	斗分	星情
陰	水	／	婚姻・喜慶

紅鸞星は水に属し癸水です。恋愛・婚姻に関する喜慶を表します。大限・小限・太歳に巡った時に婚姻・出会い等の喜びごとがあります。日斗君・月斗君や流年に巡った時に祝福・祝いごとや楽しいことがあるでしょう。

①命宮に紅鸞が座する場合、男はスマートで容姿端麗、目鼻立ちがはっきりしていて唇が赤く歯が白い、女性は美貌であり温和善良でさっぱりした性格です。男女ともに明るく社交的で人付き合いが良くお洒落で外泊を好み家でじっとしていません。欠点としては虚栄が強くなりやすいところです。外面が良く浮わついたところがあり華やかなことに流されやすく浪費家です。依頼心が強く独立性が欠乏しています。男性は異性との縁がありますが、好色で異性間の問題を起こしやすいでしょう。女性も異性との縁ができやすいです。三合に桃花星が加会してしまうとこれらの問題がより強くなります。

②紅鸞は丑・寅・卯・辰・戌・亥宮では廟旺の地であり、他の十二支宮では落陥の位である。早年期に紅鸞が巡ると結婚の喜慶がある。中年期に巡ると女子が生まれるでしょう。

③三方に吉星が巡る場合、出世・名声が上がります。また桃花星が加会すると浮気や不倫情事が起きやすいでしょう。老年期に巡ると配偶者を亡くします（30歳以前では問題ないが50歳前後では起きやすい）。

④紅鸞は手術や事故など血を見る災いを表す場合があります。そのため紅鸞が疾厄宮で七殺星と同宮し流年本宮に七殺星・破軍星・擎羊星があれば、その年に手術の災いがある、または外傷のアクシデントがあるでしょう。さらに血の病気を表します。紅鸞が疾厄宮で太陽星と逢えば血便や血の疾患があり、もし太陽化忌が疾厄宮にあるならば胃の出血です。太陰星や桃花星が疾厄宮で同宮すると子宮など婦人科系の出血現象があります。

⑤紅鸞の格局：紅鸞は三合または本宮で紫微星と同宮加会する場合「旌節朝掌之格」となります。格が成立する流年に特殊なチャンスが巡り発展成就するでしょう。

⑥紅鸞と桃花星が逢うと、桃花星の色欲の度合が増加します。例えば紅鸞と天姚と同宮すると男性は女性や酒、賭博を好みます。女性は嫉妬が強くなります。男女に関わらず異性との縁が強いでしょう。

⑦紅鸞は天耗（大耗）と同宮し本宮・大限、あるいは財帛宮にある時、その年は財的方面でのアクシデントに見舞われやすいでしょう。この場合は正星の輝度が廟旺していれば被害は少ないが落陥していれば大きな損害を被ることになります。

⑧紅鸞が命宮に入れば早婚です（20～25歳程度）。

⑨紅鸞が兄弟宮にあれば、兄弟とは相談しあう仲睦まじい関係となります。

⑩紅鸞が夫妻宮にあれば、夫妻間は思いやり深いです。男性は美貌の女性を娶り、女性は秀麗な男性を得るでしょう。

⑪紅鸞が子女宮にあれば、男児より女児が多く生まれます。

⑫紅鸞が財帛宮に入れば、財運は吉です。この場合に正星がなく紅鸞が独座では投機・賭博を好む傾向が

強くなります。

⑬紅鸞が疾厄宮にあれば、血を見るような疾患があります。

⑭紅鸞が遷移宮にあれば、外部から財を得るでしょう。

⑮紅鸞が官禄宮にあれば、早年の大限・小限で学業成績や試験運が良好です。

⑯紅鸞が田宅宮にあれば、遺産等家系から財を継承するでしょう。住む場所は華やかなインテリアを好みます。

⑰紅鸞が福徳宮にあれば衣食住が困窮しません。また、桃花運に恵まれ異性から慕われます。

⑱天喜星は紅鸞星と性質は同じですが、紅鸞星ほど強く作用しません。

（三）地劫星

陰陽	五行	斗分	星情
陽	火	／	劫殺・破矢

地空星

陰陽	五行	斗分	星情
陰	火	／	空亡

地空（日本では天空と呼ばれる地劫の兄弟星）は飛星派では「天空」と呼ばれ、宣微派では「地空」と呼ばれます。

①地劫星は、劫殺・破矢を司る星で、よく誤解されますが空亡星ではありません。ただし破矢・破財の星なので物質的損失を招く凶星なのです。

②地劫星は命宮にある場合、容姿は比較的背が低く神経質な印象です。
③地劫星が命宮にある場合は自己保身が強く、落陥していると不正を好み悪事すら厭わないでしょう。変わったことや反社会的なことを好むため安定感がなく、命宮や田宅宮に座する場合、安住の地を得られないとも言われます。
④地劫星は強力な破財の星であり、命宮・財帛宮に座すると財の損失を招きます。福徳宮にあると無駄使いをしやすいです。四煞星（擎羊星・陀羅星・火星・鈴星）同宮では凶意が増すため危険です。
⑤地空星は、截空星・旬空星・天空星とともに空亡星であり、空亡星の中でも強力な力を持ちます。虚しさや精神的苦悩を司ります。
⑥地空星は命宮にある場合、容姿は比較的背が低く神経質な印象です。
⑦地空星は命宮にある場合、地劫と同じく自己保身が強く、幼少期は病弱となり苦労し、学業も良くありません。口下手で情緒不安定になりやすく、本道を生きないとされます。
⑧地空星は廉貞星・貪狼星に関しては、結果的に良い作用をもたらします。最初に執着は非常に強くなるが、大きな失意や挫折を経験するのです。その後は欲望には一線を引き、慎み深さが出てくることになるからです。
⑨地空星は天相星・文昌星と命宮で同宮していると僧侶やスピリチュアルな方面に進むといわれます。
⑩地空星は命宮にある場合は、商業的な仕事につくと苦労だけになるため、公務員など堅実な職業か奉仕的・宗教的な仕事につくと良いでしょう。
⑪地劫星・地空星は吉星があれば凶意は軽減しますが、吉星の吉度を弱くし凶星の凶意を強める傾向が

あります。

⑫地劫星・地空星が兄弟宮にあれば、兄弟との縁は悪く精神的・経済的な損失を被りやすいでしょう。成人となっても兄弟間の往来も絶える可能性が強く、関係も希薄です。

⑬地劫星・地空星が夫妻宮にあれば、恋愛では不安定な関係となりやすく相手に振り回されたり嘘や虚像に翻弄され挫折を繰り返すでしょう。

⑭地劫星・地空星が夫妻宮にあり入廟していれば信仰心や慈悲心のある繊細な配偶者となり、落陥していれば精神的にも不安定で悲観主義の傾向が強くなります。

⑮地劫星・地空星が夫妻宮にあり四煞星同宮加会で離婚率が強くなります。

⑯地劫星・地空星が子女宮にあれば、子供は孤独性が強く独自の世界観を形成します。そのためひきこもりやニート化しやすく社会的にも適応しにくいでしょう。また、凶星同宮加会では流産・死産・堕胎・夭折を経験します。

⑰地劫星・地空星の二つの星は財運を激しく傷つける凶星であり財帛宮にあれば財運を激しく不安定にします。俗に「財帛宮に地空星・地劫星が入ることは穴の開いた財布を持つようなものである」と言われるくらい財運を虚ろにするのです。

⑱地劫星・地空星が疾厄宮にあれば、精神的ストレスを経験しやすいでしょう。地劫星はめまいや手足の病気。天空星は高血圧・冷え性・めまいを経験しやすいです。

⑲地劫星・地空星が遷移宮にあれば、対人運が悪く努力しても正当な評価を得られないと言われます。ストレスを抱えやすく対人恐怖症のような結果にもなりやすいのです。

⑳地劫星・地空星が官禄宮にあれば、地劫・天空はともに「虚」の星であるため、「実」の領域である物品を扱う商業や生産業では安定できず職を転々とする場合があります。頭脳労働やサポート業などが向いているとされます。

㉑地劫星・地空星が田宅宮にあれば、不動産運や土地運は変化が激しく、落ち着いた場所に居住することが難しいでしょう。また親や縁者から不動産を継承することはできません。

㉒地劫星・地空星が福徳宮にあれば、占術家や宗教などの分野に適性があります。精神的にネガティブな方向性を持ちやすく現状を悲観的に感じやすくなります。そのため人生の変化に翻弄され疲弊しやすいでしょう。

㉓地劫星・地空星が父母宮にあれば両親との関係は薄く、幼少期はどちらかとの時間的共有が少ないでしょう。また離婚して片親である可能性も強いです。

空亡星：四大空亡（含地空・天空・旬空・截空）※地空星は一八八頁を参照

（四）天　空

陰陽		五行		斗分		星情	
	陽		火		／		空亡

旬　空

陰陽		五行		斗分		星情	
	／		／		／		空亡

截路空亡

陰陽		五行		斗分		星情	
	／		／		／		空虚・消失

天空（日本では天空と呼ばれる星とは違う空亡星、流派によっては駕前天空と表記される）については、日本で通常「地劫星」の兄弟星である「天空星」を、本書では「地空星」と表記しています。

【注意】地空と截空は計算不能な「空星」であると考えられます。そして天空と旬空が明確な空亡星です。截空の作用は空亡の作用と異なります。

1　天空：陽火（作盤について：例えば子年生まれでは天空は「丑宮」にあります。すなわち太歳の一つ先の宮となるため「駕前天空」とも呼ばれます。※日本の紫微斗数では天空は使用されていないが、台湾・香港のアプリ等では表記されています）。

①禄存星は天空星・旬空・截空等空亡星を忌みます。禄存星の持つ財運を浪費させ守ることができないからです。

②天空が命宮に座する時、宗教等の信仰を持ちます。また霊感が強いでしょう。聡明で想像力があり、物事の吸収・習得力が高く創造性も高いでしょう。ただし同宮する諸星にとっては好ましい星ではないため学歴高くとも成功運薄く名声を得にくいのです。

③身宮・命宮に天空が座すると孤独になりやすく晩婚な傾向です。華蓋・孤寡が同宮加会するとかなり遅い晩婚か結婚しないでしょう。

④天空であっても天同星・禄存星ともに同宮となれば吉の作用がでます（逆に天同星・禄存星は悪い影響をもらいます）。

⑤吉星は天空と遭遇すれば力を失うが、凶星であっても天空と逢えば力を失い厄災が弱くなります（空亡星とはその宮や同宮する諸星の力を虚しくさせます）。

⑥身宮が空亡と逢えば、命宮で空亡と逢うよりもさらに被害が激しくなります（身宮は晩年に大きく影響するため晩年孤独な傾向が強くなります）。

⑦身宮・命宮にあれば肉親との縁が薄く、出家や仏門に入る可能性が高いでしょう。

2

旬空：旬空は二つの宮に配置されるが、実は空亡作用が強いのは一宮のみです。陽干年生まれは陽宮が空亡となり、陰干年生まれは陰宮が空亡となります。例えば甲子・乙丑生まれはともに旬空で戌亥です。甲・丙・戊・庚・壬年の生まれは「戌」宮での空亡作用が強く、乙・丁・己・辛・癸年生まれは「亥」宮での作用が大となります。

①旬空が命宮・身宮にあれば、性格は淡泊であっさりしています。束縛を嫌い悠々自適な生活を望み、また争うことを好みません。旬空は吉星と同宮すると不思議と福分に恵まれるのですが、逆に凶星同宮で

は浮き沈みが強く変化波乱の傾向が強くなり、例えば幼い頃に生地（故郷）を離れる等です。華蓋と同宮ならば信仰・宗教を持ち、占いやスピリチュアルにも興味を持ち、晩年は熱心に信仰を行うでしょう。旬空は地劫・四煞星と同宮すると腹黒さを持ち、亡神と同宮するならば、一生空亡的現象が発生し流転波乱の人生となりやすいのです。

【主星の属性による空亡の影響】

武曲星・七殺星は五行「金」となり「金空則鳴」と呼ばれ、空亡作用を強める（鳴る）関係。

【五行局論】

木三局：「木空則折」となり五行「木」の諸星の空亡作用を強めます。火六局：「火空則發」となり五行「火」の諸星への空亡作用を強めます。

【十二宮の五行】

寅卯辰東方は木のため「木空則折」の宮位となるため木三局では空亡作用の強い宮位となります（宣微派の技法と思われます）。

②旬空が大限・小限と逢えば神秘的なことや占術・宗教等と比較的出会いやすいでしょう。例えば大限・小限で旬空と逢い、天梁星・天機星と同宮加会するならば、神秘的なことや占術・宗教と接点は強くなります。

3　截空（截路空亡）：陽干年生まれは陽宮が截路空亡となり、陰干年生まれは陰宮が截路空亡となります。

①截空が命宮にあるのは道を阻まれているような制限を受けます。若年期は志があってもなかなか思ったように人生を進めないでしょう。

②財帛宮に截空があれば、ある時期に所有していた財を消耗します。これは大限・小限を見ることで予見・予防することができます。

③大限で截空と逢うと、商売を拡大することは無理でしょう。不測の事態が繰り返し起こりやすいからです。また、行運で截空と逢えば、現実に不満を感じやすく、仕事が変わりやすく環境も変化しやすいでしょう。

④天馬と空亡星と逢うと、終身奔走することとなります。特に截空の作用は強いです。

⑤身宮・命宮に四空（地空・天空・旬空・截空）が逢えば、宗教家（精神世界）となるべきです。

⑥大限・小限で空亡と逢えば、吉凶が安定しません。諸星の吉凶をよく判断しなくてはなりません。

（五）天刑星

陰陽	五行	斗分	星情
陽	火		法律・孤尅

五行では火に属し孤独を象徴する諸星です。

入廟すると権威があります（寅卯酉戌は廟地、申子辰・巳午辰は平和、丑未は落陥の地です）。四角い顔で、少し太っています。個性は少し孤独で、傲慢です。才能があって一生奔走し、腹立ちやすいでしょう。

命宮に入ると身体を傷つけることになり落陥の地にあれば手術を経験すると言われます。天刑は仕事で争いが起きやすく、廉貞星・巨門星同宮で落陥では裁判沙汰になります。旺廟では裁判の権力を握ると言われ、例えば判事になるなどです。正星が落陥して化忌また天刑と逢うと裁判沙汰になります。罰されるかどうかは他の星を見なければなりません。流年白虎から冲され火星・鈴星同宮では、この年で刑務所に入ることになります。

①天刑は若いとき身体に傷がないと、晩年に孤独で出家すると言われます。

②天刑と太陽星同宮では生産業者になるでしょう。

③禄存星あるいは天梁星が卯・酉・戌・亥宮で同宮すると財務やものの監察の仕事をします。

④文昌星・文曲星同宮するとトレーナーのような立場になります。

(六) 天姚星

陰陽	陰
五行	水
斗分	
星情	恋・桃花

①天姚は淫乱で、寅・卯・酉・戌宮は廟地、申・子・辰・巳・午宮は平和、丑・未は落陥の地。別名は「玄媼」です。命宮にあれば容姿は丸くて、中背より低いでしょう。目元がはっきりしていて、動きが軽快です。入廟すれば綺麗です。性格的にも知恵があり、学術上の才能がありおしゃべりが優雅で世の中のことに対して関心を持ち楽しく接します。外向的でおしゃれを好み、プライドが高いでしょう。落陥していると人を疑いやすく、中々心の中が見えず簡単に人を信用しないでしょう。歌と旅行がとても好きです。

②天姚は酒が好きで一生落ち着かない人生となりやすいです（太陰星・破軍星・紅鸞・天姚は全部落ち着かない放浪の星です）。入廟して命宮・身宮にあると、勉強が好きで学術上相当の深い知識を持つで

しょう。リーダー性を持ちますが酒色に溺れやすい傾向があります。落陥で煞星同宮すると異性のために財を失います。また桃色事件で裁判沙汰になるでしょう。

③天姚・擎羊が同宮すると主に五行で火の性質が強くでます。ただし天姚・擎羊が殺破狼が同宮すると亡くなる訳ではありませんが若いとき体を手術や喧嘩等で傷を負うような事態があります。

④天姚・紫微星が同宮だと「桃花犯主」と呼びます。紫微星が卯・酉宮にあって（この場合は貪狼が同宮する）、左輔星・右弼星・文昌星・文曲星が卯・酉宮をはさむのも同じです。咸池・天姚・文曲と紫微星が同宮するのも同じです。紫微星・貪狼星が同宮する卯・酉宮だと感情や肉欲によるトラブルに注意すべきで桃花星があるとなおさらです。

⑤もし天姚・廉貞星・貪狼星が同宮し沐浴と逢い、煞星の冲破を受けると異性運に関しては生涯を通じて問題が生じやすいでしょう。

⑥文曲星・天姚が同宮すれば学術上で成功します。しかしこのような学術とは学校では教わらない学問で、例えば占いや神秘学等です。ただし不思議と生涯財務状況は悪くありません。もし財帛宮が良ければ、それをより享受できます。

⑦女命で身宮・命宮・福徳宮に天姚が入るのを嫌います。天姚だけと逢って他の桃花星と逢わないならまだ良いですが、もし咸池・紅鸞・貪狼星・廉貞星と逢うのは相当良くありません。

⑧天姚が落陥しても主星が旺廟していれば学術上で成功するし、恋にも悩まされません。

⑨天姚と主星が皆落陥では一生落ち着かなく家でもゆっくりしていられません。

⑩天姚が福徳宮にあって、煞星からの冲破がなければ異性運が良いでしょう。

⑪大限・小限で天姚と逢うと、知人から付き合う人を見つけるでしょう。進展スピードが速く、咸池も同じような効果があります。大限・小限に天姚、三方に紅鸞・天喜、あるいは他の桃花星あれば恋愛が発生します。特に紅鸞・天喜と同宮すると結婚できると判断できます。大限・小限が天姚・破軍星が入ると水難に遭います。またある大限疾厄宮で天姚・破軍星が入り、また煞星が同時に父母宮から沖すれば、この間に両親に不幸が起きる可能性が高いです。

〔天姚星が十二宮にある場合〕

1 夫妻宮にあるとき重婚する（現代では不倫なども含まれる）。化忌・破軍星・左輔星・右弼星が同宮するとなおさらです。もし煞星の冲破があれば離婚してまた結婚します。もし天姚だけならば状況は少し良くなりますが、ただし一時期配偶者が不倫をするでしょう。

2 財帛宮にあるとき、ギャンブルか異性とのトラブルでお金を失くします。これは財帛宮が吉でないのが条件です。化忌あるいは煞星の三方加会がある、または流年陀羅が財帛宮にはいる、火星・鈴星、地劫・地空が財帛宮を挟むと財が失われます（この場合、女性のためお金を失くすとは限りません）。

3 遷移宮にあるとき、旺廟ならば外出すると対外運良く人の援助が得られます。

4 子女宮にあって旺廟だと、子供が綺麗で可愛いでしょう。さらに五行水の星と逢うと、女の子が生まれる可能性が高いです。

5 官禄宮にあるとき、仕事が長続きしませんし、よく仕事を変えるか異動を経験します。

6 田宅宮にあるとき、男命は家族の力を得られません。女命は良くありません。

スッキリしています。中背または少々低めでオシャレ好きです。

③鳳閣が命宮にあると芸術（特に絵画やデッサン）の才能があるでしょう。女命で身宮・命宮にあればルックス良く綺麗です。性格も聡明で志も高いでしょう。

④女命で鳳閣が命宮にあると、高貴で優雅な性質ですが欠点は享受が好きで怠けやすいところです。オシャレで文化人のように振る舞います。文才があり文化・芸術の才能があるでしょう。しかし異性の誘惑に負けやすく、貪狼星・咸池・天姚星と同宮するとより顕著になります。

⑤鳳閣は天相星が同宮の場合、生活で困窮することがないと言われます。しかし天相星が卯・酉・巳・亥宮にあり輝度低ければこの限りではありません。

⑥鳳閣が身宮・命宮に入り煞星の冲破を受けると歯や口腔の病気、歯周病になりやすいでしょう。。

⑦龍池・鳳閣が少年期の大限・小限に入ると（同宮または三方加会か対宮）、試験運が良く合格できるでしょう。中年期の大運に入り天府星あるいは天相星と同宮ならばセレブ階層の人と出会うでしょう。この場合、福徳宮が良ければその恩恵を大いに享受できます。

（八）陰煞星

陰陽	／
五行	／
斗分	／
星情	邪魔・受難

①狭量と邪魔の星です。遷移宮に入ったり、福徳宮で煞星で同宮すると、対人運に問題が出て悪い人間に邪魔をされます（陰口やいじめ）。

②命宮に陰煞があれば他人を疑いやすく他人に対して嫉妬や羨望をします。擎羊星・陀羅星が同宮加会すると腹黒い傾向が強くなります。

（九）天巫星

陰陽	／	五行	／	斗分	／	星情	昇進・昇格

①天巫星は主に昇進を意味します。大限・小限に天巫が入り吉星（例えば禄馬）が同宮すると「天巫趕馬」と呼び異動・昇進があるでしょう。

②吉星と同宮しなければ天巫星の作用はあまりありません。天巫が命宮にあると精神世界や宗教を好みます。天機星・天梁星と同宮すれば生まれつき宗教熱心になります。

（一〇）天月星

陰陽	／	五行	／	斗分	／	星情	昇進・昇格

①天月星は病気の星です。大限・小限あるいは斗君に入り、化忌と煞星の沖破があればこの期間内に病気になるだろうと判断できます。さらに疾厄宮が良くないと重い病気になるでしょう。

は方円形か四角い顔だち、印象は穏やかで優しく、背は中背より少し高いでしょう。性格が素直で細かいことを気にしない傾向が強くなります。勤勉で知恵があり忍耐力があります。

②現状を受け入れ、上司となれば部下にはキツイ要求をしません。人を助けるのが好きで騒がしい場所等はあまり好きではありません。若年期の大限に入ってもあまり作用はありません。

③命宮で空亡と同宮すると孤独で頑固になります。中年で多くの経験をした後に晩年でようやく落ち着きが出てきます。

④天寿が酉・戌・亥で廟に入って、他の宮位では陥になることはありません。

⑤天才・天寿が身宮・命宮三方に天機星・天梁星と逢うと、ものすごい長寿で知恵も高いでしょう。

（一三）三台星

陰陽	五行	斗分	星情
陽	土		貴・乗り物

八座星

陰陽	五行	斗分	星情
陰	土		貴・乗り物

①三台・八座は兄弟星です。三台は陽土に属し、八座は陰土に属します。北斗星で特に紫微星の補助星であり、社会的地位・権力を意味します。三台・八座が命宮あるいは三合加会すれば社会的地位を持ち、若い大限に入ると試験運が良いでしょう。

②三座の容貌は方円形、背は中背かそれより低いでしょう。威厳があり厳しい印象を与えます。ハッキリ

発言をしますが心は優しく人付き合いも良く友人も多いでしょう。悪い行いに対しては黙っていられないような厳格な面を持ちます。欠点はせっかちで心配性、何でも自分でやらないと気が済まないため簡単に他人に委ねません。

③八座の容貌として四角い面長な顔、背は中背かそれより低いでしょう。三座に比べポーカーフェースで優しい印象で、慈悲があって思いやりがあります。せっかちだが仕事するときは冷静です。八座が命宮に入ると宗教心があります。欠点は楽しむことが好きで怠けやすいところです。

④三台・八座がともに身宮・命宮あるいは三方四正に入ると社会的地位が良いでしょう。片方だけですとパワーが弱く孤立しやすくなります。

⑤三台は太陽星の部下で、八座は太陰星の部下であります。この二つの星が命宮あるいは三方で出会うと太陽・太陰星の輝きを増してくれます。社会的地位・名声が高くなります。

⑥紫微星が三台・八座と同宮ならば大貴星となり、相当高い地位まで上り詰めるとされます（ただし地位は高くとも財運とは直接関係ありません）。

⑦三台・八座は別名外出・乗り物の星で、身宮・命宮にあると、若い時は地元を離れ海外や遠地へ行くチャンスも多いでしょう。また一般的に車を持っている可能性が高いです。

⑧三台・八座は二つで一つの印象が強く、一緒にあるのが良いが別宮に入るのは良くありません。もし三台が身宮・命宮にあっても八座が夫妻宮にあるなら、夫婦はある種の原因で一時期離れ離れになるかもしれません（三台・八座は夫妻宮と相性が良くなく生き別れの暗示があります）。

⑨天相星と三台・八座が同宮では、心がはなれていたり別居していても簡単に離婚しません。

⑩財帛宮に三台・八座があると財を招来する能力があります。別々の宮に入ると、二つ星が三方四正にないとお金を大切にせず破財運が強くなります。

⑪遷移宮に三台・八座が同宮すると対外運・対人運が良く、援助を受けられます。別々の宮に入ると、二つ星が三方四正にないと孤立しやすいでしょう。

⑫官禄宮に三台・八座があると、商業関係の仕事をするでしょう。

⑬田宅宮にあると、往来する車が多い道路の傍に住むでしょう。

⑭天魁星・天鉞星が身宮・命宮に入り同時に三方に三台・八座があると、君子のごとき名声を得ることができるでしょう。

（一四）恩光星

陰陽	五行	斗分	星情
陽	火		引立て・援助

①恩光は五行では陽火に属し天貴と兄弟星です。天魁星を補佐する星で、そのため天魁星と同宮することで天魁星の作用を強めます。

②容貌は方円形の顔だちで背は中背です。ルックスは目元がくっきりしていつも微笑んでいて明るく情熱的で楽天家の傾向です。義理を重んじ人に対してサービス精神がありますが、陰徳（親切を相手に知られないように行う）を行います。知的で勉強好きです。意外とメンツを気にするタイプです。

③文才があります。地位の高い人と付き合いが多く、地位や名声を得やすいでしょう。身宮・命宮あるい

は官禄宮に入ると上位者や貴人から特別に助力を得られるでしょう。若い時期に恩光があり三合に文才の星があれば、成績が良くて賞をもらえるでしょう。中年・晩年期に入れば上位者の助力によって名声を得ます。

（一五）天貴星

陰陽	陽
五行	火
斗分	
星情	発展・進歩

①天貴は五行では陽火に属し恩光と兄弟星です。天鉞星を補佐する星で、天鉞星と同宮することで天鉞星の作用を強め名声を得るでしょう。

②容貌は四角く少々面長な顔立ちで、背が中背か少し高く少々太っているでしょう。目元がくっきりして誠実な印象です。信用を重んじ有言実行の人です。プライドが高く口数は決して多くありません。豪快な性格で一途ですが、意外と人との付き合いはあまり上手ではありません。頑固で孤独になりやすいですが、目上の上位者から目をかけてもらえる福分があります。天鉞星と同宮だと天鉞星の作用を強め名声を得るでしょう。

③若い時に身宮・命宮に天貴（恩光も同じ）があれば学校や勉強の成績が悪くなく学校側から注目されます。天貴（恩光）が旺廟すれば強いリーダーシップを持ち、名声を得られ実益もあります。ただし、主星が旺廟で同宮していることが条件となります。三合に文昌星があるとカリスマ性があります。例えば政治家向きな傾向です。

④大限・小限に天貴（恩光も同じ）が入り、若い時期ならば試験運が良いでしょう。中年・老年に入れば昇進・出世するでしょう。あるいは社会的地位や名声を持つ人から助力を得ます。
⑤天貴（恩光）が兄弟宮にあり主星が吉星ならば兄弟の社会的地位が高いでしょう。
⑥天貴（恩光）が夫妻宮にあれば配偶者の容貌も人柄も良いでしょう。
⑦天貴（恩光）が財帛宮にあれば吉です。
⑧天貴（恩光）が子女宮あり主星が吉星で旺廟ならば子供は社会に有益な役割をするでしょう。
⑨天貴（恩光）が遷移宮にあれば社会で上位者から援助をもらえます。
⑩天貴（恩光）が奴僕宮にあれば部下運が恵まれます。
⑪天貴（恩光）が官禄宮にあれば一生一つの仕事に従事します。例えば公務員や大企業に勤める等です。
⑫天貴（恩光）が田宅宮にあれば財産の継承を得られます。
⑬天貴（恩光）が福徳宮にあれば生活に不足がなく家の内外に関わらず恩恵を得られます。
⑭天貴（恩光）が身宮・命宮にあれば目上・上位者から信頼と助力を得られます。年を重ねるほど地位・名声は高くなるでしょう。
⑮天貴（恩光）が身宮・命宮あるいは官禄宮にあれば公務員や安定した大企業に勤めます。

（一六）天官星

陰陽	陽
五行	土
斗分	／
星情	昇進・昇格

①天官は五行では陽土に属し、出世や昇格の意味を持った星です。天梁星の補佐星であり、天梁星と同じく高潔・清廉で公職に向きますが、広い意味でスパイ・情報工作・調査員・公安要員等を表す星なのです。

②性質は落ち着きがあり、明確なポリシーや目標が持っています。機知に富み先見の明があり才智に優れています。欠点としては安穏を貪りやすく、のんびりした生き方を好む傾向があります。大っぴらなタイプではなく秘密・隠しごとが持ち、悩みを隠し簡単に他者には打ち明けません。少々変人の傾向です。

③大限・小限と逢うと昇進・栄転するなど仕事上の変動があり名声・名誉は向上します。商売を営む人は財を得ます。格局が良ければ天梁星と同じく名誉・名声を享受しますが、のんびりした生き方を好む傾向からその後は一線を引き（隠退・隠居）ます。学術・芸術の分野で名声を馳せた中老年者の場合、この大限・小限の後に閑静な隠居・引退をする傾向です。

④天官は天梁星と同宮している時に化忌が同宮または対宮から冲すると一生従う側から逃れられないと言われます。

（一七）天福星

陰陽	陽
五行	土
斗分	
星情	福禄・栄達

①天福は五行では陽土に属し、福禄と栄達を意味する星です。主に中年期から恩賜・名声・幸福と長寿を得る、天同星の補佐星です。

②容貌として、方形または方円形の顔だちで、背は低く小太りです。女性は美しさがなくとも堂々とした福相になります。女命の場合に天同・天福星同宮ならば夫は栄え子供に恵まれるでしょう。短気な傾向もありますが率直で楽観的であり誠実です。友人交流を好み世話焼きなタイプで余計なおせっかいを焼きやすい傾向にあります。比較的不精な面はありますが運動することは好きです。寅・巳・申・亥の宮では廟するため衣食住で苦労しません。煞星との同宮や冲がなければ結婚は早くなるでしょう。家の中を装飾するのを好みます。早婚でも夫婦は年老いるまで仲良く連れ添うことができます。一生名誉と利益の両者を得るでしょう。

③天福がある宮は吉で、特に天同星との同宮を喜びます。太歳・大小限に逢えば、栄転や試験は順調です。商売を営む人は財を得るでしょう。

（一八）台輔星

陰陽	陽
五行	土
斗分	
星情	貴人・要人

①台輔は五行では陽土に属し、台閣の星であり貴人・要人を意味します。左輔星との同宮を喜び左輔星の力を高め能力を発揮できます。容貌として面長の顔つきで整っています。背は中肉中背です。知能は高く判断能力に優れ、組織の中でも能力を発揮するでしょう。正直で意志は堅いです。

②女性は命宮で台輔星と桃花星が同宮すると非常に一途になります。男女問わず命宮にあれば落ち着きがあり、いい加減なことをしません。生活は規則正しく言葉遣いや態度に関しても高尚・上品、善良で人助けをします。

③台輔星は命宮・身宮あるいは官禄宮にあればファッションデザイナー・執筆業などに適性があるでしょう。左輔・化科と同宮加会すると青年期の学業は良いでしょう。ただし、老年期流年で台輔星と同宮加会すると嫉妬を招きやすいです。

（一九）封誥星

陰陽	陰
五行	土
斗分	
星情	名誉・評価

①封誥星は台輔の兄弟星であり五行では陰土に属し、封章の星として名誉・評価の意味があります。右弼の補助星であり右弼星と逢うことを最も喜び社会的地位を得ます。

②容貌は、面長の顔つきで背は中肉中背、知性高く聡明で落ち着いていて言葉にも含蓄があります。女性は細かい作業を好み、接客など行き届いた気遣いや思いやりがあります。清潔好きで向上心が強くサービス精神があるが、少々だらけやすいところがあります。

③封誥星は芸術を愛好し才能があり、小限や太歳運に逢う時、主星が同宮するならば賞を得るでしょう。

（二〇）解神星

陰陽	五行	斗分	星情
陽	土		解厄・為吉

①解神は凶を吉に変える諸星です（乙級以下の諸星に作用します）。災いや困難を解消し、特に小さい星、例えば喪門への影響が強いです。例えば七殺星が擎羊星・白虎と同宮の時は命の危険がありますが、解神が同宮し、福徳宮（寿命の宮）が良ければ安全に過ごせます。また、解神が疾厄宮に入れば煞星や凶星があってもその災いを和らげることができます。

（二一）孤辰星

陰陽	陽
五行	火
斗分	
星情	六親無縁

寡宿星

陰陽	陰
五行	火
斗分	
星情	六親無縁

①孤辰は陽火に属し、孤独を司る星です。体は痩せ気味で小さい方円形の顔だちで、頬が痩せています。

②孤辰が命宮に在って煞星が同宮すると顔に傷があります。性格が頑固で情に流されません。六親との縁が薄く家の中にいるのを嫌がり外で過ごすのを好みます。さらに煞星の冲があると変質的な面が現れます。孤辰が命宮に入ると不吉で、特に男命は良くありません。父母宮にあると男命女命関係なく、母親が早く亡くなり父親は独りぼっちになります。

③寡宿は陰火で、六親無縁な孤独の星です。容貌は丸い顔で背は中肉中背です。人から嫌われやすい印象を持ち、孤独で情がありません。主星が同宮していないか、あるいは煞星の冲があると、神経質で傲慢となり猜疑心が強く変質的な面が現れます。人のやることに常に不満を持っています。

④女命は寡宿が命宮と夫妻宮に入るのは良くありません。

⑤孤辰・寡宿の星は財帛宮に入るのを嫌がります。財帛宮の星が旺廟に関係なく裏で財が消耗されてしまいます。さらに財帛宮の主星が落陥していると最終的にお金が残らないとされます。

⑥身宮・命宮・三合で孤辰・寡宿と逢うと晩婚になるでしょう。さらに華蓋が加わると必ず結婚が遅くなります。

⑦孤辰・寡宿と空亡星が同宮では（この場合、截空は除外）、身宮・命宮にあれば若い時に両親との縁が薄く、時として他人に育てられます。
⑧孤辰・寡宿が夫妻宮にあるとき、ある時期配偶者と別室で寝るか別居します。
⑨孤辰・寡宿が子女宮にあるとき、女の子が多くなります。福徳宮に入ると、孤独感が強く周囲・友人と馴染めません。

（二二）天哭星

陰陽	五行	斗分	星情
陽	金		刑尅・感傷

天虚星

陰陽	五行	斗分	星情
陰	土		空亡

①天哭は五行では陽金に属し、裁判や刑尅を意味する星です。天哭が巨門星と同宮では争いごとが多く泣かされるような苦労をします。
②天虚は五行で陰土に属し、空亡星です。破軍星と同宮だとその特質を強める効果があります。
③天哭の容貌は背は中背より少し高く痩せています。見た目はムスッとした憂鬱な印象です。一匹狼で悲観的な思考になります。
④天哭が命宮にあれば厭世観を持つでしょう。女命は妄想・空想が好きで衝動的で感情的です。特に廉貞星・破軍星が卯・酉宮にあって地劫に逢う場合、精神的にダメージを受けやすく不眠症になったり薬

を飲まなければならないようなストレスを抱えやすいでしょう。
⑤天哭が命宮にあれば六親との縁が薄く常に忙しい状況になります。丑・卯・申宮では廟地なので、吉星が同宮すれば生活で苦しむことは少なく、さらに禄存星か化禄が同宮すれば名声を得ることも可能です。丑・卯・申宮の三宮以外は良くありません。特に巨門星のような暗星と大限・流年で逢えば身内の不幸があると言われます。天哭と喪門が同宮では親族が亡くなるか、大きな損耗の事件が起きます。天哭が煞星と同宮の場合は、青年期に地元を離れるでしょう。
⑥天哭が大限・流年で天刑・擎羊と同宮加会すると親族の法事に出席することになります。
⑦天哭・天虚は「黄泉の星」と呼ばれ命宮にあれば霊視・霊感など霊的能力を持つ人も少なくありません。ですが、コントロールできるとは限りません。（この現象は、他の空亡星よりも天哭・天虚の方が強いです）
⑧天虚の人は顔が丸長い、背は中背より少し高く痩せています。見せかけだけの印象で、性格は嘘をついたりゴマをするなど主体性の弱い人になります。六親に世話を受けられません。天虚が福徳宮にあると放浪することになり、晩年には社会を離れることになるでしょう。
⑨天虚は損耗を起こす空亡星で実体がないのです。命宮や大限・小限で逢うと失敗が多く精神的に辛労が多いでしょう。ですが禄存星や化禄と同宮ではそれほど悪くありません。擎羊星と同宮すると身体に傷が残るでしょう。
⑩天哭・天虚が大限を挟んだり、それぞれが大限・小限に入ると必ず親族の法事に出向くことになります。

⑪天哭・天虚が夫妻宮にあるとき夫婦喧嘩が多く、特に主星が旺廟で同宮するか禄存星・天馬がなければ必ず問題になります。
⑫天哭・天虚が子女宮にあれば子供を他の人に世話してもらう事態になります。
⑬財帛宮にあれば、破財となり財は減ります。
⑭疾厄宮にあれば身体が弱いでしょう。もし大限が疾厄宮に入ると、さらに不安定になります。
⑮遷移宮にあれば若いとき地元を離れるでしょう。
⑯官禄宮にあれば（特に天虚が）仕事や金回りは外側からは良く見えるが実体は火の車です。
⑰福徳宮にあれば終始奔走して忙しくなります。
⑱父母宮にあって、さらに煞星から沖があれば、両親が早く亡くなるか自分の顔に傷がつくでしょう。

（二三）蜚廉星

陰陽	陽
五行	火
斗分	
星情	破損

①蜚廉は陽火に属します。孤独・破損を表すため命宮・身宮・父母宮にあるのは不吉で、吉星が同宮していないと孤独な人生になるでしょう。
②命宮に蜚廉があっても吉星が同宮すれば、孤独ですが権威を持つことが可能です。凶星が同宮すると破損の運が現れるため、命の危険や車の事故等の禍事が起きやすいでしょう。

（二四）破碎星

陰陽	五行	斗分	星情
陰	火		損耗

①五行では陰火に属します。破碎が天魁星・天鉞星と同宮すると、どんなことでも最初に天魁星・天鉞星の作用が現れ、先に成功しますが後に失敗します。破碎は基本的に「伸ばす」傾向を持っています。

②容貌は四角く面長で、顔あるいは身体に傷があります。吉星が同宮して旺廟していれば、外見は良く、威厳を持っています。個性は落ち着かず一匹狼です。仕事の効率があまり良くありません。争いやトラブルが多いでしょう。もし破碎が命宮にあって煞星の冲破を受けると計算高く冷淡で話が巧妙になります。

③破碎星は喪服を意味する（白衣煞と呼ぶ）ため、特に丑宮に破碎が入ると目上の親族が早く死亡する可能性があります。大限に破碎星が入り、喪門・吊客・巨門星・大耗と同宮すると目上の親族や配偶者側の親族が死亡の可能性があります。

④夫妻宮にあれば、恋愛中や結婚生活に争いが起きやすく別れることが多いでしょう。

⑤破碎が殺破狼と同宮では相当な権力を持つ可能性があります。もし軍人ならば人の生死を握るような権力を得る場合があります。

⑥破碎が巳宮にあれば裁判・訴訟沙汰を経験しやすいでしょう。もし武将星が巳宮で入廟し破碎と同宮ならば、逆に他人が生死を司るような権力を持ちます。

（二五）華蓋星

陰陽	五行	斗分	星情
陽	木		孤高・沈悶

①華蓋は五行では陽木に属します。華蓋が命宮にあれば立ち居振る舞いに威厳があります。容貌は方円形で厳しい顔をしやすく、中背あるいは少し高いでしょう。体形は少々太りやすいです。女命なら容貌はさっぱりしています。男命は一匹狼的な性格で少々傲慢な傾向です。ただ、目立ちたがり屋で人助けを好み弱者の味方です。思ったことをそのまま言ってしまうところがあります。悪い人間は離れますが、有益な人も遠ざけてしまう場合があります。

②華蓋の性質は孤独・孤高です。故にどんな星と同宮しても、中年晩年関係なく（精神的に）孤独な傾向を持っています。さらに孤辰・寡宿と同宮加会すると配偶者を失うか結婚が遅いでしょう。信仰心が強く宗教を信じます。もし、旬空や天空などの空亡星と同宮すると宗教や精神世界に強い興味を持つことになります。

③華蓋は文章・文才の星でもあり、化科・文昌星・文曲星・天魁星・天鉞星等の学業の諸星と同宮加会すると文筆に関わる仕事に向きます。華蓋は芸術の星でもあり煞星と同宮加会すると技術・技芸を求めて放浪するようなタイプになります。また、役者や語り手のような特別な技術・技芸で身を立てることもあります。太陽星・太陰星が同宮すると、さらにその知名度を増加させるでしょう（三台・八座、禄存星と同宮するのも同じです）。

（二六）咸池星

陰陽	五行	斗分	星情
陰	水		桃花・情事

①咸池は五行では陰水（癸水）に属します。桃花星であり、敗神とも呼ばれます。邪悪・淫乱を司り性的・肉欲の関係等を意味します。容貌に関してルックスはキレイで艶やかで丸顔ですが顎は細いです。中背か少々背は低く、ぽっちゃり目です。軽薄な印象を与え、煞星があれば顔に痣か斑点をもつかもしれません。五行で水の星は天同星・天相星・太陰星等がありますが、これらと同宮すると人はキレイで艶やかとなります。

②咸池は性的な淫蕩や肉欲を強めます。そのため男命は風俗を好み財を浪費するのを好み、男女とも浮気や不倫等の問題が生じやすいです。煞星と同宮すると親が残した財産を食いつぶすと言われ、酒色や賭博を好みます。女命で咸池があれば風俗関係の仕事をしたり酒が強いためバーやスナックに勤めることになりやすいのです。煞星の冲破があれば男女ともに薬物に手を出しやすく注意が必要です。太陽星・禄存星・天同星・天梁星の同宮がなければプライベートに問題が出やすいでしょう（不倫など）。

③男命で咸池と禄存星が命宮にあると異性の助力を得たり、あるいは資金の援助を得て事業を立ち上げることができます。

④女命で咸池と左輔星・右弼星・天魁星・天鉞星が同宮すると生活は男に頼る傾向になります。

⑤財帛宮に咸池があって煞沖と同宮すると風俗や賭博でお金を失うことになります。

⑥貪狼星が咸池と同宮するのは非常に危険で必ず不倫をすると言われています。女命でも同じです。

（二七）大耗星

陰陽	陽
五行	火
斗分	
星情	大破財

①大耗は別名「破星」と呼ばれます。博士十二星の大耗は天耗と呼び区別します（小耗は地耗と呼びます）。

②大耗の配置について：陽男・陰女生まれは生年支宮が冲する宮の前宮に座します。逆に陰男・陽女は生年支宮が冲する宮の後宮に座します。**例えば、戌年の陽男、戌年の陽女の場合の二つの例です。戌年の陽男**は冲する宮（辰）から一個前進します。**戌年の陽女の場合**は冲する宮（辰）から一個バックします。（図４・５）

③大耗星は財を消耗し、対人運にも悪い影響があります。容貌は丸顔で中背、顔の印象は軽薄です。おでこが広く口が大きい。男命では中年で禿げやすく、女命は容姿が衰えます。

④性格は軽薄で財に対して安易な考えを持ちや

大耗星：陽男陰女生まれ冲宮前一位

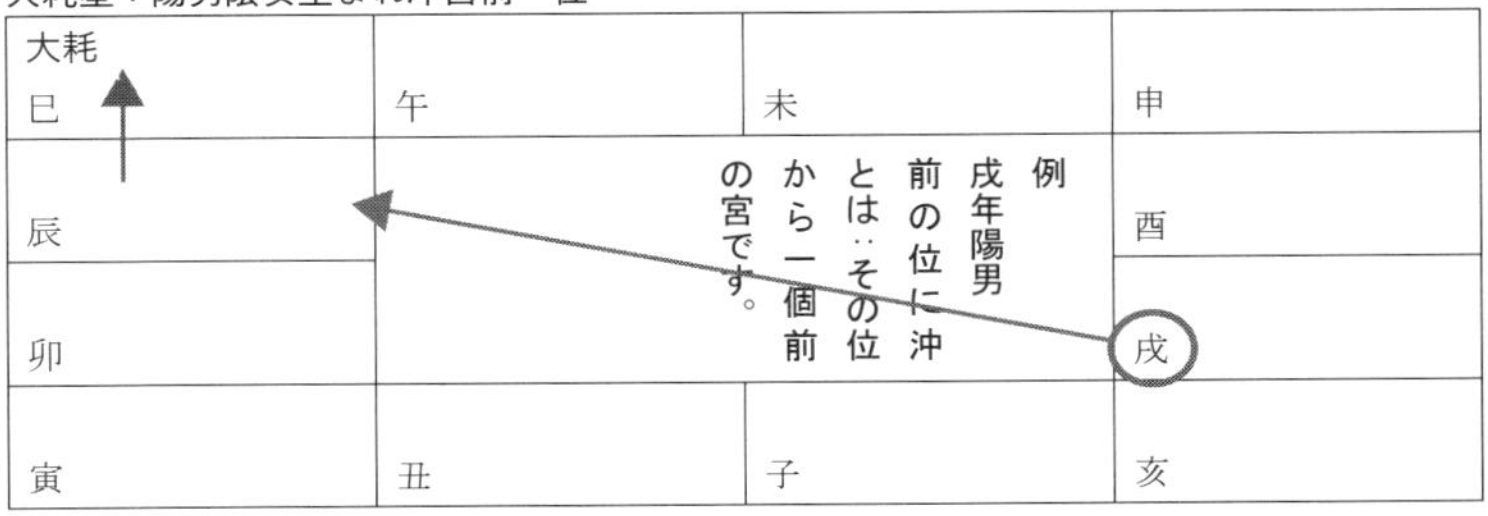

図４

大耗星：陰男陽女生まれ冲宮後一位

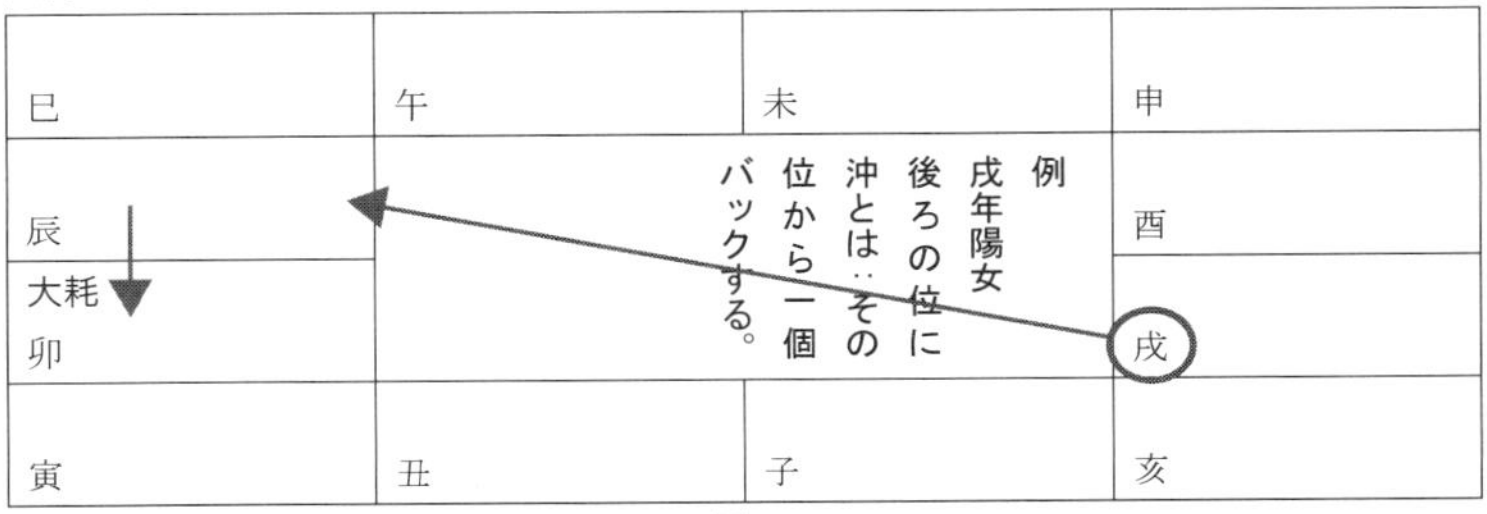

図５

すく妄想癖があります。身内・家族との縁が薄いでしょう。大限で大耗が入る場合、例えば大限父母宮に入ると両親（六親宮は全て）に不吉です。さらに喪門・白虎・吊客が同宮すると、その大限・小限で親を亡くす可能性が高いです。吉星と同宮すれば漏財の運はありますが、入る財が出る財よりも多いでしょう。人に奢ることが多いでしょうが、吉星同宮でも人の良し悪しを見極める判断力は弱いです。大耗が悪星や煞星（殺破狼は擎羊）と同宮で正星が落陥では非常にせこくなり損をするのを嫌います。

⑤命宮あるいは大限で大耗が入ると財を失います。田宅宮・財帛宮にあるのも良くありません。田宅宮に流年大耗が入るとこの年に泥棒に入られる等の問題が生じやすいでしょう。さらに火星・鈴星が同宮すると火災に注意です。財帛宮で紅鸞と大耗が同宮するのは財運に悪く破財しやすいでしょう。

（二八）天徳星

陰陽	五行	斗分	星情
／	／	／	解厄・制化

①天徳は天同星の補助星であり、天徳と天同星が同宮すると「二徳」となり別名「厭煞星」と呼ばれます。社会的地位の高い人と出会い、援助を得られ、凶星と同宮しても比較的安全に過ごせるでしょう。

（二九）劫煞星

陰陽	五行	斗分	星情
陰	火	／	紛失・盗難

①劫煞は五行では陰火に属します。狭量で卑賤な意味を持つ星です。容貌は、顔はふっくらしており怖い印象を与えます。背は中背から低く体格的に少し痩せています。遠慮なく思ったことをそのまま言葉にするような人の気持ちを考えない傾向があります。終始奔走し常に満足感がありません。

②劫煞が吉星と同宮すると聡明で知的で鋭いです。テキパキと行動し、財であまり苦労しません。ですが、悪星・凶星と同宮すれば浪費家で仕事が遅く、擎羊や鈴星が同宮すればゴマすりです。空亡星や大耗星と同宮すると人の財をかすめ取るような生き方をし、酷い時はスリとなります。

③劫煞は財を消耗することもあり、大限に入れば財が入っても支出に回りやすいでしょう。

(三〇) 亡神星

陰陽	陰
五行	火
斗分	
星情	官訟

①亡神は陰火に属します。別名を「天官符」と呼び官符と同じような働きを持ちます。特に巨門星・廉貞星が落陥して化忌で同宮すると法的問題や訴訟などが起こりやすいでしょう。それらが起きないにしても破財や消耗が起きやすいのです。

第六章　丙級諸星　博士十二星・長生十二神

丙級諸星の博士十二星・長生十二神は常に十二宮に配置されます。十二宮への影響が強く、その宮に在住する他の諸星に対しても直接的・間接的に影響をもたらします。

【博士十二星】

十二星	五行	星情	十二星	五行	星情
博士	水	聡明	飛廉	金	孤尅
力士	火	権勢	喜神	火	吉慶
青龍	水	喜気	病符	水	災病
小耗（地耗）	火	耗損	大耗（天耗）	火	耗敗
将軍	木	威猛	伏兵	火	是非
奏書	木	福禄	官符	火	訟

1　博士：命宮にあれば、聡明で智慧があり緻密になります。長寿や権威をもたらします。また文才があり化科・文昌星・文曲星と逢うと、よりその分野で能力を発揮できます。

2　力士：権星であり権威権力を得るでしょう。ですが凶星・煞星と逢えば影響を強く受けます。例えば陀羅と逢えば言葉が汚くなり他人を不快にしやすく、擎羊と逢えば武勇に優れていても認められず不遇な晩年となり物事が成就しません。

3　青龍：五行では水に属し喜事や財運に良い星です。性質が変化しやすく生涯に通じて酒色の問題が起きやすいでしょう。

4　小耗：別名は地耗。五行では火に属します。損傷を与える星ですが、大耗に比べて被害が少ないでしょう。ですが、命宮に座すると入ってきた財を守れず残りません。また、あまり人と交わらないでしょう。旺した吉星があっても盗難などの被害に遭いやすい。流年宮に地耗が入ると、その年は保証人となるのは危険です。詐欺や盗難に遭いやすいのです。

5　将軍：五行で木に属します。威武を司り、命宮に入れば性急で横暴な性質となるでしょう。

6　奏書：五行で金に属します。福禄を司り、流年・流月に逢うと文書・契約等の喜びごとがあります。書類案件なども通過するでしょう。命宮に座する場合、文章に対しての興味が強くなります。

7　飛廉：五行で火に属します。主に孤立・孤独の寂しさを司り、命宮に座すれば投獄・破財、身近な人が亡くなる等の災いに出会いやすいでしょう。また白虎と逢えば災いは特に大きくなります。

8　喜神：五行で火に属します。吉慶を表し大限・小限・流年で桃花星が喜神と逢えば恋心が持続して結婚に至るとされます。

9 病符：五行で水に属します。災病を表し、命宮または疾厄宮に入ると病気の災いがあります。

10 大耗：五行で火に属します。命宮に入ると祖業を守ることができません。家庭を壊し、財を守ることができません。太歳に大耗がある時に動土をしたほうが良いとされます。さもないと夫婦の縁が悪くなるからです。流年小限に大耗があれば窃盗に遭うなど財運が良くない。また仕事やコンクール等で評価・選出・抜擢されないでしょう。

11 伏兵：五行で火に属します。口の災いや是非をもたらす星です。

12 官符：五行で火に属します。訴訟と口舌の災いを表す星です。特に巨門星・廉貞星が落陥して化忌で同宮すると法的問題や訴訟などが起こりやすいでしょう。それらが起きないにしても破財や消耗が起きやすいのです。

【長生十二神】

十二星	五行	星情	十二星	五行	星情
長生		生発	病		病厄
沐浴		桃花	死		死亡
冠帯		吉慶	墓		欽蔵
臨官		吉慶	絶		絶滅
帝旺		旺壮	胎		喜
衰		頽敗	養		福

1　長生：物事が動き始めたり能動的になることを表す星です。十二宮全てで吉です。空亡星と同宮を忌み力量が下がります。命宮に入ると温厚で聡明な面が増し、長寿をもたらします。

2　沐浴：桃花の性質を持ち他の桃花星との同宮によっては強い影響が現れます。夫妻宮に入ることを喜びます。また、意外にも空亡星（天空・旬空）同宮を喜びます。ですが、身宮・命宮・財帛宮・田宅宮・官禄宮に入ると破財や失職など桃花星としても凶運が出ます。凶星同宮では被害が増すでしょう。

①沐浴は異性関係を表すため、主に異性問題が破財や失職などの状況の原因となります。

②命宮に入ると優柔不断で他者からの忠告を聞き入れません。年齢にかかわらず異性に関する感情に振り回されやすいでしょう。転職が多く、敗地（子・卯・午・酉）に入ると虚花と言われ宮や諸星への影響が強くなります。

3　冠帯：主に喜慶を表す星です。十二宮全てで吉です。命宮に入ると勝負強く目的意識がはっきりしています。人望・権威がありますが、他者を批評することを好む傾向があります。煞星と逢うと自己の利益を追求し打算的な部分があります。

4　臨官：十二宮全てに吉です。徒手空拳から身を起こします。早年期は不順だが中晩年期は成功する大器晩成の運を強めます。若くして六親との生別死別を経験しやすいでしょう。富貴の命ですが富がなければ長寿として現れます。

5　帝旺：命宮に入れば剛毅な性質を強めます。孤高の存在で他者に依存せず独立独歩です。傲慢で他者に頭を下げるのを好みません。問題を起こしやすく成功するまで苦労しやすいでしょう。女性の命では男勝りですが、異性面に関しては貞潔です。

6 衰：命宮・身宮に入ると大人しく怒らなくなります。幼い時は感情表現に乏しく不活発です。外見は冷静沈着ですが内面は焦りやすく忍耐力がないでしょう。社会では維持・継続することには良いですが創業・起業に向いておらず、そちらに進むと困難を極めるでしょう。女性は、外見は知的で大人しそうですが内面は狡猾な面があります。

7 病：主に病厄を表します。小限に入ることを忌み、疾厄宮に入ることを喜びません。命宮にあれば名声を得られず空想・妄想を好み何事も長続きしないでしょう。老年期に入ると疾患にかかりやすい。命宮に入ると複数回結婚をすると言われます。命宮・夫妻宮にあると若年期は婚姻関係に変化が起きなくとも中年期に夫婦の不和が起きやすく熟年離婚など発生しやすいでしょう。

8 死：老年期の流年に入るのは良くありません。命宮や大限・小限に入ると刑罰や破財・疾病などの問題が起きやすいですが、吉星が同宮加会しれば緩和されます。命宮にあれば、性質は詰まらないことにこだわる傾向が強くなり固執しやすく頑固です。決断力が弱く優柔不断です。

9 墓：命宮・身宮に入ると閉鎖的で不満があっても押し隠して一人で悶々としやすいのです。財帛宮に入ると蓄財運が増しますが、少々ケチでむやみに自分の金銭のことを他人に話しません。

10 絶：命宮・身宮に入ると精神的に不安定な面があり、突飛で軽率な行動に走りやすいです。疾厄宮にあれば病気回復に時間がかかります。六親宮にあれば関係性を疎遠にし、財帛宮・官禄宮にあると社会や仕事では何かと迷走しやすいでしょう。

11 胎：命宮・身宮に入ると大人になっても子供っぽい未熟さがあります。天同星と同宮すると気まぐれさが増し、天機星と同宮すると不安定さを助長します。その他の星への影響はあまり強くありません。

12

財帛宮・官禄宮に入ると、太陽星・太陰星・天梁星があれば長期的発展の暗示があります。

養：「潜龍勿用」という意味があり、命宮・身宮にあれば積極性をもちますが、知・情・体のバランスが良くなく、知性はあっても感情が未熟であったり、感性豊かでも行動力がないなど問題があります。疾厄宮にあると潜伏性の疾病の暗示があります。財帛宮・官禄宮は用意周到な計画をしますが、残念ながら愚昧な行動をしやすいです。

第七章　丁級・戊級諸星　流年星解説

丁級・戊級諸星は、いわゆる流年星として毎年十二宮を動く諸星です。そのため本命盤よりも大限盤・小限・太歳等の年盤で重要な役目を果たします。三合派・占験派・宣微派等でよく使用される諸星です。

(一) 流　昌

甲年⇩巳宮　乙年⇩午宮　丙戊年⇩申宮　丁己年⇩酉宮
庚年⇩亥宮　辛年⇩子宮　壬年⇩寅宮　癸年⇩卯宮

1　流昌が、貴人星（天魁星・天鉞星など）や文昌・文曲星と同宮し凶星同宮や冲剋なければ、勉学は有益です。命宮・身宮に流昌が入れば出世・昇進の運があるでしょう。亥・子宮は廟、巳・酉宮は得地となり宮位が良く、例えば社会的地位を得られます。流昌が命宮に入ると地位は高くなくとも富は得られるでしょう。ただし無主星ならば、得られたものは長持ちしません。

2　本命盤で流昌が左輔星・右弼星と逢えば良い家の出です。

3　流昌が六煞星・空亡星の冲破を受ければ良い資質を持っていても未熟で苦労するでしょう。占いやスピリチュアルなことを好む傾向が強くなります。公務員ならば出世しません。公職（医者も含む）につかなければ仕事や住む場所を転々とします。

4 流昌が旺廟した主星と同宮し凶星と逢わなければ、その時期に権力のある高い地位につくでしょう。

5 本命盤で流昌が桃花星と同宮すれば生涯多情です。女性は異性との出会いが多く悩みが尽きませんが淫らというわけではありません。

6 流昌が大限に入る、または流年で流昌が命宮・身宮・大限・小限に入るか三合加会する。あるいは太陽星・太陰星・流禄と同宮、または天魁星・天鉞星・左輔星・右弼星・三台・八座・化禄・化科・化権・天馬などの吉星や名声・名誉・合格等と関係する星と逢えば、①試験は順調、②栄転、③物事は順調、④生活が円滑で楽しい、でしょう。

7 女性の命盤で流昌が大限に飛び込む年に子供が生まれる可能性が高いです。

（二）流魁・流鉞

天魁は昼貴人（陽貴人）、天鉞は夜貴人（陰貴人）。冬至から夏至の節前までの陽遁期に天魁（流魁）は季節の令があり強いです。夏至から冬至の節前までの陰遁期に天鉞（流鉞）は季節の令があり強くなります。

1 天魁貴人は男性からの助力を得られる運が強く天鉞貴人は女性からの助力を得られる運が強いです。天魁星・天鉞星は同宮する主星の輝度によって作用が強くなります。化科を喜び命宮で逢えば、社会的名声を得ます。流魁・流鉞は大限・小限あるいは命宮に入る時、旺廟した化科が加会していれば①知名度のある人物ならば評判が上昇します。②もし知名度がない人物ならば、その運限が巡る時に出世したり試験に合格します。③商売人は小限で逢うと他人の助けを得て創業することができます。または仕事を得ることができるでしょう。

2　流魁・流鉞が、行運で凶星と逢えば（例えば七殺星・擎羊同宮）、破財、身体の怪我等が起きます。

3　斗君に当たる年に流魁・流鉞が入る時、その宮に月運中に貴人（実力者・援助者）との出会いを表し、助力を得られ後々利益を得ます。天魁貴人は約束を守りますが、天鉞貴人は必ずしも約束を守るとは限らないと言われます。

4　40歳以降に丑・未宮で甲・午・庚・年に魁鉞が入る時（坐貴向貴格）、必ずしも貴人の援助があるとは限らない。むしろ援助者を求めても悪い人物を招きやすいのです。また凶星が加会すると疾病になる可能性があります。ただし化科があれば発生することはありません。故に中年期以降に魁鉞と逢うのは良いとは言えません。魁鉞は青年期～中年期までが威力を発揮します。

(三) 流　馬

大小限あるいは命宮・身宮ならび三合に流馬があれば、遠方に向かう象意があります。あるいは栄転などの変動があるでしょう。その時は変化が多く落ち着かないかもしれません。

1　流馬と生年禄存星が同宮加会すれば、その歳は物事が順調で栄転の可能性あります。商売人は儲かるでしょう。

2　青年期ならば試験運は良く、また健康運を高め病気になりません。

（四）流鸞・流喜

結婚していない場合は、紅鸞・天喜が大限にある時、または流鸞・流喜が命宮に入る、小限に入る時、結婚の喜びを得やすいのです。結婚後で逢えば出産の可能性を意味します。また、紅鸞・天喜（流鸞・流喜）は老年期においては死や血を意味することがあり不吉です。

1　老年期に**夫妻宮に流鸞・流喜が入り凶星の同宮あるいは冲破があれば**配偶者を失う、あるいは配偶者に危機的状況が起きる可能性があり心を痛めます。

2　流鸞・流喜が疾厄宮に入り煞星の冲破があれば出血の災いがあるか手術があるでしょう。

（五）流禄存

命宮・身宮に入る、あるいは大小限に輝度高い状態であるのを喜び、その年には利益があります。また天馬・流馬が加会すればさらに良く、特別なチャンスや意外な喜びがあるでしょう。

1　ある宮に輝度が低く独座で生年禄存星と同宮している場合は大きなトラブルに見舞われるでしょう（禄存星独座では擎羊星・陀羅星に挟まれ凶です）。さらに凶星から冲破されていると凶悪な出来事がありま す。この事象が発生するタイミングを判断するには大限・小限の吉凶を注意しましょう。もし凶兆が小限（年運）にあれば破財に対するトラブルや交通事故の可能性があります。

（六）流羊・流陀

大限・小限に巡る、または対冲する場合は、物事が破れ凶意が起こるでしょう。大限・小限に流羊・流陀が両方入る場合は凶意がさらに増し、刑罰・殺傷・家を失うなどのトラブルに見舞われるでしょう。

1　流羊・流陀が巨門星・廉貞星・七殺星等の悪星に逢い、例え廟旺していても仕事の問題、訴訟、傷害、血を見るような事態が発生するでしょう。

2　七殺重逢（命宮または財帛宮・官禄宮に七殺星が在住し、流年小限宮がその宮に入る）でさらに流羊・流陀が加わる場合、初年晩年でも重大な刑罰や事故に遭います。特に中年期に遭うと生命の危機に晒される恐れがあり予期しない事態となります。また仕事上の問題が多く起きるでしょう。

（七）流年大耗

流年大耗が本命田宅宮で生年大耗と同宮か対宮から冲破している、あるいは本命田宅宮・流年田宅宮に入る場合、窃盗事件に遭う可能性が高いです。もし凶殺星が加会していれば不動産や土地の売買で損失を被るでしょう。

1　流年大耗は紅鸞・流鸞を喜びません。大限・小限または大限財帛宮で同宮するのは良くありません。商売をしても破財や損失が起こるでしょう。流年小限に入り落陥していれば大破財とります。

（八）災煞・劫煞・天煞（歳煞）

災煞星が命宮に入る場合、性質的に大胆で怖いもの知らずになります（流年三煞のうちで災煞が一番煞星の威力が強いです）。

1　本命盤で七殺星・廉貞星・貪狼星・武曲星同宮で廟旺していれば軍職・警察・警備・消防士等に向い

ており出世も可能です。

2 災煞は不安をもたらすため本宮田宅宮に入ると廟旺していても家族の健康面に不安が発生し、落陥していると怪我をしたり亡くなったりします。

3 災煞は大限・小限に入るとその時期は何も上手く進展せず、さらに凶殺が加会すれば非常に損害は大きくなるでしょう。

4 流年三煞のうち、劫煞・天煞（歳煞）は災煞と同じような意味ですが、凶意の威力は災煞より軽くなります。

5 家屋が東を向いている場合、田宅宮が寅・卯・辰宮にあり流年三煞が来た時、家族が刑事罰を受けたり傷を受けるような事件が起きる可能性があります。

（九）吊客・喪門・白虎・官符

天哭・喪門と逢うと必ず刑罰や傷害が起こります。

1 巨門化忌星が天哭・喪門と同宮するのは不吉です。命宮・身宮・運限で逢うのは良くありません。太歳星や官符星が加わると仕事での口舌の問題が発生しやすいでしょう。また、吊客・喪門と逢うと必ず災いに遭います。

2 巨門化忌は主に六親（兄弟・家族・親類・配偶者）に関しては良くありません。家族の中で亡くなった人がいたり、病気の人がいます。

3 喪門・吊客は主に喪服を表します。吊客が命宮あるいは大限・小限に入ると近親者の死傷を経験することになる可能性が高くなります。喪門が命宮あるいは大限・小限に入ると疾患や生命にかかわる問題が起こりやすいでしょう。少年期の大限・小限で宮の星が落陥して凶星多ければ大きな手術を経験します。老年期の大限・小限で宮の星が落陥して凶星多ければ大きな手術やそれを元にした死を意味し、災難が重なるでしょう。

4 白虎は主に官非（警察事・訴訟・逮捕・投獄）と病気などを表す凶星です。大限・小限に入ると予想外の凶事が起こります。老齢の身内がいる場合は喪に服すような事態になりやすいです。

5 官符は官災を意味します。本命あるいは大限・小限に入ると法的問題や訴訟・逮捕等の警察沙汰が発生するでしょう。

第二部

命宮および十二宮の考察と研究

第一章　命宮および十二宮　詳細解説

紫微斗数では諸星の働きが十二宮でどのように働き作用するかが、解読の重要なポイントになります。命宮・身宮の状態が最も重要ですが、三方四正や暗合（支合）の宮の状態など手順を踏まえて解読することが大切です。

【命盤判断の手順について】

命盤判断の手順にこれといった決まりはありませんが、それゆえにチェック漏れや見落としが多くなるものです。本書で学習する場合の一例を示します。

①最初に命宮がどの十二支宮位にあるかをチェックする。
②続いて身宮がどの宮位にあるか、そしてどのような諸星が座しているかをチェックする。
③次に三方四正を見て、四煞の冲破等がないかをチェックする。
④夾拱（命宮や三方四正の挟む配置の星）がないかをチェックする。

1　命宮の主星をチェックし、主星がどのような象意を持っているかを判断します。例えば武曲星・天相星が命宮にある場合は、武曲が財、天相が権を意味します。

2　三合宮および対宮を判断します。例えば紫微星や天府星が五・九宮位（三合宮）に座する時は、かなりの貴命となります。

3　命宮・三合宮の暗合（支合）する宮もチェックします。

4　その後「身宮」をチェックします。例えば破軍星が身宮となった中宮にあり、地劫・火星が同宮する場合、破軍星の象意が身宮にとって重要となります。破軍星は耗星であり芸事は巧みですが、親と縁が薄く故郷を離れます。破軍は身内を剋するため祖業を守ることができません。さらに地劫は奔走を意味し、火星は衝破を象徴します。こういった意味まで踏まえて、身宮を判断します。

⑴鑑定においては、命宮・身宮の二宮がとても重要です。命・身宮で南斗北斗星の吉星が廟旺している、三合宮に吉星が集結し廟地となっている、四煞や空亡星・廉貞星・天刑・大耗・化忌などの加会・対冲・夾拱がない。こういった状態にあれば、命宮・身宮が何宮に座しているかに関わらず、非常に良い配置と言えます。また吉拱（化権と化禄、または天魁・天鉞）はさらに良く、最も美しい状態と言えます。

⑵官禄宮では貴（地位や名誉）について判断します。富を判断する場合は、財帛宮が官禄宮に勝ります。官禄宮・財帛宮ともに吉の状態なら、富貴どちらも吉となります。また、三奇加会格・将星得地格・明珠出海格・日照雷門格・雄秀朝垣格となる生まれは富貴だと言えます。

⑶格局が成立せず、しかも三方に四煞の冲破があれば、一生苦労することになります。

⑷財帛宮に煞が入る場合、財運に暗雲がかかります。官禄に入ると社会運に問題が出ます。遷移宮に入れ

ば社交運に問題が出てきます。

(5)三方に七殺・破軍・廉貞・貪狼の四凶星がある場合、四煞に比べて凶意は軽くなります。むしろ個性が強くなり、意志が堅固になるといったプラス面も出てきます。

(6)命宮もしくは対宮に七殺が入ると、入廟していても人生に不利があります。

(7)凡命でも長生・臨官・帝旺があり、多くの吉星の同宮加会あれば、終始発展します。

(8)武人の命（現代では自衛官や警官・消防士・スポーツ選手など）では、博士・将星が命宮・身宮に座すると有利です。

【命宮と十二宮について】

1 命宮が旺支の子・午・卯・酉宮にある場合、「桃花地にある」と言います。交友を好み、遊ぶことや享受することが好きな配置です。

2 命宮が墓支の丑・辰・未・戌宮に座す場合、「墓地にある」と言い、身内と縁が薄くなったり、争いが起こりやすくなります。そのため、あまり身内の助力は期待できません。また、外で仕事をすることが多くなるでしょう。

3 命宮が生支（長生支）である寅・申・巳・亥に座す場合ですが、この四支の宮を「駅馬地」とも言うことから、人生に変化や波乱が多くなります。物事の成就に際しては身心ともに苦労が多く、変化や波乱に遭いやすいでしょう。また自分の内面だけでなく、周囲もアタフタしやすいのです。

4 辰宮を「天羅」と言い、戌宮を「地網」と呼びます。あわせて「天羅地網」と呼ばれます。ここが命宮となる場合、一生にわたって苦労が多くなりやすく、生地・故郷を離れた方が発展を望めます。また、諸星の中でも動星とされる太陽星・天梁星・天機星・太陰星が、命宮となる辰・戌宮に入る場合、一生にわたって環境の変化が激しくなります。

5 寅・申・巳・亥宮に二つの甲級星がある場合、二種類の仕事、あるいは二種類の業種に携わっているはずです。また、複数の煞星の同宮あるいは冲破がある場合、二回の結婚の可能性があります。

6 大限が生支である寅・申・巳・亥、もしくは午宮にあって、その宮に紫微星・天府星・天同星・条件の良い太陽星・条件の良い太陰星が入り、さらに文昌星・文曲星・禄存星・化禄などの吉星が同宮する場合、財運が良いと言えます。

7 大限が墓支である辰・戌・丑・未、または卯宮にあって、その宮に七殺星・破運星・廉貞星・擎羊星・陀羅星・火星・鈴星・化忌・地劫・地空などが入る場合、吉とはなりません。

8 命盤を判断をする場合は、命宮を主とします。もし命宮に主星が入らない時には、身宮を命宮の補佐として判断します。また、外見的印象は相貌宮として父母宮を参考にします。

9 命宮は仕事に対しての能力の高低を表しますが、これだけでは自営なのか、勤め人なのかは判断できません。また適職や職業運に関しては、命宮だけでなく官禄宮の状態と、全体の格局の良し悪しが影響します。

10 健康を見るには、命宮と疾厄宮を重ねて見ていきます。一例を示すと、まず命宮に鈴星が入ると体が冷えやすく、火星が入ると熱を持ちやすくなります。もちろん疾厄宮もチェックしますが、この宮では体質よりも、おもに病症を読み解くことになります。

11　親との縁の薄さ、また親の寿命を判断する場合は、命宮と父母宮を見ます。ただし、これらの判断をするためには、長子（息子）を基準として判断してゆきます。女命では巨門・破軍が命宮に入れば、身内との縁は良くありません。

12　兄弟との関係を判断するには、命宮と兄弟宮を見ます。ここには、兄弟の縁の厚薄が現れています。

13　配偶者を判断する場合は、夫妻宮と福徳宮を見て、自己が抱く感情の好悪を考えます。女命の場合は少し複雑で、家の中を表す田宅宮も合わせて見る必要があります。また命宮と夫妻宮の配合によって、生活状況を判断します。夫妻宮に動星である太陽星・天梁星・天機星・太陰星が入る場合には、配偶者（夫）はあまり家にいない傾向となるでしょう。

14　夫妻宮の対宮は官禄宮です。その官禄宮に化禄・化権・化科が入ると、仕事運は良好となりやすいでしょう。また、太陰星と文曲星が同宮すると仕事には良好ですが、配偶者との問題が発生しやすいでしょう。

15　命宮は、財帛宮を本宮とした場合の官禄宮に該当します。そのため仕事における財務の状況や、破財しやすいか等の推断が可能となります。財帛宮が悪く、さらに田宅宮・福徳宮も悪い場合は大きく破財しやすいでしょう。

16　対外的な行動状況や、自分にとってメリットのある人と出会えるか等の対人運、また出国における吉凶に関しては、命宮と遷移宮を重ねて判断する必要があります。

17　部下との関係や友人との問題に関しては、それが財に関することか、精神的なことか、仕事に関することかを問わず、命宮と奴僕宮を重ねて判断します。女性の場合、奴僕宮に左輔星・右弼星・天魁星・天鉞星・文昌星・文曲星・天貴星が入ると、桃花にかかわる事件が発生しやすいでしょう。

18 命宮と官禄宮を合わせて判断することで、学業に関することや中年期の仕事運、職業の変遷を見ることができます。命宮・官禄宮に化禄・化科・化権・禄存などの吉星が入ると非常に良い状態であり、仕事運が発展するでしょう。また、官禄宮の対宮は夫妻宮となるため、官禄宮をチェックすることで、夫妻間の感情もある程度は見ることができます。

19 命宮と田宅宮を合わせて判断することで、幼年時代の家庭環境を見ることができます。例えば太陽星あるいは太陰星が入り、擎羊星・陀羅星が同宮すると、家庭には調和がなく、家族も含めて健康を害しやすいでしょう。また、田宅宮の対宮は子女宮となり、子どものころの情景をよく表します。田宅宮に破軍星が入り、流年に陀羅星が入ると、墓地（陰宅）の問題が起きやすいでしょう。また、女命で天馬星が桃花星と同宮すると、それらの問題を引き起こしやすいでしょう。

20 命宮と福徳宮に桃花星が入ると、性に関する享受があり、動星が多いと、より多くの享受を得られるでしょう。また、命宮・福徳宮・疾厄宮が悪いと、入院することが多くなります。

21 命宮・父母宮では、目上との縁の厚薄を見ます。また父母の健康状態も判断可能です。凶星が命宮・父母宮を破ると、体罰を受けたり、刃傷沙汰が起きやすいでしょう。凶星の冲破（擎羊星・陀羅星・七殺星・破軍星）に加えて、天刑星・紅鸞・天喜が同宮加会する場合は、悪い作用を引き起こします。

【北斗・南斗諸星について】

1 ⑴北斗星の性質ですが、決断力があり、積極性もあります。衝動的でパワフルです。物事に固執しやすいです。

(2)南斗星の性質ですが、思考力に富んではいるが、優柔不断なところがあります。

(3)暗星とは、貪狼星・巨門星・太陰星・破軍星のことです。

(4)明星とは、太陽星・天同星・天府星のことです。

【諸星の系列について】

①殺破狼（七殺星・破軍星・貪狼星）は一つの系列となります。

②機陰同梁陽巨（天機星・太陰星・天同星・天梁星・太陽星・巨門星）は一つの系列となります。

1　殺破狼が命宮の人は、なんとなく現実に不安を感じます。物事を変化させたり、新しいことをはじめるのを好み、「静少なく動が多い」人となります。職業面においては、生産・技術など、何業を問わず動的な要素を好みます。

2　機月同梁は平和的な発展を意味します。性質は保守的であり、研究者としての道や、商売としての代理人・仲介、技術・頭脳労働・心理方面・設計などの仕事も悪くありません。

3　府相朝垣格（天府星・天相星同宮）は保守的な性格になりがちですが、殺破狼が絡む人は、完全にそうなるわけではありません。貿易・外務・企画など、何業においても人を導く能力があります。

4　太陽星と巨門星が同宮すると、比較的温厚で、かつ重厚な性格となります。生産・貿易・政治関係に向き、成功・不成功で言えば寅宮のほうが有利です。寅宮では太陽星が輝き人生は平順ですが、申宮では平順とは限りません。また、物事に固執しやすい性格となります。

5　七殺星や破軍星が身宮に入ると、中年期から破乱が起こりやすいでしょう。

6　女命は身宮が悪いと、人生のどこかで桃花の問題を起こしやすくなります。

【身宮・命宮について】

1　命宮と身宮が重なる人は、性格が固執的で融通性がなく、頑固な傾向となります。

2　身宮が夫妻宮の場合、良くも悪くも配偶者によって、人生が大きく作用されます。特に男性は、吉星が入ると妻の影響で富貴を得ます。

3　身宮が財帛宮だと、金銭面を重視します。時として人生が労碌、つまり苦労が多い人となります。これは諸条件が吉か凶かで決まります。

4　身宮が遷移宮になると、一生において変動が多く、事業や職業も変わりやすくなります。

5　身宮が官禄宮になると、立場を重んじ、人脈が仕事での発展につながるでしょう。

6　身宮が福徳宮になると、一生遊ぶことを好み、享楽的となりがちです。

7　北斗星が身宮または命宮に入り、またその三合宮に北斗星が入ると、剛気な性格となります。しかし、やや計画性がなく、思慮に欠ける部分も出てきます。

8　南斗星が身宮または命宮に入り、その三合宮に南斗星が入ると、富との縁や執着が強くなります。また、善星があったとしても、謀略家で策を練る人が多く見られます。理想が高すぎ、実現が困難なことに挑む傾向があります。

9　紫微星・天機星・太陽星・武曲星・天同星・天府星・文昌星・文曲星は、財そのものだけでなく、財源も表します。

10　廉貞星・巨門星・太陰星・貪狼星・破軍星で財源を見る場合は、意外に穏当な財源ではなく、異路の財、偏財を意味することがあります。様々なルートからの財や、偶然からの財もあり得ます。

11　刑囚挟印（廉貞・天相が擎羊と同宮）になると、警察沙汰や訴訟を意味します。逮捕や投獄の災いもあり得ます。女命では、配偶者や子供を傷つけたりする、ＤＶなどの問題が発生する場合があります。

【四化星および諸星流年における重要なポイント】

1　四化星が複数同宮するか、三方に複数あり、一方が化吉（化禄・化権・化科）で、もう一方が化忌だという場合が多くあります。例えば、丁生まれでは天同化権・巨門化忌となります。いっぽう、乙生まれでは天機星・太陰星と同時に化禄・化忌があります。後者の場合、化忌の影響はそれほど大きくありません。なぜなら天機星は化禄を好みますし、太陰星は化忌が精神面で少し悪さをするだけで、結果として良い変化につながるからです。（図6）

2　ある流年宮の左右の宮に生年・流年などでそれぞれ化忌が入り、流年が挟まれた状態になると、その年はうまくいかないでしょう。（図7）
また逆に、化科・化禄・化権が挟むと、とても良いでしょう。

3　六吉が挟む、具体的には日月（太陽星・太陰星）が挟む、紫微星・天府星が挟む、左輔星・右弼星が挟む、文昌星・文曲星が挟む、天魁星・天鉞星が挟むという場合、チャンスが訪れるタイミングになるでしょう。

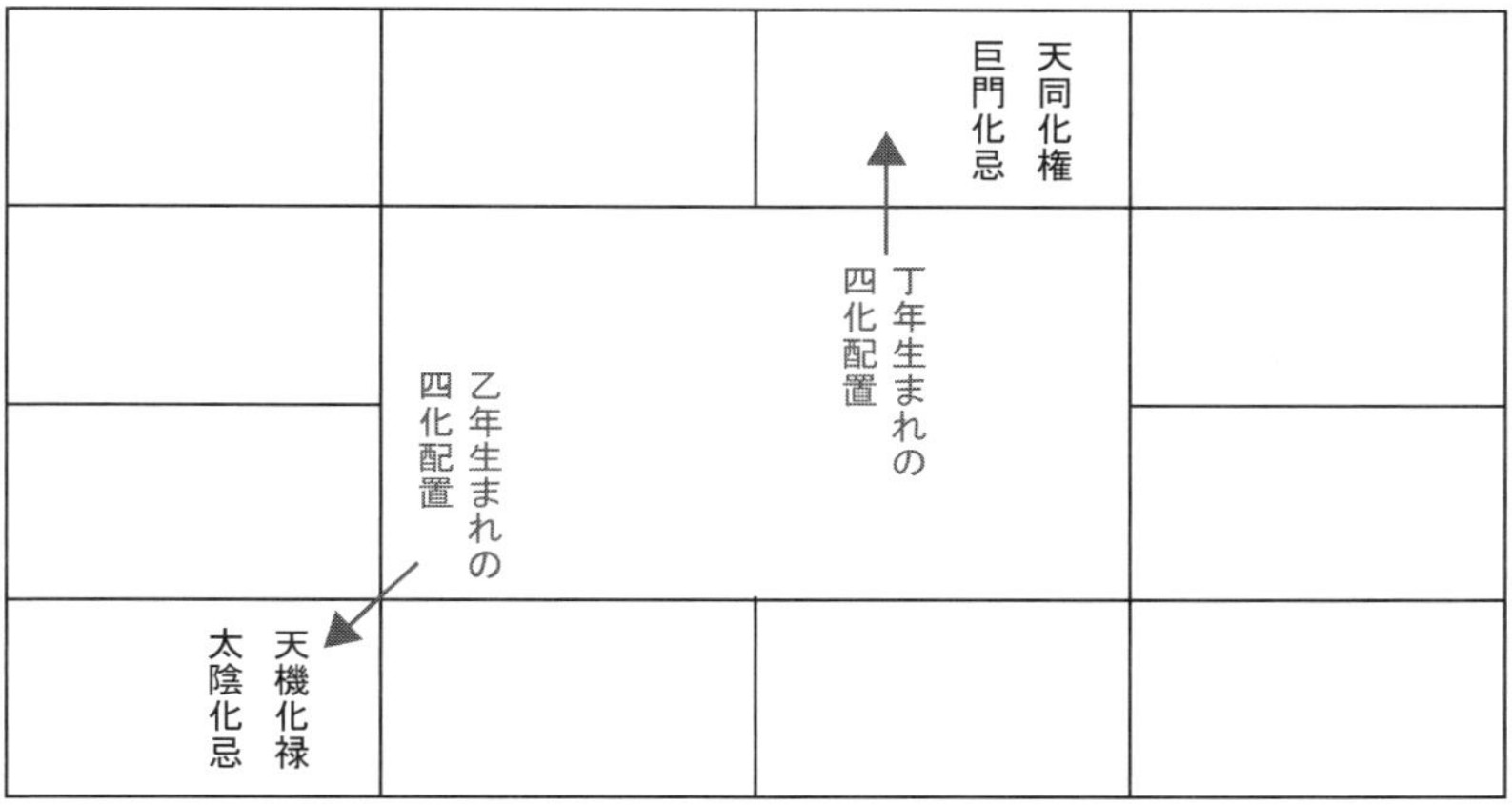
天同化権
巨門化忌
丁年生まれの四化配置
乙年生まれの四化配置
天機化禄
太陰化忌

図６

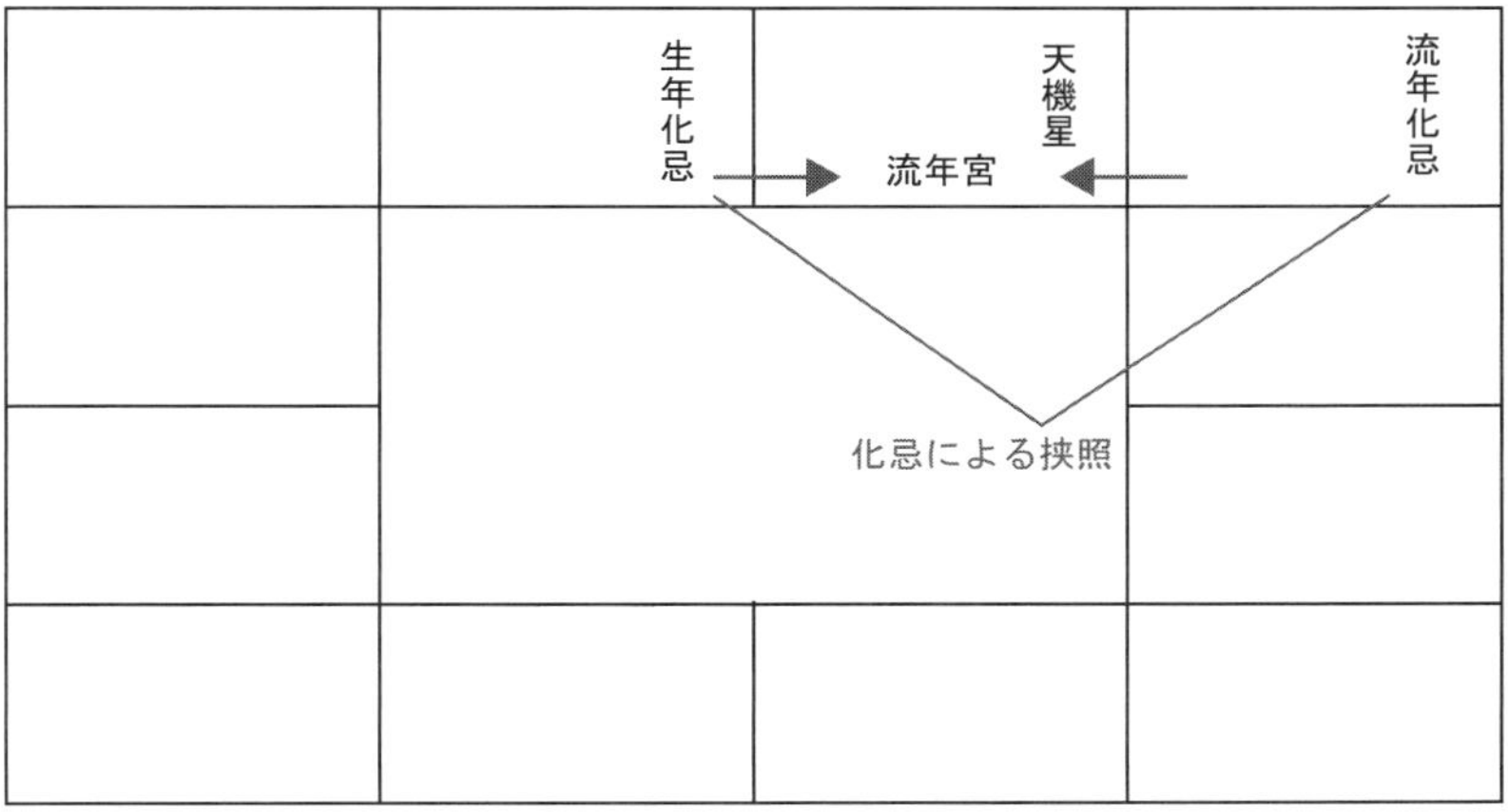
生年化忌
天機星
流年宮
流年化忌
化忌による挟照

図７

逆に六凶が挟む、具体的には敬羊星・陀羅星が挟む、火星・鈴星が挟む、地空・地劫が挟むときは、気をつけるべきタイミングです。

4 流年本宮に主星がない時は、方向性が定まらない時です。予想していたことや、計画していたことが、変わりやすいためです。

5 童運の時期、流年本宮に主星がなく、さらに敬羊星・陀羅星がある、あるいは三合対宮に殺破狼があれば、手術を受ける可能性があります。

6 本宮に主星がなく、また煞星が三合にあれば、最悪の場合、亡くなる可能性があります。

7 本宮に主星がなく、また財帛宮が良くない時、財が非常に傷つきます。特に大限でこうなる時に注意が必要です。

8 巨門星・天機星・敬羊星・陀羅星・火星星・化忌が同宮すると、裁判で財が傷つく可能性があります。

9 喪門・白虎・吊客が身宮や命宮を冲し、また大限が死絶の地にあれば、周りで人を亡くします。

10 天馬星が夫妻宮にあり、太陰星・禄存星が同宮すると、妻の財を得ます。天馬星と天機星・天梁星が同宮すると、配偶者は頻繁に遠地へ出張するでしょう。これは動星ゆえにです。

11 紫微星・天府星・天馬が同宮すれば、外で助力を得て、財も仕事も上手くいきます。若いときにこの組み合わせに出会えば、試験に合格します。中年以後は外地へと移動する意味となり、外出することで発展につながるでしょう。

12 天馬が地劫・地空と同宮して太歳宮を冲したり、あるいは小限に入ると、車の事故に遭う可能性が高くなります。化忌が加わると、特にひどくなります。

13　大限・小限と太歳が対宮の状態で紅鸞星・天喜星が入る場合、結婚などの喜びが起きるでしょう。既婚の場合、同じような配置でさらに桃花星が加わると、不倫の可能性が出てきます。また、これらの時期が30歳前後ならば吉ですが、50歳前後では配偶者を亡くしたり、悪女・悪人に会う象意となります。

14　本宮に七殺星・破軍星・擎羊星があり、疾厄宮に紅鸞あるいは天喜が入る場合。もしくは逆に、本宮に紅鸞星あるいは天喜星が入り、疾厄宮に七殺星・破軍星・擎羊星が入る場合。手術になるか、身体に傷が残るような怪我をするでしょう。

15　本宮に紫微星が入り、三合宮に紅鸞星があれば、良い運になります。

16　紅鸞星・天姚星は男女関係なく、異性縁が良くなります。男命は酒と女を好み、女命は嫉妬しやすくなります。

17　紅鸞星が兄弟宮にあるとき、兄弟の仲は良いでしょう。夫妻宮にあるとき、夫婦仲は良いでしょう。男性なら美人と、女性なら美男やスタイルのよい夫と結婚するでしょう。子女宮にあると、子供は女の子が多いでしょう。財帛宮にあると財運が良く、投機的な事業やギャンブルが好きになります。官禄宮にあると、若い時分に勉強ができます。福徳宮にあると、生活に不足はありませんし、また桃花星があると、女性との縁が良くなります。

18　龍池が流日本宮に入ると、美食との出会い（招待・接待・デートなどで）があります。

19　龍池が流日で本宮・三合・対宮に入ると、その日の試験に有利です。

20　貪狼星・咸池が同宮すると、必ず異性と事件が起きるでしょう。これは男女関係ありません。

21　蜚廉が凶星と同宮すると、命に危険があるか、交通事故のような災いがあります。

22 孤辰が父母宮に入ると、若いときに母を亡くしやすく、父は孤独になります。

23 天哭と天姚が同宮すると、財を失います。

24 大限・小限で破軍星・天姚星が同宮すると、水難など、水にまつわる災いがあります。

25 身宮と命宮に三台があり、また夫妻宮に八座があれば、離婚の可能性があります。しかし、天相が同宮していれば回避することもできます。この組み合わせは夫妻の別居も意味しますが、仲が悪くなるからではありません。他になにか理由があります。

26 流年禄存が身宮・命宮および大限・小限に入り、さらに天馬も同宮していると（生馬流馬）、特別なチャンスを得るか、予想外の喜びごとがあります。しかし本宮に主星がない、あるいは主星が陥地にあると、事件が起きます。煞星が同宮すれば、それはさらに酷くなります。どれだけのインパクトがあるかは、大限・小限を参照して判断します。

27 流羊・流陀が大限・小限に入るのは、良くありません。裁判沙汰に出くわしたり、身体に傷が残るような怪我をする危険があります。

28 流年大耗が本命田宅宮に入る、あるいは生年大耗と同宮・対宮して本命田宅宮か流年田宅宮に入ると、財産を損ね、不動産を売るような事態に追い込まれることがあります。

29 流年大耗が紅鸞あるいは流鸞と同宮すると、凶意が強くなります。大限・小限の本宮、あるいは大限・小限の財帛宮に入ると、破財する暗示があります。大限・小限が落陥宮になっていると、より多くの財を失います。

30 大限・小限で破軍星・巨門星・大耗・四煞と同宮加会すると、身内が亡くなるか、仕事で災難が起きる

31 可能性があります。時として大病をしたり、生命の危機もあります。

32 廉貞星・火星が同宮して落陥していると、精神的に落ち込みやすく、ひどい場合には、自殺を試みる危険があります。精神的に不安定な状態が続きます。女性のほうがよく該当します。

33 火星が天相星と同宮すると、身体に傷が残る可能性があります。特に子宮の廉貞星・天相星・化忌の組み合わせでは、身体的に障害が残るかもしれません。

34 火星が破軍星と同宮すると、生涯忙しく奔走しますが、蓄財はできません。

35 火星が擎羊星・陀羅星と同宮すると、子供の時分は育てづらく、病気にもかかりやすいです。

36 武曲星が擎羊星・火星と同宮すると、金銭での争いが起きます。

37 火星が天馬と同宮すると「戦馬」と呼ばれ、外出時に怪我に遭いやすくなります。例えば車の事故などです。

38 命宮に破軍星・廉貞星・貪狼星・咸池・天姚の組み合わせがあると、ギャンブラーを意味します。また落陥した天梁が煞星に冲破をされている、天同星が寅・申・辰・戌宮に入っている時も同様です。

子女宮に截路空亡があると、父親との仲が悪く、大人になる前に家を出ます。すぐには帰ってきません。截路空亡がなくても、破軍星や巨門星と重なると良くありません。

【行運の判断に関して】

大限・小限・太歳宮によって流年・行運を判断しますが、甲級主星および副星をもって行運判断を行う場合、下記の象意が大変重要になります。行運判断をする上では、諸星の象意をよく理解して判断してください。

1 紫微：出世・地位、財利、健康、試験、名声名誉。
2 天機：交際、宗教、問題、試験、名声名誉。
3 太陽：出世・地位、財利、試験、健康、名声名誉。
4 武曲：確執、財利、傷害、健康、旅行。
5 天同：交際、夫婦、色情、健康、旅行。
6 廉貞：出世・地位、夫婦、色情、健康、財利。
7 天府：出世・地位、財利、蓄財。
8 太陰：妻子、財利、蓄財。
9 貪狼：夫婦、色情、健康。
10 巨門：是非、財利、健康。
11 天相：出世・地位、健康、学問。
12 天梁：旅行、健康、学問。
13 七殺：出世・地位、健康、傷害。
14 破軍：夫妻、健康、財利。
15 文昌・文曲：学問、名声名誉。
16 火星・鈴星：財利、健康。
17 天魁・天鉞：出世・地位、名声名誉。

18　擎羊・陀羅：傷害、確執。
19　左輔・右弼：出世・地位、交際。
20　禄存：財利、蓄財。

【夫妻宮の判断】

夫妻宮によって、配偶者の外見や精神面、相手との縁の強さ、関係が末永く続くか、妻の財産の有無などを判断することができます。

1　行運で桃花星の組み合わせがある場合、夫妻宮を見なくても情事やトラブルが発生するかを判断できます。

①夫妻宮に廉貞または貪狼があり、化権・化禄がつくと、情事や異性問題が発生しやすいです。

②行運で化科が夫妻宮にいる時は、異性との精神的交流のあとに、恋愛できる相手かを判断できます。結婚できるかはすぐには判断できません。生年夫妻宮に化科があれば、結婚は可能でしょう。

2　どんな人に何歳で嫁ぐか

・夫妻宮にどのような諸星が入るかによって、結婚の時期を判断できます。その場合、夫妻宮の諸星に四化が飛星するかを見なければなりません。

たとえば、本命夫妻宮に天同星・天梁星が座す場合、そこに大限・流年四化が飛星するタイミングは、結婚の可能性が高くなります。丙の大限・流年丙年には天同星に化禄が付き、丁年の大限・流年には天同星に化権が付きますから、往々にして結婚時期となる可能性が高いのです。当然ですが、判断にあた

っては、他の星や事象も考慮せねばなりません。（図８Ａ・Ｂ）

図８

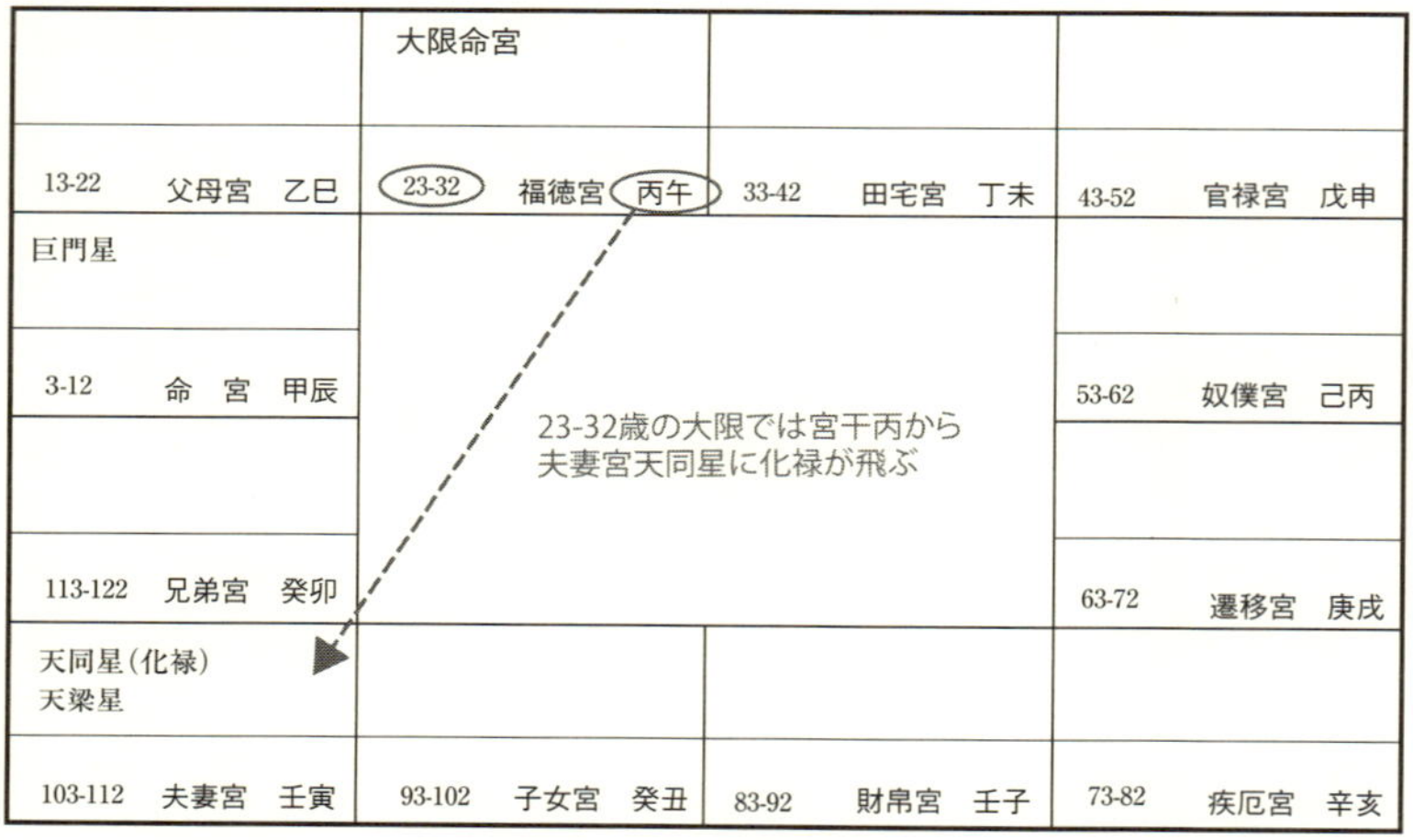

Ａ：生年夫妻宮へ四化が飛ぶタイミング（化禄）

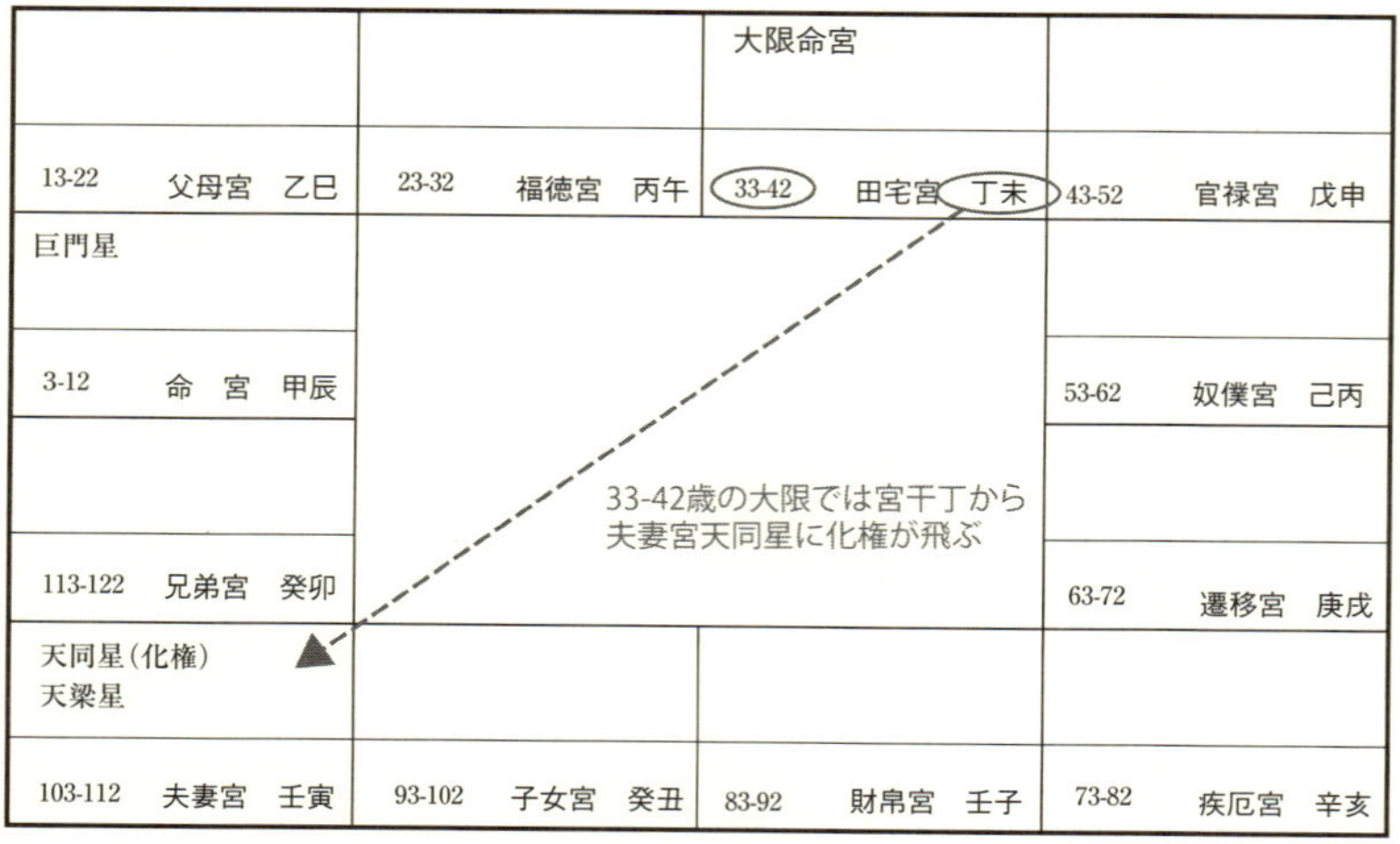

Ｂ：生年夫妻宮へ四化が飛ぶタイミング（化権）

3　あなたが付き合っていた異性の性格

・まず、生年夫妻宮に座する星を見ます。それによって、付き合うタイプ、付き合っていたタイプがわかります。知性的か体力的か、活発か落ち着いているか等、ざっくりと傾向が判断できます。さらに、付き合っていた当時の流年夫妻宮の宮位や、そこに入っている星によって、詳しく個性を見ていきます。

4　夫妻宮の刑尅から死別の可能性を読む

①本命宮に配偶者に不利となる星、例えば巨門星・七殺星・破軍星・擎羊星・白虎などがあると、死別の可能性があります。

②夫妻宮に巨門星・七殺星・破軍星・擎羊星・白虎などの凶星があると、死別の可能性があります。

③死別に関しては、多角的に鑑定することが必要です。まずは夫妻宮に凶星があるか。そして配偶者を表す星の状態はどうかを見ます。具体的には、太陽と太陰の廟陥を参考にします。たとえば男命なら、夫妻宮が良くなく、また太陰星が落陥している状態で、さらに夫妻宮および三合宮に凶星が同宮加会していると、夫婦として添い遂げることは難しいかもしれません。女命では夫妻宮が良くなく、そして太陽星が落陥していると、男命と同じく悪い傾向です。たとえば甲年には落陥している太陽星に化忌が飛ぶため、時として夫の葬式を出すような事態になると言われます。

5　配偶者の性質の良し悪し

・命宮に座する星が平和以上の輝度で、凶星の同宮加会および冲破がなく、夫妻宮に座する星の組み合わせが良ければ、結婚自体が非常に良いもので、配偶者の助力を得ることも可能です。

ただし、上記の条件が揃っていても、夫妻宮が命宮より状態が良く、また命宮および夫妻宮に一～二つの桃花星が入っている場合は、配偶者側に色情・情事・浮気などの問題が発生し、本人にとっては良くない結婚となりうるため、注意が必要です。

①命宮および夫妻宮の状態が良くても、夫妻宮の対宮および三方から凶星の冲破や加会があり（地空星・地劫星が最も危険で、次に火星を忌みます。擎羊星・白虎も危険です）、これらの凶星が大限に巡ってくる時は、外から問題がやってきます。大限に化忌や四煞星が入った時にも、問題が起きやすいでしょう。

②夫妻宮に紫微星・天府星が座すると、晩婚の方が良好と言えます。このふたつは旺星であるがゆえに、⑴配偶者が理不尽なことを言いやすい、⑵子供ができず夫婦関係にトラブルが起きやすい、という問題があるからです。

③男命で太陰星、女命で太陽星が命宮に座すると、それが入廟していれば浮気の可能性があります。これは、異性運が非常に良いためです。落陥では問題は起きませんが、配偶者からのサポートは期待できません。凶星同宮加会では、離婚もあり得ます。たとえば天機星・太陰星が申宮、太陽星・巨門星が寅宮にあるような場合、夫婦の問題が多くなります。

6　夫妻宮にとって良い格局

・天同星・左輔星同宮、天相星・右弼星同宮は、配偶者の環境が良いことを表します。

①ただし命宮が無主星の時は、往々にして夫婦のあり方が変化しやすくなります。さらに命宮だけでなく身宮までも無主星では夫婦のあり方は難しいものとなります。とはいえ、夫妻宮に良い格局がなくても、

座する星が入廟していれば問題ないでしょう。

②命宮と夫妻宮がともに無主星の場合も夫婦のあり方は変化しやすく不安定です。さらに夫妻宮に煞星の同宮加会があれば不倫等の問題が生じやすいでしょう。

③命宮に天府星・天相星・天同星・天梁星・廉貞星が独座で入廟していても、夫妻宮に七殺星・破軍星・貪狼星があると、大限や流年時期に煞星が加わる時に、離婚する可能性が高いです。

7 結婚そのものの判断について

①本命夫妻宮によって、早婚・晩婚の判断が可能です。紅鸞星・天喜星が座する人は、比較的早婚となります。天喜よりも紅鸞のほうが、その傾向が強くなります。天魁星・天鉞星・太陽星・太陰星が座する場合も、早婚となります。ただし、太陽星は早婚を逃すとかえって晩婚となり、適齢期を過ぎてしまいます。

②配偶者を見るときは、夫妻宮および夫妻宮の三方をチェックします。例えば夫妻宮に天梁星が座すれば、配偶者に関しては天梁星から読み取れます。また、三方より本宮である夫妻宮に星があるほうが良いと言えます。

③男命の夫妻宮を見る場合、座する星が南斗主星に属している場合、配偶者は陰干生まれの女性（陰女）が相性として良く、北斗星が夫妻宮に入るならば、陽女が良いでしょう。女命の場合は、夫妻宮に南斗星があれば陽男、北斗星ならば陰男が相性として良くなります。

④結婚と離婚の可能性を見る

⑴紅鸞星・天喜星・青龍・喜神は結婚を促す星ですが、夫妻宮や三方等にあるか。

⑵太陽星・太陰星・天同星・禄存星が夫妻宮や三方等にあるか。

これらの条件にあてはまらない場合、三方に煞星を見ることになれば、離婚の可能性が高くなります。

⑶大限に紅鸞星・天喜星を見て、また青龍・喜神があれば（三方加会でも可とします）、この大限の時期に結婚する可能性が高くなります。

8　結婚のタイミングについて

①まず、流鸞・流喜がどの宮に飛び込むかをチェックします。
⑴本命宮、⑵身宮、⑶大限、⑷本命夫妻宮（図9A）および福徳宮、⑸支合（暗合）の時期を重視します。

例えば甲年生まれで命宮が子宮にある場合、流鸞が丑宮に入ると、子宮と丑宮は暗合（支合）です。このように支合する丑宮に流鸞が入っても、暗合として子宮に入ったのと同等の意味を持つこととします。（図9B）
②暗合（支合）宮に桃花星がある場合、隠れた愛となります。
③生年化科・化権の座する宮に流年が巡った場合、結婚のタイミングになりやすいです。
④紅鸞星・天喜星があり、そこに凶星の冲破がある場合、その年は結婚の話が進行しやすくなりますが、最後に破談となる可能性が高いです。
⑤結婚の条件として、通常は大限夫妻宮（別名：大三歩大限）をチェックします。大限命宮が旺じており、かつ夫妻宮が悪くなければ、結婚の条件を満たしています。
⑥男命の結婚のタイミングは奴僕宮化忌によって判断できることがあります。例えば本命奴僕宮化忌が

図9

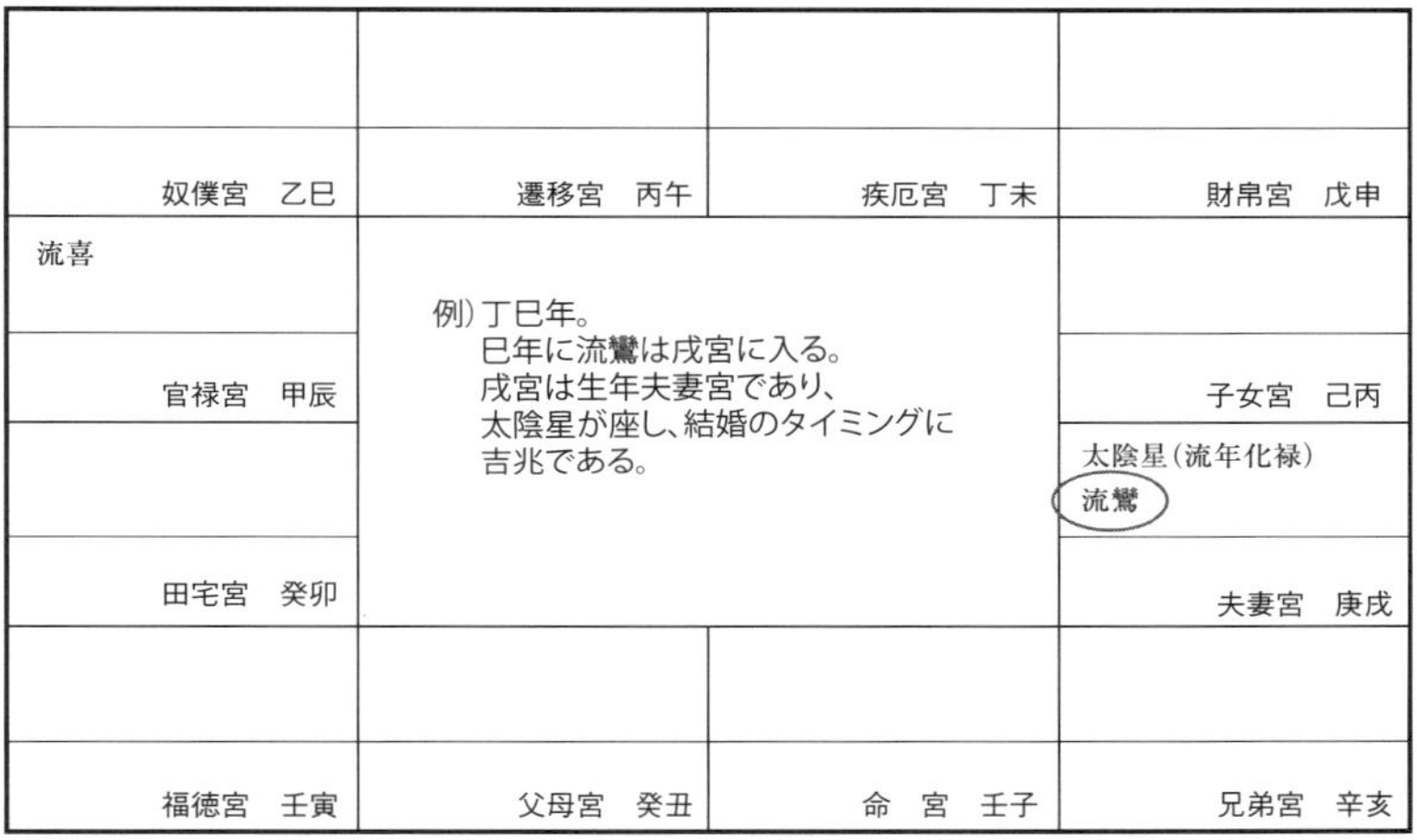

A：流鸞が生年夫妻宮に入る

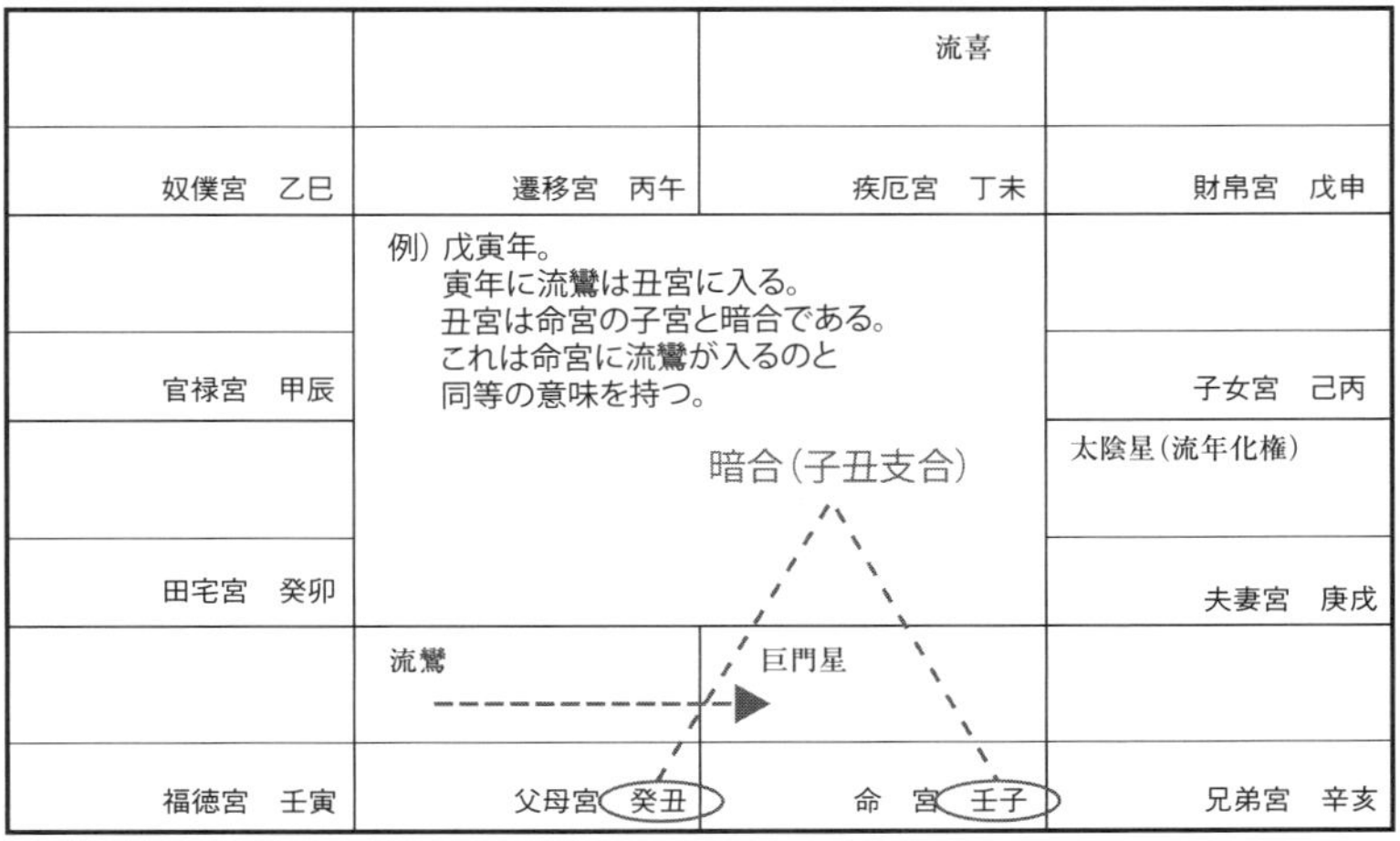

B：流鸞が生年命宮の暗合宮に入る

大限命宮に飛星（または冲破）している大限期は注目すべきです。また、大限命宮化忌が大限奴僕宮に飛星している、または大限奴僕宮化忌が流年命宮に飛星している時が結婚のタイミングになるケースがあります。

⑦男命の場合、命宮化科が大限・流年命宮、あるいは大限・流年夫妻宮に座するか会照すると、その年に結婚する可能性があります。

9

夫妻宮に煞星があると、それは主に離婚を表します。夫妻宮に火星・鈴星が座し、六煞星に挟まれていれば、離婚の可能性があると言えます。具体的には、夫妻宮に火星・鈴星があり、地空星・地劫星が夫妻宮を挟んでいたり、擎羊星・陀羅星が挟むような状態です。

①再婚する時は、夫妻宮には二つの主星が座しています。格局の良し悪しは影響しませんが、煞星からの加会沖破は大きく影響します。例えば、天同星・巨門星に擎羊星・陀羅星・火星・鈴星が加会していると、最初の結婚は壊されるでしょう。これは、巨門星が北斗星で、前半を意味するためです。

②七殺星・破軍星・貪狼星が夫妻宮にあれば、離婚しやすいと言えます。煞星の加会沖破があり、悪い大限・流年となる時に、離婚が発生します。

夫妻宮に七殺星・破軍星・貪狼星がある格局は、これら諸星の個性が剛強なため、容易に問題が起こりやすいのです。

10

桃花・浮気などを見る

本命盤に桃花格局がある人は、問題が起こりやすいと言えます。命盤に桃花格局がない場合は、夫婦の関係はとても良くなります。

女命の夫妻宮に桃花がある場合、その本人に桃花が発生するのではなく、配偶者に不倫や浮気が発生するケースが多くなります。また、配偶者に不倫や浮気の過去があるかもしれません。未婚の女性の場合、相手が不倫をしていたり、二股をかけられるケースも多く見受けられます。女命で最も忌む状態は、命宮・身宮・福徳宮に桃花星が多く座する場合です。

11　実質的な桃花と精神的な桃花

実質的（肉欲）な桃花と、精神的な桃花には違いがあります。

①沐浴・咸池は実質的な桃花星です。

②紫微星・貪狼星および天姚星・咸池の組み合わせを例にすると、咸池がなければ、天姚星は主に精神的な方面で作用します。

③貪狼星独座で咸池や天姚に逢う場合、男命でこの組み合わせが夫妻宮にあれば、異性に対して特別優しく、愛情をそそぎます。

④天姚星が武曲星・天相星と逢う場合、財の問題と精神的な問題が両方出てきます。

⑤文昌星・文曲星が夫妻宮にある場合、男命は外国人や遠地から来た人と、容易に同棲します。女命では生涯相手を一人に定めず、別の男性を好きになったり、再婚しやすくなったりするでしょう。

⑥夫妻宮で天機星・太陰星に文昌星・文曲星が同宮する場合、男命は愛人を持ったり、浮気性となりやすい格局です。

⑦女命の夫妻宮で太陽星に化禄がつく場合も、夫は浮気しやすくなります。

⑧廉貞星・貪狼星が巳・亥宮で同宮する（男女問いません）場合、ここに煞星が加会すると、異性に関心を持ちやすくなります。これは物質的な話で、プラトニックではありません。

⑨貪狼・化忌は情が強くなるため、異性面において問題が出やすくなります。

⑩廉貞星・貪狼星の女命は異性に騙されやすい傾向にあります。とくに、奥手の女性は騙されたり、悪い男に溺れるようなケースが多いのです。
⑪貪狼星が亥・子宮にあって擎羊星・陀羅星と同宮していると、周囲から遊んでいるように思われます。
⑫女命の廉貞星が桃花星と多く同宮加会する時、肉欲的な事件が実際に起こる可能性がありますが、それだけではなく、そういう噂を立てられやすい時期でもあります。
⑬廉貞星が咸池か文曲星と同宮加会すると、精神的な桃花が起きやすいでしょう。
⑭貪狼星が陀羅と同宮加会するのは、実質的な桃花です。「風流彩杖」という格で、異性と酒食をともにすることが繰り返しあります。
⑮天同星・巨門星が文曲星と同宮すると、精神的桃花の傾向を持ち、女命にとっては不吉です。
⑯廉貞星が天姚星と同宮加会するのは良くありません。
⑰巨門星が天姚星と同宮加会するのは、肉欲的な桃花が強くなり、良くありません。
⑱紅鸞星と天姚星の同宮加会は、非常に淫らとなります。
⑲天梁化禄・化権あるいは貪狼化権の夫妻宮を例にすると、まず別の異性に関心を持ちやすくなります。女命の場合は良くありません。妻子ある男性と関係が起こるからです。
⑳天鉞星が右弼星と同宮加会すると、女命にとっては良くありません。男命には影響がありません。
㉑天鉞星が化科と同宮加会すると、女命は恋愛において複雑な悩みを持ちやすくなります。
㉒太陽星・太陰星が丑・未宮で同宮加会すると、男命には影響しませんが、女命には不吉です。同宮加会で凶星が多ければ、さらに悪くなります。女命の場合、命宮・夫妻宮が丑宮で、対宮（未宮）に太陽星・

太陰星があって夫妻宮を照らしているほうが、多少は良いでしょう。
㉓太陽星・太陰星が命宮にあり、天梁星が夫妻宮に座せば、金持ちに嫁ぐなど、玉の輿の配置です。ただし、天梁星に化権か化禄が付けば、精神的には複雑な関係となるでしょう。
㉔七殺星・破軍星・貪狼星が桃花星と同宮すると、水商売・娼婦・風俗といった意味になります。
㉕七殺星・破軍星・貪狼星が化禄・天馬と同宮するのは、桃花的には良くありません。
㉖天梁星・巨門星が命宮・身宮で落陥すると、異性関係は進展しにくく、一生苦労しやすいでしょう。
㉗女命の命宮が寅宮で、対宮から天同星・天梁星で照らされていれば、結婚は紆余曲折しやすくなります。さらに文昌星・文曲星が加会していると、再婚者と結婚すると言われています。
㉘女命の太陽星・天梁星は晩婚を意味する組み合わせではありませんが、結婚の話が思うように進まず、結果的として晩婚になりやすいのです。
㉙太陽星・天梁星が夫妻宮にあり、さらに煞星と逢うのは良くありません。
㉚天梁星が夫妻宮にあって、さらに煞星が同宮加会すれば、離婚・死別の危険があります。天梁星が子宮にあって、夫妻宮に座するのも同様です。
㉛子・午宮で天梁星が夫妻宮に座し、対宮から化忌に冲されると、男命は再婚者と結婚するでしょう。少なくとも女性は処女ではありません。

【十二宮別の結婚に関して】

日本の研究書では結婚にまつわる事象を十二支別・諸星別に解説したものは見当たらず、おそらく本邦初公開の資料となると思います。台湾・香港の書物や口伝の内容をまとめているため、相互に矛盾した言い回しもありますが、取捨選択せず掲載します。よく読み込んでいけば、鑑定のポイントがつかめてくるはずです。

1　紫微星が夫妻宮（子・午）にある場合

①晩婚になりやすいです。左輔星・右弼星の同宮加会がなければ、さらにその傾向を強くします。または、独身主義になりやすいでしょう。男命の場合、配偶者は姉さん女房か、自分より年齢の高い男性と交際していた女性です。女命は年上の夫となるでしょう。

②丁年生まれの人は、禄存星が夫妻宮に同宮または対宮となります。この場合、夫妻宮は非常に強いのですが、旺じすぎた夫妻宮は逆に問題が起こりやすく、相手を一人に絞ることができません。しぜん、晩婚となりやすいでしょう。

③命宮が強くない場合、一度目の結婚に失敗しやすくなります。夫妻宮が良く、命宮が悪い命盤では、再婚となりやすいのです。

④紫微星が夫妻宮に座し、吉星が多く同宮加会すれば、相手は配偶者を尊重するでしょう。

2　紫微星が独座で夫妻宮（子・午）にある場合

①30歳より前に、他人の紹介などで知り合った相手と、恋愛結婚をするでしょう。男命は天魁星・天鉞星・文昌星・文曲星が同宮加会していれば、妻の助力を得られます。また妻は良家の出である可能性が高いです。

②子・午宮配置の夫妻宮で紫微星が座し、左輔星・右弼星・天魁星が同宮加会している時は、妻が福を呼び込みます。体の相性も良いでしょう。ただし、この配置では命宮に破軍星があるため、吉星によって

制御されることがなければ、淫欲の強い性格となります。これは、離婚の暗示となってしまいます。
③紫微星が独座しており、地空星・地劫星が同宮すると、妻の浪費によって経済的な問題が起こります。
④擎羊星・陀羅星・火星・鈴星が同宮加会すると、口論が多くなります。そのため、早婚よりも晩婚のほうが良いと言えます。
⑤子宮で紫微星が独座して諸星がない場合、配偶者は美しくありません。
⑥午宮で紫微星が独座していると、破軍星が命宮にあります。丁生まれの人は禄存星が午宮に在住し、非常に強くなるため、命宮が良くなければ再婚をすることになるでしょう。

3　紫微星・破軍星が夫妻宮（丑・未）にある場合

①吉星が多く同宮加会すれば、内助の功に恵まれるでしょう。
②凶星が同宮加会すれば、夫婦は仲良くできません。凶星が多ければ離婚となります。
③配偶者は美男・美女とは言えないまでも、気質が良く魅力的です。
④配偶者は行動的で変化を好む人で、にぎやかな場所を好みます。
⑤夫妻宮で擎羊星・陀羅星に左輔星・右弼星が加わり同宮・対宮していると、外に愛人を持ちやすくなります。そのため、賢い年上の妻を娶ったほうが良いとされています。
⑥四煞が多い場合は、二度結婚することになります。
⑦この配置は独特の個性を持っているため、なかなか相手に受け入れられません。
⑧配偶者からの助力を得られますが、往々にして外に愛人を持ちやすく、それでも上手に付き合います。
⑨交際する相手は知性に優れ、結婚する人は個性が強くなるでしょう。

4　紫微星・天府星が夫妻宮（寅・申）にある場合

①強すぎる組み合わせ（帝王星が並ぶ）であり、これは晩婚のほうが良いでしょう。三方に煞星があれば、夫婦の仲も悪くなります。

②配偶者のスタイルは普通です。北方（北斗）生まれであれば、少し痩せています（紫微型）。南方生まれであれば、少し太っています（天府星型）。

③配偶者は善良でやさしいのですが、孤独感があるでしょう。配偶者の実家の援助、またその父母の愛護を得られず、夫婦の意見はすれ違いやすいです。

5　紫微星・天相星が夫妻宮（辰・戌）にある場合

①早婚ならば、第二大限で結ばれる可能性が高いです。晩婚では第三大限・第四大限での結婚となります。失恋などのショックを引きずりやすい傾向があるため、晩婚となりやすいのです。

②妻は家事をよくこなしますが、怒りっぽい傾向です。これは紫微星の影響です。しかし、すぐに機嫌が直ります。

③外見は美しいのですが、妖艶なタイプではありません。子女宮が天機星・巨門星となるのため、女子が生まれやすいでしょう。

6　紫微星・貪狼星が夫妻宮（卯・酉）にある場合

①配偶者は社交的で、相手をよく助けます。ただし、自由気ままな性格です。見た目は美しく、話しやすい人でしょう。これは貪狼の影響です。男命では、妻とは仲睦まじく、末長く一緒に暮らしますが、往々にして外に愛人ができやすいのです。また、卯宮の妻は恋多き女であったでしょう。

7　紫微星・七殺星が夫妻宮（巳・亥）にある場合

①配偶者は豪放な個性で、性質が七殺星に偏っていると背は高くなりますが、紫微星に偏れば穏やかで、背も低くなるでしょう。相手の家柄は悪くありませんが、家からの助力は期待できません。

②文昌星・文曲星・天魁星・天鉞星が同宮加会すれば、配偶者は婚前に多くの異性と付き合い、様々な恋愛を経験していることでしょう。

③社交的で、人と接するのが好きな性格です。ただし、家事は好きではありません。

④文昌・文曲が夫妻宮にあれば、夫婦はお互いを尊重します。

8　天機星が夫妻宮（子・午）にある場合

①晩婚の方が良いでしょう。吉星が多く加会すれば、配偶者はスマートで行動的です。遠方の人と結婚する可能性が高いです。外国人の可能性もあり、少なくとも同郷の人ではありません。

②妻の顔は方円形で色白です。煞星が多く加会する場合、特に擎羊同宮か対宮から冲されると、結婚関係は不安定になります。さらに煞星があると、配偶者は優柔不断で情緒不安定です。

③女命の天機星が子・午宮の夫妻宮に座す場合、夫は年上の方が良好です。夫は知識豊富で、何らかの専門家です。天機星の夫妻宮は、対宮に巨門星・擎羊星が同宮していれば、配偶者は支配的となります。

9　天機星が夫妻宮（丑・未）にある場合

①吉星に逢うかどうかを問わず、30歳までに結婚した方が良いでしょう。とはいえ、早婚すぎると往々にして長続きしません。配偶者は痩せていて小柄で、家柄は普通です。煞星の冲破があると、配偶者の恋愛に対する考えや、過去の恋愛に問題があり、夫婦生活に支障が出やすくなるでしょう。

10 天機星・太陰星が夫妻宮（寅・申）にある場合

①結婚はおおむね順風満帆です。配偶者と子供は見た目が美しく、性格も良いでしょう。また、相手は年下となりそうです。おおむね、3～5歳ほど下になる傾向です。

②申宮の配偶者はせっかちで行動的です。女命では、夫はユーモアがあり面白い人でしょう。男命では妻は気分屋で、神経質です。家庭内の秩序を好み、家事に関しても同様で、綺麗好きです。

巨門星が辰宮の命宮の場合、天機星・太陰星が夫妻宮になります。辛生まれの人の配偶者は感情の起伏が激しいでしょう。文昌星・文曲星・天魁星・天鉞星が同宮すれば、出会う異性も多くなり、最後に選ぶ相手は美しい人でしょう。

11 天機星・巨門星が夫妻宮（卯・酉）にある場合

妻は非常にしっかりしていますが、細かいことを気にしない、おおざっぱな性格でもあります。外見は器量良しとは言えませんが、吉星が加会すれば人縁は良くなります。命宮が良くなければ、配偶者は扱いにくく、家の中で主導権争いが起きることになります。おおむね、相手が優位になる配置です。

①天魁星・天鉞星が加会すれば、相手の富によって助けられます。

②天機星・巨門星の夫妻宮において、一番怖いのは桃花星が同宮することです。そうなった場合、配偶者（とくに妻）は不誠実な人となります。これは文曲星同宮でも同様です。なぜなら、文曲星は桃花の影響が強い星だからです。

12 天機星・天梁星が夫妻宮（辰・戌）にある場合

この場合、命宮は無主星となります。吉星と加会すると妻は賢く、内助の功を発揮します。美人ではありませんが、気質の良い人です。夫は病弱な傾向で、妻に頭が上がりません。

①辰宮の場合、配偶者は色白で背が高く、痩せているでしょう。もし太っていれば背は低いです。性格は善良で内向的です。文昌星・文曲星・天魁星・天鉞星が加会すれば、妻の美貌によって富を得ます。

②戌宮の場合、吉星と同宮加会がなく、煞星の同宮加会あるいは冲破があれば、配偶者と生別・死別する可能性があります。これは天同星・太陰星の同宮が対宮（遷移宮的）となる場合、主に放浪を表すからです。さらに凶星同宮では離婚・別居・家出の可能性があります。

13　天機星が夫妻宮（巳・亥）にある場合

①巳宮では、晩婚が良いでしょう。これは命宮が無主星で、対宮の天同星・巨門星から来照があるためです。妻は機転がきき、智慧があります。細かいことに気が付き、家事を全うします。家や財を守りますが、行動は衝動的です。男命では、家族のことで夫婦が争いやすくなります。また、女命の早婚は結婚生活に問題が多くなります。

②亥宮では、男命なら妻は口が達者で、知性明敏です。しかも何らかの技術・技能を持っています。しかし煞星が多く加会すると、噂好きでゴシップに目がない性格になります。

14　太陽星が夫妻宮にある場合

①男命で太陽星が夫妻宮にあり、入廟している場合、妻からコントロールを受けます。また妻からプレッシャーを受けることになります。妻は聡明で能力が高く、真面目に物事をこなします。

②女命の太陽星が夫妻宮にあり、入廟している場合、夫はこれといって問題なく、家庭内は幸福です。しかし、夫妻宮が強すぎると亭主関白になります。

③夫妻宮の太陽星は擎羊星・陀羅星との同宮を非常に忌みます。特に落陥していると、配偶者を失う場合すらあります。擎羊星・陀羅星が対宮にあって冲破されたり、三方加会する場合なら、凶意は比較的軽くなりますが、配偶者の健康にとっては良くありません。化忌が同宮すると、凶意がさらに重くなります。

④本命夫妻宮に太陽星が座する場合は、太陽星・太陰星の流年時に桃花現象がハッキリ現れる傾向があります。

15 太陽星が夫妻宮（子・午）にある場合

①子宮の場合、煞星と同宮すると生別・死別が起こりやすくなります。また吉星と逢うと、再婚の傾向があります。配偶者はせっかちで焦りやすく、意思の疎通が難しいところがあります。女命で同様の配置となり、煞星が多く同宮加会する場合でも、配偶者とは生別・死別しやすいでしょう。

②午宮の場合、命宮は天機星・太陰星になるため、桃花が起きやすくなります。できちゃった婚で結ばれやすくなります。また生別・死別に遭いやすいため、晩婚のほうが良いでしょう。妻は気持ちの良い性格で、鼻が高く、卵形の顔形になります。天魁星・天鉞星が同宮すると、妻の実家は政治家や地方の名士など、ある種の権威を持っている可能性があります。ただし、富があるわけではありません。女命の場合、煞星が加会すると夫から冷遇されるでしょう。煞星がなくても、男命では愛人を作りやすいという傾向があります。

16 太陽星・太陰星が夫妻宮（丑・未）にある場合

①丑宮の場合、早婚は良くありません。30歳以降の結婚が良いでしょう。妻は年下になりそうです。煞星

が加会すれば、健康に問題はないのですが、生別・死別しやすい傾向で、また再婚する人も多いでしょう。

②未宮の場合は、早婚・晩婚どちらでも可能です。これは太陽が未宮では入廟するためです。

③丑宮でも未宮でも、煞星が加会すれば、配偶者の健康運は良くありません。健康を害する・死別・再婚のうち、一つが発生しやすくなります。

17

太陽星・巨門星が夫妻宮（寅・申）にある場合

①妻は非常に能力が高く、特に寅宮ではキャリアウーマンでしょう。煞星の同宮や冲破がなければ、老後まで一緒に過ごします。ただし、巨門星の影響を受けるため、晩婚が吉となります。早婚すれば死別しないまでも、離婚しやすいでしょう。

②申宮の場合、配偶者は外向的で物事に真面目に取り組む人です。ただし、少し大ざっぱなところがあるでしょう。世話好きで、あれこれ口を挟んできます。煞星の同宮か冲破があると、離婚を経験しやすくなります。特に申宮で陀羅星が同宮すると結婚運が悪くなり、離婚率が非常に高いと言われます。

18

太陽星が夫妻宮（辰・戌）にある場合

①家庭内に揉めごとが多く、結婚にもトラブルがつきまといます。辰宮では妻は豊満な体型で、美しく色白。戌宮では少し太りやすく、色白ではありません。この配置では、複数の煞星が入ると非常に危険です。特に戌宮では、一つの煞星でも危険だと言われます。とはいえ全体としては、辰宮よりも、戌宮の方が良好でしょう。

②女命で辰宮が夫妻宮となり、太陽化禄の場合、夫は浮気の可能性があります。時期としては、桃花の強

い大限に注意です。

19 太陽星が夫妻宮（巳・亥）にある場合

①巳宮では太陽星が旺じているため、早婚の傾向です。配偶者はせっかちですが、聡明で色白です。亥宮では色黒で、煞星の同宮か対宮冲破がある場合は、健康面に問題があるか、人相に問題があります。

20 武曲星・天府星が夫妻宮（子・午）にある場合

①配偶者は中背で体形は肥満しやすいでしょう。印象は落ち着いているが性格はせっかちです。晩婚のほうが運勢は良いでしょう。女命で吉星（特に左輔星・右弼星・禄存星）が座すると夫は事業運が良いです。

21 武曲星・貪狼星が夫妻宮（丑・未）にある場合

①妻の体形は中肉、性格は強く独立性が高いのですが、家事にも励むでしょう。早婚では紆余曲折があり、再婚の可能性があります。癸生まれの人は貪狼星に化忌が付くため、さらに擎羊星が同宮している場合、夫婦はあまり一緒にいることはないでしょう。また、配偶者には凶暴な面が出るでしょう。

22 武曲星・天相星が夫妻宮（寅・申）にある場合

①この配置の場合、本命宮が七殺星になります。七殺の性格は気丈ですが、武曲星・天相星の夫妻宮が表す配偶者も気丈であるため、お互いに譲らず、折り合えません。さらに武曲星と火星が同宮すると、良くありません。武曲・火星は金尅火で、孤独孤立といった意味になります。

23 武曲星・七殺星が夫妻宮（卯・酉）にある場合

①晩年の夫婦関係は良くないでしょう。廉貞星が命宮に座している（無主星で対宮の廉貞星を借りる場合

も含む）ため、容易に別居しやすいのです。

②卯宮で女命の場合、命宮が無主星で、遷移宮に座す廉貞星・貪狼星から星を借りることになります。そのため夫は交通事故や手術等に遭いやすく、早死にする可能性があります。特に擎羊星・白虎が同宮すると、それらの危険が増します。また吉星が多く同宮加会すれば、再婚する比率が高くなります。武曲星・七殺星の夫妻宮は、配偶者の気性は荒くなるため、暴力沙汰に発展したり、跡が残るような怪我を負わされることもあります。

③酉宮の場合、禄存星・左輔星・右弼星が同宮すると、妻は不実であり、浮気や不倫をしやすくなります。

24　武曲星が夫妻宮（辰・戌）にある場合

①配偶者は声が高く、体形もガッシリしているでしょう。性格は剛毅で、実力者です。

②女命では、夫の事業運は良いのですが、夫婦仲はあまり良くありません。禄存星・文昌星・文曲星・天魁星・天鉞星と同宮加会すると、妻の働きで富が入る象意です。四煞・地空星・地劫星と同宮加会すれば、家庭内でのトラブルや、口舌の問題が起きやすいでしょう。

25　武曲星・破軍星が夫妻宮（巳・亥）にある場合

①巳宮の場合、妻は家事や家庭のことをよくこなします。夫婦生活は良好でしょう。配偶者は端正な顔立ちで、かつ理知的です。また天府星が命宮に座するため、夫妻宮に陀羅があっても大丈夫ですが、煞星のなかでは火星・鈴星を非常に嫌います。もしあれば、離婚に発展する可能性もあります。

②亥宮の場合、配偶者は背が高くなく、相貌は普通です。吉星が同宮すれば夫婦は仲良く、全体として良好な結婚運です。禄存星が同宮すれば離婚・再婚の暗示となります。これは擎羊星・陀羅星に挟まれて

いるためです。火星・鈴星加会でも同様に判断します。

26

廉貞星が夫妻宮にある場合

①女命の場合、煞星と同宮しなければですが、配偶者は品よく純真な心を持っています。

②男命では結婚運は悪くありませんが、夫婦間の関係はやや淡泊なものでしょう。妻は優しくはありませんが、能力が高いキャリアウーマンタイプです。廉貞星に文曲星・天姚が同宮すると、不倫などの問題が発生するでしょう。

27

廉貞星が夫妻宮（子・午）にある場合

①結婚運は全体的に良く、晩婚の方が吉となります。配偶者はせっかちで気丈です。他者を掌握して、コントロールしようとする傾向にあります。顔は方円形で中背、性格は外柔内剛でしょう。

28

廉貞星・七殺星が夫妻宮（丑・未）にある場合

①命宮はともに無主星です。この配置の場合、早婚は良くありません。再婚になる恐れがあるためです。結婚は紆余曲折が多く、再婚女性と結ばれやすいです。

②女命で擎羊星・陀羅星、または化忌が同宮加会すると、配偶者は非常に強情で、離婚の可能性が高くなります。またその際は、訴訟などで話が長引きます。ここに文昌星・文曲星が同宮すると、不適切な関係の恋愛となりやすく、文昌星・文曲星がなければ晩婚になるでしょう。

③未宮の夫妻宮は丑宮に比べて、恋愛や結婚で悩むことが少ないでしょう。

29

廉貞星が夫妻宮（寅・申）にある場合

①妻は美しく品があり、立ち居振る舞いも見事なものです。知性があり、夫をよく助けます。一般的には、

桃花星と同宮しなければ良好となる配置です。ただし寅宮の夫妻宮では、妻は性格が強くなりすぎ、何かとガミガミうるさいでしょう。

30　廉貞星・破軍星が夫妻宮（卯・酉）にある場合

①煞星が同宮加会すると、必ず問題が発生します。煞星を見なければ、結婚運は比較的良い配置です。卯宮で左輔星と同宮すると、なお良くなります。

②酉宮の廉貞星・破軍星は最も不吉な配置です。左輔星・禄存星が同宮しても、解厄することはできません。吉星がなければ離婚は避けられず、たとえ離婚には到らなくとも、別居となる可能性が高いと言えます。

31　廉貞星・天府星が夫妻宮（辰・戌）にある場合

①配偶者は言葉に情趣があり、よく助けてくれる人でしょう。結婚する年齢次第ですが、子供は多く授かるほうです。

32　廉貞星・貪狼星が夫妻宮（巳・亥）にある場合

①この配置は基本的に、早婚は良くありません。亥宮の場合、妻は美人でスタイルも良いでしょう。巳宮では中背で、容貌も普通です。流行や新しいものを好む傾向があります。煞星が同宮すると、再婚となりやすいでしょう。

33　天同星が夫妻宮にある場合

①配偶者は男女を問わず、性格的に穏やかで、調和や平和を愛します。容貌は方円形で、中背から少し背が高く、また福相です。

②男命では妻は聡明で、内助の功があります。艶麗な見た目ですが、太りやすいでしょう。
③女命では夫は温和で、夫婦仲も良くなります。禄存星が同宮すると、夫婦で協力して富を得ます。煞星があると調和がとれず、離婚しやすくなるでしょう。

34 天同星・太陰星が夫妻宮（子・午）にある場合
①子宮では、配偶者は若々しく美しい見た目です。男命なら、妻は温和で礼儀正しいでしょう。女命では夫はせっかちで、中年期以降は肥満となるでしょう。
②午宮では、配偶者の体形は中背です。男命なら、妻は中年以降、太りやすくなります。午宮の天同星・太陰星は、禄存星が同宮することを喜びません。擎羊星・陀羅星に挟まれる形になり、嫁・姑の不和が起こりやすいからです。

35 天同星・巨門星が夫妻宮（丑・未）にある場合
①巨門星は身内を尅する星です。巨門星は北斗星ですから前半に作用します。ですから、人生の前半での結婚は良くありません。
②配偶者の容貌は普通です。妻は堅実で聡明、晩婚では夫婦仲は良くなります。
③擎羊星・陀羅星が同宮加会すると、夫も妻も視力が弱い傾向になります。子供は恵まれないか、少ないでしょう。煞星が同宮加会すれば離婚しやすく、再婚も多いのです。

36 天同星・天梁星が夫妻宮（寅・申）にある場合
①妻は美人で内助の功があり、性格は温和です。容貌は方円形で中背、少々太りやすいでしょう。禄存星が同宮すると擎羊星・陀羅星に挟まれますが、天同星・天梁星ともに解厄力があるため、凶意はとても

弱くなります。女命の場合、夫は温和で穏やかな性格でしょう。

②女命の場合、夫妻宮が天同星・天梁星になるのはあまり良くありません。太陽星が命宮にあるため、命宮や夫妻宮に桃花星があると、問題が出やすいからです。桃花星がなくても太陽星が辰宮にある命宮の場合は、男女間に問題が起こりやすくなります。主に女性の性格が問題となり、夫婦の不和を招きます。

③女命で寅宮の場合、夫妻宮は無主星で、対宮から天同星・天梁星を借りることになります。この配置では、結婚までには紆余曲折があり、結婚後もなかなか落ち着きません。文昌星・文曲星が同宮すれば、離婚経験のある夫に嫁ぐ可能性があります。

37 天同星が夫妻宮（卯・酉）にある場合

①男命の場合、妻は健康で、見た目も悪くありません。透明感のある、きれいな肌をしています。人付き合いがうまく、多趣味です。基本的に晩婚の方が良いでしょう。

②早婚では、しばらく経ったあとに離婚する可能性が高くなります。

③女命で命宮が巳宮、天同星が卯・酉宮にある夫妻宮の場合も、しばらく経った後に離婚しやすいでしょう。

38 天同星が夫妻宮（辰・戌）にある場合

①天同星は福星であるため、天羅地網に入るのは良くありません。早婚でトラブルや課題が多く出てきます。また対宮が巨門星のため、離婚や死別の可能性があります。

②男命には比較的良い配置ですが、恋愛や異性関係で問題が起きやすいでしょう。

③女命は再婚を経験しやすい配置です。命宮の太陽星が落陥している場合は、離婚経験のある男性に嫁ぐ

可能性が強いでしょう。

39

天同星が夫妻宮（巳・亥）にある場合

①巳宮の場合、妻は美しく透明感のある肌をしています。桃花星が多く同宮加会すると、配偶者は異性によくモテます。

②亥宮の場合、妻は瓜型の顔で、中年以降に太りやすいでしょう。性格は気まぐれで、煞星と同宮すると、夫婦で添い遂げることが難しくなります。これは命宮に太陽星・太陰星が座しているためです。

③女命にとっては良い配置ではありません。禄存星が同宮（擎羊星・陀羅星に挟まれる）するため、文曲星・天姚星・咸池星・紅鸞星などの桃花星が同宮加会すると、不倫に陥りやすくなります。

40

天府星が夫妻宮に座す場合

①天府星は令星のため、妻は自立しており、家事をよくこなし、内助の功があります。家計をしっかりと管理し、貯蓄が上手です。子供の数は多くなるでしょう。性格は穏やかですが、外柔内剛です。太りやすいのですが、貴婦人の相です。

41

天府星が夫妻宮（丑・未）にある場合

①丑宮に比べると、未宮のほうが全体的に良好です。

②配偶者は中背で太りやすく、晩年までに肥満となります。性格は外柔内剛です。男命の場合、妻は夫をよく助けます。煞星と同宮加会すると、怒りっぽい性格となります。

42

天府星が夫妻宮（卯・酉）にある場合

①夫妻宮がかなり強いため、男命の場合は恐妻家となります。配偶者は方円形の容貌で、がっしりしてい

て、少し背が高いでしょう。配偶者は頑固です。これは対宮が武曲星・七殺星となるためです。しかし、仲睦まじく添い遂げられるでしょう。

43 天府星が夫妻宮（巳・亥）にある場合

①夫婦仲は良いでしょう。煞星と同宮しなければ、最後まで添い遂げることが可能です。ただし、外に愛人がいる場合があります。煞星と同宮すれば、複数回結婚することになります。

②男命の場合、妻は性格が良く、品があります。家事を上手にこなすでしょう。

44 太陰星が夫妻宮にある場合

①男命は、妻の助力を得られます。仲睦まじく、最後まで添い遂げられるでしょう。妻は物静かで、効率を追求するタイプです。若い時分には、妻は可愛らしく、子供っぽい女性でしょう。月半ばの生まれの人は満月のように丸い容貌で、上半月の生まれの人は杏子のような容貌です。下半月の生まれの人は瓜型の容貌。太陰星は桃花運がもともと強いため、桃花星の同宮には注意が必要です。

②卯・辰・巳宮の場合に共通して、妻は素直で見た目も美しく、善良で品が良いでしょう。吉星が同宮するとさらに良くなり、結婚運は上々です。ただし、吉星が落陥していると潔癖性となります。

③卯宮の場合、配偶者はせっかちで行動的です。財運があり富を得られますが、社会的地位や権威・名誉を得ることは難しいでしょう。

④酉宮の場合、配偶者は愛嬌があり、多趣味です。

⑤辰宮の場合、配偶者は目に問題があります。近視または色盲・色弱などです。性格は行動的で、刺激・変化を好みます。

⑥戌宮の場合、配偶者は外見が美しいでしょう。中年期から太りはじめ、晩年は肥満になりやすいでしょう。

⑦巳宮の場合、配偶者は美しくて愛嬌があり、かつ行動的です。潤んだ瞳をしています。中年期にいたって、堂々とした風格が出ます。晩年は孤独になりがちです。

⑧亥宮の場合、妻によって富を得て成功します。妻は着やせするタイプで、細く見えますが、しっかり肉がついています。肌はきめ細かく、性格はとても優しい人です。男命女命に関わらず、配偶者は異性との出会いが多くなります。煞星と同宮するか、煞星が対宮し冲破されている場合、最後まで仲睦まじく添い遂げられない可能性があります。

45

文昌星・文曲星が夫妻宮にある場合

①文昌星の男性は、異性に対して吸引力があります。女性は家柄が良い傾向にあります。天機星・太陰星と文昌星が同宮すれば、妻は見た目が美しく、喜びを分かち合う、仲睦まじい夫婦となります。

②文昌星・文曲星は地空星・地劫星との同宮加会を喜びません。

③天機星・巨門星が卯・酉にある夫妻宮で、さらに文昌星と地空星・地劫星と同宮すると、結婚生活は波乱が大きく、二度三度と再婚することになるかもしれません。

④文昌星・文曲星が夫妻宮に座すると、30歳前後で再婚しやすいでしょう。文昌星だけでも同様に判断します。

⑤天機星・太陰星・文曲星が夫妻宮で同宮すると、夫婦間で問題を抱えやすく、精神的なプレッシャーが家庭に持ち込まれます。夫婦での争いが絶えないでしょう。地空星・地劫星・化忌が同宮すると、離

婚・再婚の可能性が高くなります。

⑥女命で文昌星・文曲星が夫妻宮に座すると、玉の輿やパトロンを得る暗示があります。あるいは再婚をすることになるでしょう。

46

左輔星・右弼星、天魁星・天鉞星が夫妻宮にある場合

①右弼星は夫妻宮の意味を拡大させてしまうため、再婚する可能性があります。外に秘密の愛人がいます。それが第二の配偶者となるかもしれません。

②左輔星は右弼星と同じく、再婚する可能性があります。違いは外に公然の愛人がいることです。

③左輔星・右弼星が同宮していると、二人の妻がいるという象意で、どちらとも長く付き会うことになります。

④文昌星・文曲星に左輔星・右弼星が同宮、あるいは天機星・太陰星に左輔星・右弼星が同宮すると、妻は美人となります。四煞・地空星・地劫星が同宮、あるいは左輔星・右弼星と廉貞星・貪狼星が同宮していれば、妻は若い年下のツバメを持つでしょう。

⑤女命の命宮が紫微星で、夫妻宮に左輔星・右弼星・廉貞星・貪狼星が同宮する場合、往々にして年の差婚になります。おそらく男性のほうが年上でしょう。

⑥左輔星・右弼星は、晩婚のほうが良いでしょう。早婚では再婚の暗示があるからです。

⑦左輔星・右弼星は、太陽星・太陰星、天機星・巨門星、武曲星・七殺星との同宮を喜びません。そこに火星・鈴星の同宮か対宮冲破があれば、離婚しやすくなります。左輔星・右弼星が夫妻宮にあると、配偶者が力を持ちすぎてしまうからです。

⑧天魁星・天鉞星が夫妻宮にあるのは、とても良い暗示です。配偶者の家柄は悪くありません。煞星が同宮加会すると、やや吉度が下がります。

47　化科・化権・化禄が夫妻宮にある場合

①化禄が夫妻宮に座するのは、結婚運にとってはあまり良くありません。ただし、異性との縁は多いでしょう。

②化権・化科が夫妻宮に入るのは悪くありません。ただし、結婚までは比較的長い交際期間を経ることになります。

③化権が夫妻宮や命宮に入る場合、表示体の宮位の人が積極的に相手を求めています。例えば化権が夫妻宮の対宮（官禄宮）にあれば、夫妻宮位（妻や夫）に対して相手側（本人）が求めていることになります。

48　化忌が夫妻宮にある場合

①往々にして夫婦間で口舌の問題が発生します。配偶者は情緒の変化が非常に大きく、扱いが難しくなります。

②対宮から化忌が冲する場合、配偶者は当人に大変厳しい対応をとったり、あれこれ詮索をしたりするでしょう。

49　禄存星が夫妻宮にある場合

①この場合は晩婚が良く、妻は比較的若い年下の女性となります。往々にして、妻により財を得ることになります。火星・鈴星・地空星・地劫星が同宮していると、結婚生活は波乱が多くなります。

②女命の場合、愛人や不倫相手になる可能性があります。あるいは再婚を経験する象意です。

③禄存星に地空星・地劫星が同宮すると、結婚生活は孤独で寂しいものになります。

50　天馬が夫妻宮にある場合

①禄存星と同宮すると、持参金や嫁入り道具が多くなるでしょう。吉星が同宮加会すれば、異性との享楽・快楽が多くなります。遠方の配偶者を娶る、または遠方に嫁ぎます。妻は男性にとって、幸運をもたらしてくれる存在です。

51　四煞が夫妻宮にある場合

①煞星が夫妻宮にあるだけでは、非常に悪いとは判断できません。しかし、擎羊星・陀羅星が子・午・卯・酉宮にあるのは、非常に悪いと言えます。

②陀羅星は主に冷戦（会話をしない）を意味します。逆に、擎羊星は口の争いです。

③火星・鈴星は異性との出会いが多くなります。比較的、晩婚のほうが良いでしょう。

【財帛宮：発財や破財に関して】

財帛宮は命盤上での発財や破財などを判断するだけでなく、独立運や適職などの判断にも活用できます。一般的な財帛宮の判断法は既に複数の書籍で解説されています。本書ではあまり語られていない項目をピックアップしてまとめております。

1　どの運限で発展するのか？

例えば、武曲星・貪狼星が火星・化権・化禄と逢うと、突発的な発展を意味します。日月昌曲（太陽星・

太陰星・文昌星・文曲星）が同宮すると、出世繁栄が可能です。日月昌曲は丑・未宮に座する時に同宮します。特に丑宮では地位や名誉を得ますが、同時に財も得るとは限りません。天府星が行限にある場合、基本的に財運は安定し、不動産を購入することもあります。

2　破財や閉店を判断する

(1)財帛宮　(2)田宅宮　(3)福徳宮の半分

破財や閉店等のタイミングを見る場合、上記の二つ半の宮位をチェックします。まず本命財帛宮をチェックし、その後に運限の財帛宮・田宅宮・福徳宮をチェックしていきます。

3　財帛宮で破財を表す星

(1)廉貞化忌　(2)太陽化忌　(3)天機化忌

これらが財帛宮にある場合、破財の象意となります。主星の輝度の状況を慎重にチェックする必要があります。その他にも、

①巨門化忌は破財だけでなく、刑訟も起こります。
②禄存星が落陥、または独座で地劫星・地空星と同宮加会すると、破財を表します。
③化忌が地空星・地劫星と同宮加会し、さらに凶星が同宮すれば、破財の金額が大きくなったり、被害が増すでしょう。
④本宮の星が平和以下の輝度、または無主星の場合で、財帛宮と田宅宮が良くない時は、財産的に深刻な状況です。
⑤截路空亡が財帛宮に座する場合、破財とまでは行かなくても、財は他の人へと流れてしまいます。しか

し、旬空ではそのような問題は起きません。

4　地劫星・地空星の二星に注意する

①武曲星・破軍星が本宮または財帛宮に座し、かつ地劫星・地空星が同宮する場合、財運に注意が必要です。

②武曲星・七殺星に凶星が加会して、本宮・財帛宮にある場合も同様です。

③廉貞星・貪狼星が財帛宮に座する場合も同様です。

④武曲星・破軍星が財帛宮で凶星と加会する場合も同様です。

⑤太陽星が落陥して財帛宮に座する場合も同様です。

⑥財帛宮に禄存が独座し、地劫星・地空星と逢うと破財します。

5　七殺星の性質について

七殺星で財を見る場合、その性質が発展となるか、破財となるかは非常に判断が難しく、経験に基づいて慎重に解釈しなくてはなりません。また官の性質や、名声や出世を判断する場合も同様です。

【財産的な発展と職業運の方向性】

財産的な発展性は、本命財帛宮と行運財帛宮から判断します。命盤を作成したあとは、これらの財帛宮を中心に、どの方面への発展性があるかをチェックすることが大事です。

職業運は命宮・官禄宮で判断することが多いのですが、どの方面で稼ぐかという意味においては、財帛宮の主星から発展の方向性を判断します。

1　公職・公務員・弁護士などに関係する主星・副星

①紫微・太陽・天梁・天同・天相・化科・天魁・天鉞・文昌・文曲・左輔・右弼。

②身宮・官禄宮に天魁・天鉞・化科が座する場合、往々にして公職につきやすいです。

③左輔・右弼・天魁・天鉞は、公職・弁護士に適しています。

④文昌・文曲は文化・教育関係に適しています。

2　政治・文化・教育産業に関係する主星・副星

これらに関係する星としては、太陽・巨門・貪狼が代表的です。象意が出やすい組み合わせは以下の通りです。

①太陽・巨門の組み合わせ。

②寅・申・巳・亥宮の太陽・巨門。

③太陽は卯・辰・巳宮で入廟していること。

④巨門が政治的意味合いを持つ星と関係していること。

⑤貪狼が独座。

⑥紫微・貪狼の組み合わせ。

3　商業の方向性に関係する主星・副星

財務官僚など、財にまつわる公的な仕事も、商業の範疇として判断します。

具体的には、武曲星・廉貞星・天府星・太陰星・貪狼星・七殺星・破軍星が大事で、これらの主星が何宮位にあるかで、発展の方向や成否に差が出てきます。

例えば武曲星が四墓の地にある、天府星が命宮に座する場合は、七殺星・破軍星・貪狼星が入廟していると、大きく発展に影響します。

上記の星ほかには、禄存星が財帛宮にあって入廟していると、コツコツ着実に財を得ます。左輔星・右弼星が加会すると、労力をつぎ込まなくても容易に財を得ることができます。しかし火星・鈴星・地劫星・地空星と逢うと、往々にして財の獲得は困難となり、努力を重ねても実りは薄いものとなります。

・太陽星に左輔星・右弼星が同宮し、天馬星・禄存星にさらに逢うと、外地で財を得るでしょう。
・行限で太陽星が巡ると、政治に関係する事象と出会いやすいでしょう。
・順序として、生年・大限・小限・月・日・時間の順に鑑定を進めます。
・財帛宮が強い人はビジネスマンになりやすいです。官禄宮が強い人は、名声名誉を得やすいです。

【子女宮：子供の性別の見方について】

子供運や妊娠・出産等の判断で子女宮は重要な宮ですが、生まれる子供の生別の判断法等に関して様々な口伝や収集したデータをまとめました。

1　暗星（巨門星・太陰星・貪狼星）および桃花星が子女宮にある場合、女子が生まれる可能性が高くなります。太陽星・太陰星同宮（丑・未宮）と、太陽星・太陰星対宮（辰・戌宮）では、子供が少なくなる傾向です。しかし、子供の数や性別に関しては、配偶者の命盤もチェックする必要があるでしょう。

2　紫微星・天府星・孤辰・寡宿が夫妻宮や子女宮にある時も、子供は少ないです。華蓋・空亡星が同様の配置となると、これは僧道的を意味する格局のため、やはり子供は少なくなります。

3　七殺星・破軍星・禄存星・地空星・地劫星も子供が少ないことを意味し、地空星・地劫星・凶星が子女宮に座する場合は、往々にして夭折・流産の可能性があります。

4　華蓋・白虎・天哭・天虚が子女宮に座する場合、親不孝な子供になりやすいです。

5　流年の旬空が子女宮に入る、空亡星が子女宮に入る場合、子供は生まれるが、きちんと育つ確率は低くなります。ただし、天狗（生年支の二つ前の宮。例えば生年「巳」ならば「卯」）が子女宮になる場合は、判断が異なります。

6　子供が生まれる年は、流動星をもって判断します。

①流鸞・流喜が本宮および子女宮に入る。

②流魁・流鉞が本宮および子女宮に入る。

③流禄が本宮および子女宮に入る。

④流昌が本宮および子女宮に入る。

⑤子女宮に化科・化権・化禄が入る。

これらの条件を満たす場合でも、星の輝度が大事です。輝度が高いほうが、生まれる可能性も高いものです。

第二章　飛星四化における高度な技法

近年になって、東海林秀樹先生や照葉桜子先生の著書で鮮度の高い台湾・香港の飛星法が公開されていますが、日本全体で見ても飛星法の専門書はまだ数冊といったところで、海外の研究規模には遠く及んでいません。

本書では飛星四化における五行属性の活用法についての新説と、生年四化と宮干四化との関係性、そして十二宮四化の飛星による作用についてなど、ページが許す限りではありますが、台湾・香港で流通する新旧の技法を紹介したいと思います。やや舌足らずな部分や荒削りな箇所があるのはご容赦いただきたいのですが、飛星四化紫微斗数の可能性を追究する、格好の入門編となるはずです。

【飛星四化における五行属性】

1　化禄・化権・化科・化忌の五行属性に関して

十二宮の五番目の宮は財帛宮であり、五とは中宮に属します。そのため一般的には化禄は土だとされています。しかし、本来の化禄は金に属します。金は水を生じるため、化禄（金）が化忌（水）と同宮すると、化禄は化忌を生じる水源となります。このため化禄の特性が消え、二つの化忌があるような状態になります。化禄が化忌を解厄しないという現象はこれが理由となります。以下、四化星の五行属性に関する一説をまとめます。

①化禄は金に属します。
②化権は火に属します。
③化科は木に属します。
④化忌は水に属します。

2 化禄は財福を表し、友情を表し、また増長・肥満を意味します。

3 化権は成功・成就を意味します。また拡大と権威を意味します。

4 化科は有力者からの助力を表します。また質素・簡素を意味します。

5 化忌は是非の星で、諍いや口論を表します。

6 遷移宮の化忌が命宮に飛星する場合、生地を離れることになります。トラブルなどで、居住地を離れる可能性もあります。対人運・対外運である遷移宮の化忌が対宮である命宮に飛星することは、対人・対外的な面において、非常に苦労が多くなることを意味します。

7 飛星した化禄がその宮にある化忌を化出することがありますが、これは紫微斗数の理論としてとても重要です。化禄（金）は化忌（水）を生じ、活動力を与え、「化出する」ことになります。これは人の欲望を喚起することを表しています。この化禄と化忌の関係は因果のごとく絡み合い、種をまけば必ず実を結ぶことを表します。

8 命宮化禄が兄弟宮に飛星して、兄弟宮が自化忌ならば忌出します。これは兄弟の願望達成のために自ら

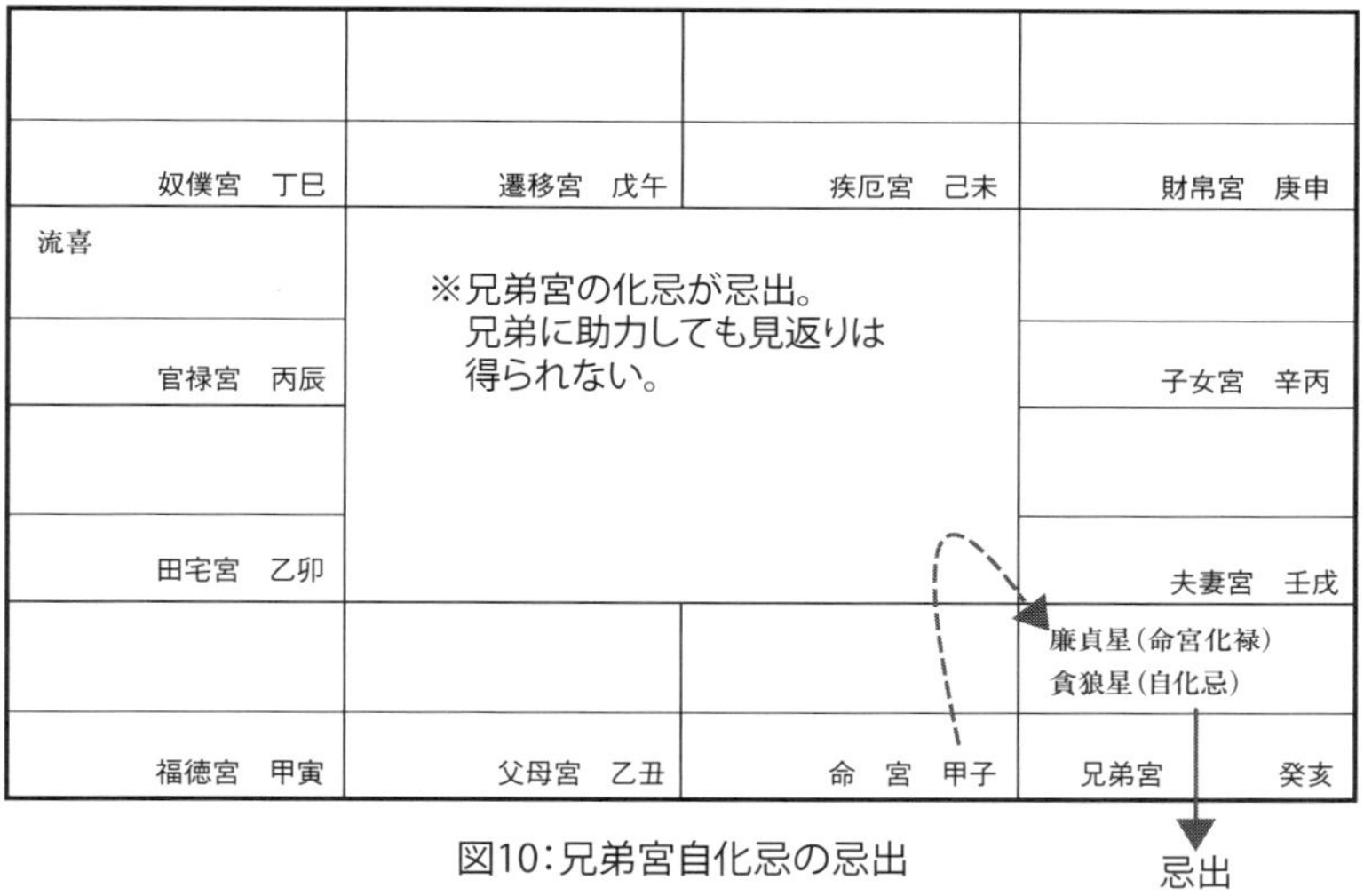

図10：兄弟宮自化忌の忌出

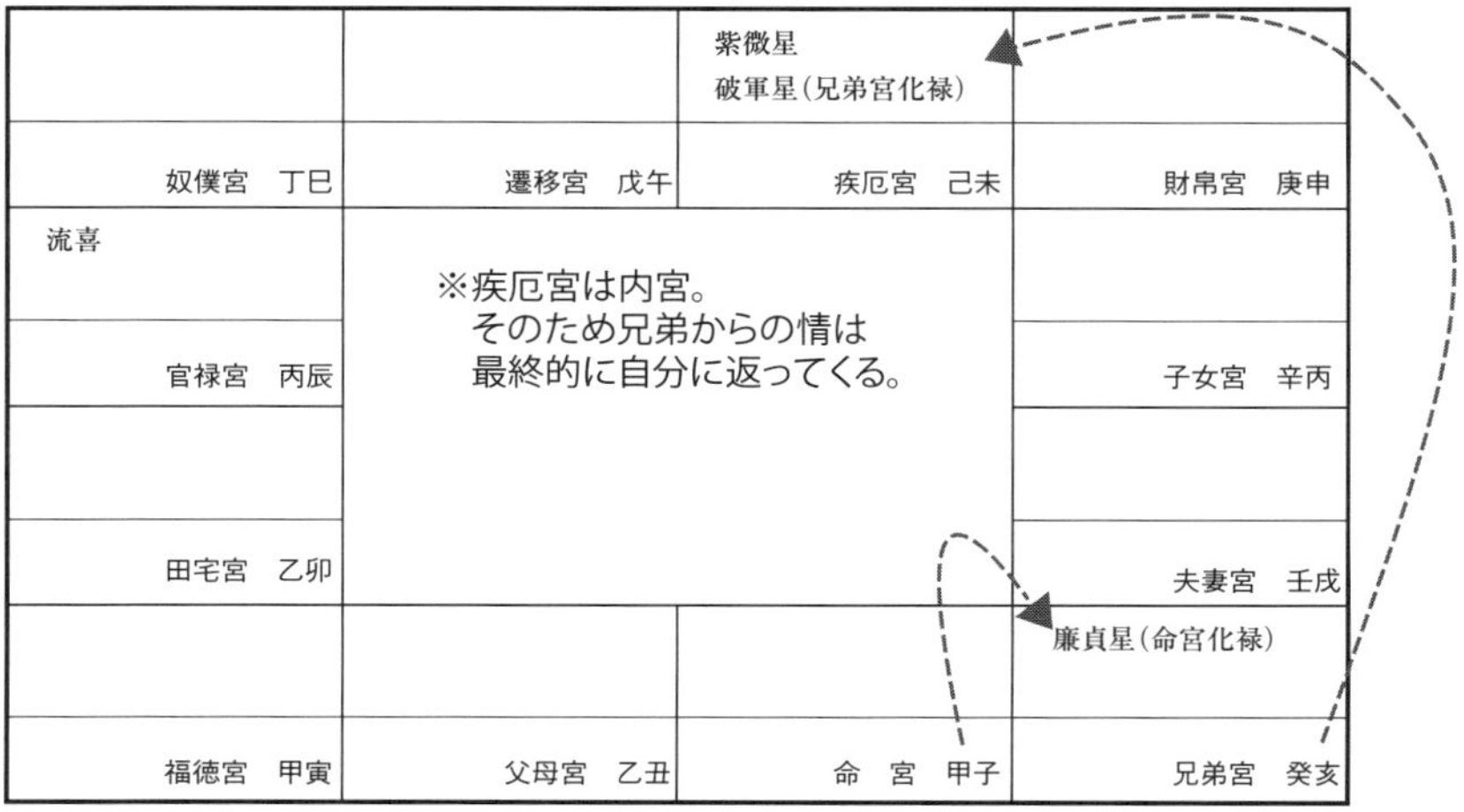

図11：命宮化禄と兄弟宮化禄の飛星の関係

が助力したとしても、見返りは得られないことを意味し、自分にとって満足な結果にはなりません。こ

れは化禄が化忌を追う因果関係と言えます。（図10）

9　例えば命宮干が甲で兄弟宮に廉貞星があれば、命宮化禄は兄弟宮に飛星します。さらに兄弟宮が癸で疾厄宮に破軍があれば、兄弟宮化禄は疾厄宮に飛星します。この場合、兄弟に愛情を注げば、兄弟からの愛情や安らぎを得ることができます。疾厄宮は内宮なので、兄弟宮化禄が飛星するならば、兄弟の有情は自分に返ってくるからです。（図11）

※内宮は命宮・財帛宮・疾厄宮・官禄宮・田宅宮・福徳宮、これに対して外宮は兄弟宮・夫妻宮・子女宮・遷移宮・奴僕宮・父母宮。

【生年四化の応用技法】

①化禄・化権が同宮する場合、最も財運が良い。商売人の配置です。
②化科・化忌が同宮する場合、専門的技術者や職人に向きます。
③化科・化権が同宮する場合、有識者や学者に向きます。
④化科・化忌が同宮する場合、サラリーマン的です。
⑤化権・化忌が同宮する場合、同じくサラリーマン的です。
⑥化禄・化忌が同宮する場合、同じくサラリーマン的です。

【十二宮四化の応用技法】

1　官禄宮四化の技法

①本命宮・財帛宮・官禄宮のどれか（本命三方の一宮）に巨門星があり、田宅宮または疾厄宮の干が「丁」の場合、化忌は巨門星につきます。これは落ちぶれて、泥棒になる象意です。

②官禄宮化忌が兄弟宮に入り奴僕宮を冲することがありますが、あまり影響はありません。兄弟宮は財帛宮の田宅位のため、冲とはならないと考えます。

③官禄宮化忌が疾厄宮に入り父母宮を冲し、流年が父母宮に入った場合、会社の倒産などが発生します。

④官禄宮化忌が子女宮に入り田宅宮を冲すると、金銭的損益を意味します。

⑤疾厄宮化忌が官禄宮に入る場合ですが、流年や大限でこのような飛星が起きると、就活や営業など、自ら行動することで仕事を確保する時期となります。

⑥疾厄宮化忌が官禄宮に入り夫妻宮を冲する場合、夫妻位に流年が入るタイミングで倒産が発生します。

⑦官禄宮化禄が疾厄宮に入り、疾厄宮化忌が官禄宮に入る場合、これは兼業を表す配置です。同時に二つのことを行うとも判断します。一人二役という意味です。

⑧官禄宮化忌が命宮に入る場合、生年化忌が命宮に入っていれば、サラリーマンや雇用される者の命です。波乱がありそうに見ますが、雇用自体は安定しているでしょう。

2　財帛宮四化の技法

①財帛宮化禄が命宮に入る場合、財を得ることや、資産家を表します。

②大限が田宅位に入る場合、本命田宅宮が大限命宮となり、本命財帛宮の位が大限奴僕宮となります。そして奴僕（財帛宮）の化禄が命宮に入るような状況では、大金を得ることができます。多くの負債を抱えていても、返済できる配置です。

③財帛宮化禄が兄弟宮に入るようなケースを「入庫」と呼びます。これは財帛宮を本宮とした場合、田宅位に当たるのが兄弟宮であるためです。財帛宮化禄が兄弟宮に入れば、他者に対してケチケチした行いをして、周囲から憤慨されたり、軽蔑されやすいでしょう。

④財帛宮化禄が奴僕宮に入る場合、投資や投機を行います。また株主になることを表します。

⑤財帛宮化禄が夫妻宮に入る場合、財を妻に任せることを表します。

⑥財帛宮化禄が子女宮に入る場合、子供が無駄遣いをするでしょう。または子供や配偶者に大金がかかるなど、家庭を大事にしたり、家族サービスにお金を使うことも表します。

⑦化禄が田宅宮に入る場合、家庭を大事にして、家族サービスにお金を使います。

⑧財帛宮化禄が自化禄となる場合、これは「禄出」と呼び、良い意味ではありません。ケチな性格になる配置です。

⑨財帛宮化禄が福徳宮に入る場合、比較的裕福な生活となるでしょう。

⑩財帛宮化禄が疾厄宮に入る場合、財を自分のために使います。高級な食事や高い服にお金を出し、健康を求めて医療やジムなどにお金を使います。

⑪財帛宮化禄が官禄宮に入り、官禄宮は財帛宮を本宮とした場合、財帛宮に当たります。今は投資をすべきタイミングであることを表しています。

⑫財帛宮化禄が父母宮に入る場合、父母宮位は財帛宮を本宮とすれば奴僕位に当たるため、あまり良い飛星ではありません。他者にお金を預けるような意味があります。

⑬財帛宮化禄が田宅宮に入る場合、家族を大切し、蓄財があることを表します。

⑭田宅宮化忌が財帛宮に入る場合、家庭にお金が不足していることを表します。

⑮財帛宮化忌が夫妻宮に入り官禄宮を冲する場合、財は入ってきません。マメに働くしかありません。夫妻宮は福徳宮を本宮とした場合、官禄宮に当たります。財帛宮化忌が夫妻宮に入ると、一生にわたって楽しみや幸福が薄くなります。

⑯財帛宮化忌が兄弟宮に入る場合、兄弟に対して金銭を要求することを表します。奴僕宮に化忌が入る場合も、同様の現象となります。

⑰財帛宮化忌が命宮に入る場合ですが、命宮は財帛宮を本宮とすると、官禄宮になります。財を得るために非常に苦労します。また節制・節約をします。

⑱財帛宮化忌が父母宮に入り、父母宮は奴僕宮を本宮とした場合、財帛宮に当たります。そのため破財・浪費を意味する配置で、損をしやすく不吉です。

⑲財帛宮化忌が福徳宮に入る場合、享楽的で浪費的な配置です。自分の好きなことに投資したり、楽しみのために財を使うでしょう。

⑳財帛宮化忌が田宅宮に入る場合、これは財を得ることを表します。しかし一気に入ってくる財ではなく、財は少しずつ時間をかけて、着実に増えていく財です。

㉑財帛宮化忌が官禄宮に入る場合、財を得られますが、その財は投資に回されます。

㉒財帛宮化忌が遷移宮に入る場合、財を得られますが、遊びや友人づきあい、社交で無駄遣いすることになります。

㉓財帛宮化忌が疾厄宮に入る場合、肉体労働で金銭を得るという配置です。女命の場合、肉体を使用して

財を得るということから、風俗や水商売で働くといった意味も考えられます。

㉔財帛宮化忌が子女宮に入る場合、子供が良くないお金の使い方をします。例えばギャンブルや水商売、風俗などで浪費します。

㉕田宅宮化忌が財帛宮に入る場合、これは財を失う危険な配置です。

3　流日四化の技法

①お金を借りたい場合、流日命宮化禄がどの宮位に入るかをみます。夫妻宮に入ったならば、配偶者にお金を借りに行ってもらうのが良いでしょう。配偶位に化禄があるので、借りられるはずです。さもなければ天刑（業力星）の座する宮位をチェックします。例えば天刑が田宅宮にある場合、田宅宮は異性の友達（田宅宮は奴僕宮の夫妻宮に当たります）を表しますから、そこから借りると良いでしょう。

※天刑は業力星です。業力の星とは、善行には善行を、悪業には悪業を返すという意味から、貸借を表します。流日の宮位に天刑がある場合、逆に友人がお金の無心に来る可能性があります。こういう場合、そのお金は返ってきません。

②流日の奴僕宮化禄が財帛宮に入る場合、貸した金を取り立てに行く、あるいは金を借りに行くのに良いタイミングです。この時はお金が入ってきます。ただし、どの諸星の化禄なのかに注意が必要です。例えば天機星の化禄なら、変動星であることから、お金が行ったり来たりします。

【生年四化と自四化について】

①生年の化禄が自化禄に逢うと、化禄の効果が失われます。これは化禄が化出されるからです。

②生年の化禄が身化権に逢うと、名声を得られます。
③生年の化禄が身化科に逢うと、富貴を得られるでしょう。
④生年の化禄が身化忌に逢うと、化禄と化忌が逢うことから「双化忌」と呼ばれます。辛苦があります。
⑤生年の化権が自化禄に逢うと、評判を得るには、外出しなければなりません。
⑥生年の化権が身化権に逢うと、化権の効果が失われます。これを化権が化出されるからです。
⑦生年の化権が身化科に逢うと、貴人と出会う機会を得られます。
⑧生年の化権が身化忌に逢うと、辛苦あるのみです。化権が在住するのは「実」ですが、対宮から照らす化権は「虚」でしかありません。
⑨生年の化科が自化禄に逢うと、評判が良く、名声は四方にとどろくでしょう。
⑩生年の化科が自化権に逢うと、名声を得られます。
⑪生年の化科が自化科に逢うと、化科は化出され「無化科」となります。この場合、本来の化科が表す貴人の恩恵はありません。
⑫生年の化科が自化忌に逢うと、化忌（水）→化科（木）で水生木となり、化忌の効果が失われます。化忌が化出され「不忌」と呼びます。
⑬生年の化忌が自化禄に逢うと、双化忌となります。この場合、対宮は本宮より凶となります。
⑭生年の化忌が自化権に逢うと、災いがあります。対宮がやや良ければ、財は少し回ってきます。
⑮生年の化忌が自化科に逢うと、貴人の恩恵はないでしょう。
⑯生年の化忌が自化忌に逢うと、化忌が化出されます。「不忌」となります。

⑰生年の化権もしくは化科が自化科に逢うと、疲れ気味となる傾向です。
⑱生年の化科もしくは化忌が自化忌に逢うと、吉凶がそれぞれ繰り返されるため、不安定です。

【幼少時の学業成績】

①官禄宮の化禄が父母宮に入ると、勉強をあまりしなくても聡明で、機転が利いて優秀です。
②官禄宮の化権が父母宮に入ると、自分から勉強し、優秀な成績を修めるでしょう。
③官禄宮の化科が父母宮に入ると、成績はごくごく普通です。
④官禄宮の化忌が父母宮に入ると、無理強いされないと勉強はしないでしょう。
⑤化禄と化権が同宮して父母宮に入ると、成績優秀で、政治家への道もあります。
⑥化禄と化科が同宮して父母宮に入ると、学業には良いでしょう。
⑦化権と化科が同宮して父母宮に入ると、真面目に勉強しない限り、良い成績にはなりません。
⑧父母宮に自化忌がある場合、自分で勉強することは難しくなります。
⑨官禄宮の化禄が遷移宮に入ると、一見聡明な印象ですが、真面目さや勤勉さを欠きます。

【その他の問題や象意】

①官禄宮化忌が遷移宮に入り命宮を沖する場合、起業したり、転職したりするなど、職業面で大変動きがあるでしょう。
②官禄宮の化忌が命宮あるいは遷移宮に入る場合、起業には吉ですが、起業時に引っ越しをすると凶とな

ります。

③大限宮禄宮の化忌ですが、本命宮や本命官禄宮を冲するならば、その時期はサラリーマンになるほうが良いでしょう。

④本命福徳宮が大限福徳宮を冲する時、自殺をする恐れがあります。

⑤兄弟宮の化忌が命宮・財帛宮・官禄宮に入ると、仕事上重要な人間関係を築くことが難しくなるでしょう。

⑥化禄・化権が兄弟宮・奴僕宮の二宮にあると、映像関係の仕事に向きます。

⑦子女宮の化権が財帛宮に入ると、兄弟より財産を多く得ます。

⑧疾厄宮干が丁で、巨門星の化忌が官禄宮にあるような人は、法律を犯すか、刑罰を受ける可能性があります。疾厄宮化忌、または田宅宮化忌が巨門星に飛ぶ場合、社会的に問題が生じやすいのです。

⑨破軍星の化忌が命宮・疾厄宮に入ると、暴力団や暴走族など、非合法な組織の長になる可能性があります。

⑩破軍星の化忌が子女宮—田宅宮線に入ると、暴力団などの構成員になる可能性があります。

⑪天刑星と化忌が同宮する場合ですが、流月・流日では特に問題は起きません。

⑫天刑星が兄弟—奴僕宮線にあると、友人はバリエーションに富みますが、助力を得られるかは微妙です。

⑬天刑が父母宮にあると、父母とは縁がなく、災いをもたらすような人に会いやすくなります。

⑭命宮に天機星か巨門星があり、天梁星と同座している場合。さらに自化禄あるいは自化権があれば、自分に都合のよい嘘をつき、人を困らせるでしょう。

⑮命宮化忌が夫妻宮に入って官禄宮を冲すると、起業することは困難になるでしょう。
⑯財帛宮の化忌が夫妻宮に入って官禄宮を冲すると、起業に際して借金が必要になります。
⑰官禄宮の化禄あるいは化忌が夫妻宮に入ると、事業は配偶者の名義で行うのが良いでしょう。
⑱命宮の化忌が福徳宮に入ると、ものぐさな性格になり、仕事に支障が出ます。
⑲化忌が福徳宮に入り財帛宮を冲するのは、借金をして事業をしているような自転車操業状態を意味し、周囲に対して何らかの負い目があります。どの宮の化忌かによって、意味や程度は変わります。
⑳夫妻宮の化忌が財帛宮に入って福徳宮を冲すると、夫妻は財を巡って対立することになります。
㉑子女宮は、妻の妹（配偶者の兄弟宮）や共同経営者を見るのに使うことができます。
㉒夫妻宮の化忌が化出していると、配偶者は不平不満を言わずに働きます。
㉓大限命宮と本命子女宮が重なる（大限が子女宮に到達する）と、恋愛のチャンスが訪れます。基本的に、大限が子女宮—田宅宮線に到達する時が恋愛のチャンスです。
㉔流年が大限子女宮—田宅宮線に到達すると、その年に恋愛の機会があります。
㉕大限化忌が本命子女宮に入る時期に、恋愛のチャンスがあります。
㉖子女宮化忌が大限命宮に入る時期に、恋愛の機会が訪れます。
㉗命宮化忌が子女宮に入ると、女性の場合、婦人科系の疾病になるおそれがあります。男性の場合、恋愛のチャンスですが、妻帯者の場合は愛人を持ったりします。また、長年の旧友との久々の再会があるかもしれません。
㉘奴僕宮は、夫妻宮を命宮とした場合の疾厄宮です。そこから自化忌が出ると、妻は不妊の可能性があり

ます。夫妻宮から自化忌が出る場合には、妊娠しないか、出産しても流産・死産となるおそれがあります。

㉙疾厄宮化忌が化出しても白虎があると、紫微星のような制厄作用が働き、化忌の働きを抑えることができます。

㉚子女宮化忌が遷移宮に入り命宮を冲する場合、子供に何らかの災いがあると見ます。

㉛大限夫妻宮、あるいは流年命宮―遷移宮線で結婚する可能性があります。ただし夫妻宮化忌、あるいは流年化忌に逢う場合は、結婚に到る可能性は低いでしょう。

㉜大限夫妻宮の化忌あるいは流年の化忌が流年命宮に入ると、子供ができてから結婚する可能性があります。

㉝田宅宮の化禄が遷移宮に入り命宮を照らすと、子女宮の表す、恋愛や性的な事柄に関して吉となります。

㉞田宅宮化禄が子女宮に入るのも同様です。

㉟田宅宮化忌が子女宮に入ると、子女宮的な事柄に関して凶となります。

㊱奴僕宮化禄が命宮に入り、同時に命宮化禄が奴僕宮に入る（化禄が来て化禄が去る）ことは、抱擁と接吻だけで終わるという意味で、それ以上の性的関係に発展しないことを意味します。あるいは付き合いの最初は良いのですが、それ以上の発展がないことを意味します。

㊲同様に奴僕宮化禄が命宮に入り、同時に命宮化忌が奴僕宮に入る（化禄が来て化忌が去る）場合には、良いことが重なります。

㊳官禄宮化忌が遷移宮に飛星し命宮を冲すると、仕事は変化しやすく、安定しません。命宮化忌が遷移宮

に飛星するのも同様です。大限では一〇年、流年では一年ですが、上記のような状態が起きれば、その期間中は仕事が変化しやすく、安定しません。

㊴大限官禄宮化禄が子女宮に入り田宅宮を冲する場合、財は恵まれます。

㊵大限官禄宮化忌が子女宮に入り田宅宮を冲する場合、財に困窮するでしょう。

㊶流年における事業運の吉凶は、官禄宮化忌が飛星する時、または化忌から冲された流年を見ます。一般的には、官禄宮化忌が飛星する、または冲された後に良い方向に転じるでしょう。

㊷財運が良くない人は、財帛宮化忌の飛星する流年、化忌の冲する流年以降でないと、良くなりません。

第三部　実践例題

【例題1】ある大限で実家が火災となり父親が亡くなられた女性

自化忌

天鉞 地空 地劫 天馬 絶 天福 三台 旬空 喪門 奏書 孤辰 寡宿 蜚廉 破砕 丁巳 疾厄宮 72-81	天機 左輔 天喜 天官 胎 飛廉 戊午 財帛宮 82-91	紫微 破軍禄 龍池 鳳閣 養 華蓋 官符 喜神 己未 子女宮 92-101	右弼 封誥 天貴 長生 大耗 劫殺 病符 庚申 夫妻宮 102-111
太陽 文昌 鈴星 天空 墓 天月 旬空 将軍 丙辰 遷移宮 62-71 自化科	女性Aさん 癸年三月午時 水二局 斗君:辰		天府 天虚 沐浴 八座 災殺 大耗 辛酉 兄弟宮 112-121
武曲 七殺 天魁 火星 死 天姚 天哭 小耗 乙卯 奴僕宮 52-61			太陰科 文曲 解神 陰殺 冠帯 天殺 伏兵 壬戌 命宮・身宮 2-11
天同 天梁 天巫 恩光 病 亡神 病符 青龍 甲寅 官禄宮 42-51	天相 擎羊 天才 天寿 衰 寡宿 截空 力士 吊客 乙丑 田宅宮 32-41	巨門権 禄存 紅鸞 台輔 帝旺 天徳 咸池 截空 博士 甲子 福徳宮 22-31	廉貞 貪狼忌 陀羅 天刑 臨官 白虎 官府 癸亥 父母宮 12-21

自化忌

図A：女性Aさんの紫微斗数 本命盤

【基礎情報】

この命盤の女性はとても社交的で、夫とともに高級レストランを経営し、その他にも複数の事業を手がける才色兼備な方です。多少の波はありましたが、高級レストラン・その他の事業ともうまく切り盛りしており、比較的順風満帆な運勢だと言えます。

夫婦仲も良く、人縁に恵まれています。旅行や芸術、美食を愛し、上品で快活な性格です。しかしながら、少しお人よしで同情心が強いため、人にお金を貸したりして散財することもあります。とはいえ、大きな被害にまでは遭っていません。

このAさんですが、ある大限期に実家が火事となり、父親が巻き込まれて亡くなるというショッキングな出来事がありました。

両親との関係ですが、生き方に関して意見の相違があり、Aさんは親の望んだ方向とは違った生き方を選びました。20代で積極的に家を出て、自分の思う道を進んでいたため、親とは多少の確執があったようです。しかし後年、それを乗り越えて、ご両親とは仲良くしていたということです。

この例題ではAさんの命宮の状態と、火事のあった大限（52～61歳）と流年（丙申年）に関する事象を中心に解説していきます。

【命盤】

命盤を解読するために、まず命宮からチェックしていきます。命宮は戌宮です。身宮も戌宮であり、命宮・

身宮が同宮しています。後半生に大きく影響する身宮が命宮と重なっているため、運勢の流れに大きな変化が出難いタイプの命盤で、人生の目標や、当人のやりたいことが終始一貫している人でしょう。（図Aの本命盤を参照）

◆太陰星

命宮には太陰星が入っています。戌宮は夜宮（戌時は19〜21時と夜に属する）のため、太陰星は輝度が高く良い条件です。また陰暦では13日生まれになるため、満月近くとなります。これも太陰星が強くなる良い条件です。

太陰星は、財星であるとともに、人縁に恵まれた主星ですから、人からの信用も厚いでしょう。器用に多くの物事に精通するので、複数の仕事を兼業することが可能です。また太陰星は蓄財の星ですから、浪費・漏財はあっても凶星の同宮加会がなければ、財に困窮することはないでしょう。

廟した太陰星は色白で小柄、目はくっきりしています。ただし戌宮にあるので、中年期から少々太りやすい傾向があるかもしれません。（太陰星：八四頁を参照）

◆文曲星

文曲星は技芸・学道の星であり、同宮する太陰星をよくサポートしています。太陰星と文曲星が同宮ならば、平均以上の家柄に生まれ、社会的な地位を得ることが可能な配置です。また海外運や、外国の方との縁にも恵まれます。（文曲星：一三六頁を参照）

戌宮で旺しているため早婚の可能性が高いのですが、事実、Aさんは20代前半にご結婚されています。

◆化科星（太陰星に付く）

太陰化科が命宮にあれば、女性が関わる物事で名声を得ます。もしくは仲介業や、マネージメント的な仕事で財や名声を得るでしょう。（太陰化科：一七二頁を参照）

◆陰煞星

これは狭量と邪魔の星です。対人運に問題が出やすく、陰口を叩かれたり、悪い人間に邪魔をされやすいのです。ただし、解厄力にある解神星が同宮しているので、問題は和らぎます。しかし流年等で煞星や化忌が入れば、詐欺や妨害など、陰湿な人間に問題を起こされるでしょう。（陰煞星：二〇〇頁を参照）

◆解神星

解神は凶を吉に変える諸星で、特に乙級以下の諸星に作用するため、同宮している陰煞星の解厄に働きます。災いや困難を解消し、その災いを和らげることができます。（解神星：二一一頁を参照）

◆乙級以下の諸星

長生十二神では冠帯が入っています。命宮に冠帯があるのは喜ばしく目的意識がハッキリして勝負運強い配置です。人望も得やすいでしょう。特に主星が太陰星のため人気運を得やすい配置です。（冠帯：二二四頁

を参照)

博士十二星では伏兵が入っています。この星は口舌の問題や訴訟を引き起こす、比較的作用の弱い星ですが、ほかに口舌の問題を起こす甲級の凶星がないため、強い作用は起こしません。しかし陰煞が入っているので、流年で化忌が入る時などは注意が必要です。(伏兵:二二二頁を参照)

三煞の中で天煞星が命宮にあります。三煞は命宮に入れば大胆で怖いモノ知らずになると言われていますが、主星が太陰星なのでそれほど強くありません。ただし大限や流年の化忌が飛星した時は運気の低迷を引き起こす可能性があります。(天煞:二三二頁を参照)

◆命宮の三方四正(財帛宮・遷移宮・官禄宮)

命宮の三方四正の配置も重要です。対宮(遷移宮)には太陽星があります。遷移宮に太陽星がある方は独立志向で、早くから家を出やすくなります。Aさんが親の敷いたレールに乗らなかったのも、この配置の影響は強いでしょう。

また対宮(遷移宮)には文昌星が座しているため、命宮・対宮(遷移宮)に文昌星・文曲星の兄弟星が入ることになり、文化的・芸術的な影響が非常に強く現れています。高級レストランを運営し、芸術的な料理を提供しているのもうなずけます。(太陽星:三三頁を参照)

三合では、財帛宮に天機星と左輔星、官禄宮に天同星と天梁星があり、いわゆる「機月同梁格」となっています。さらに命宮・三合・対宮に殺星は鈴星だけですから、非常に発展性の高い命盤となっています。機月同梁格等の格局については鮑黎明先生の『紫微斗数闡秘』を参照してください。

【結婚について】

結婚運を見る場合、基本的には夫妻宮をチェックします。Aさんの場合、主星がないのですが右弼星が座しています。また強い凶星がなく、これは吉兆と言えます。

また夫妻宮を本宮とした三方四正（遷移宮・福徳宮・官禄宮）には、鈴星以外は甲級星・乙級星の凶星がなく、結婚運に吉作用をもたらす紅鸞星が入っているため、これは配偶者に恵まれる配置です。

結婚運の判断として、命宮と夫妻宮から宮干四化を飛星させると、

・命宮化禄が官禄宮に入り夫妻宮を照らす。

・夫妻宮化禄が遷移宮に入り命宮を照らす。

という形となり、夫婦円満な配置となっています。実際、Aさんは20代前半で結婚され、ご主人と二人三脚で頑張ってこられました。（図A—1を参照）

前述のように、Aさんの結婚は20代前半でしたが、22～31歳の大限命宮を見ると、結婚のタイミングを示す紅鸞星が座しています。（紅鸞星・天喜星：一八六頁を参照）

さらに、この大限には巨門化権があります。化権・化科が入る宮に大限・流年が巡ると、そのタイミングに結婚しやすいのです。（結婚のタイミングはいつか？：二五六頁を参照）

【親との関係について】

この命盤のネックは父母宮（亥宮）です。主星として廉貞星・貪狼星の二つの北斗星が入り、他に陀羅星・

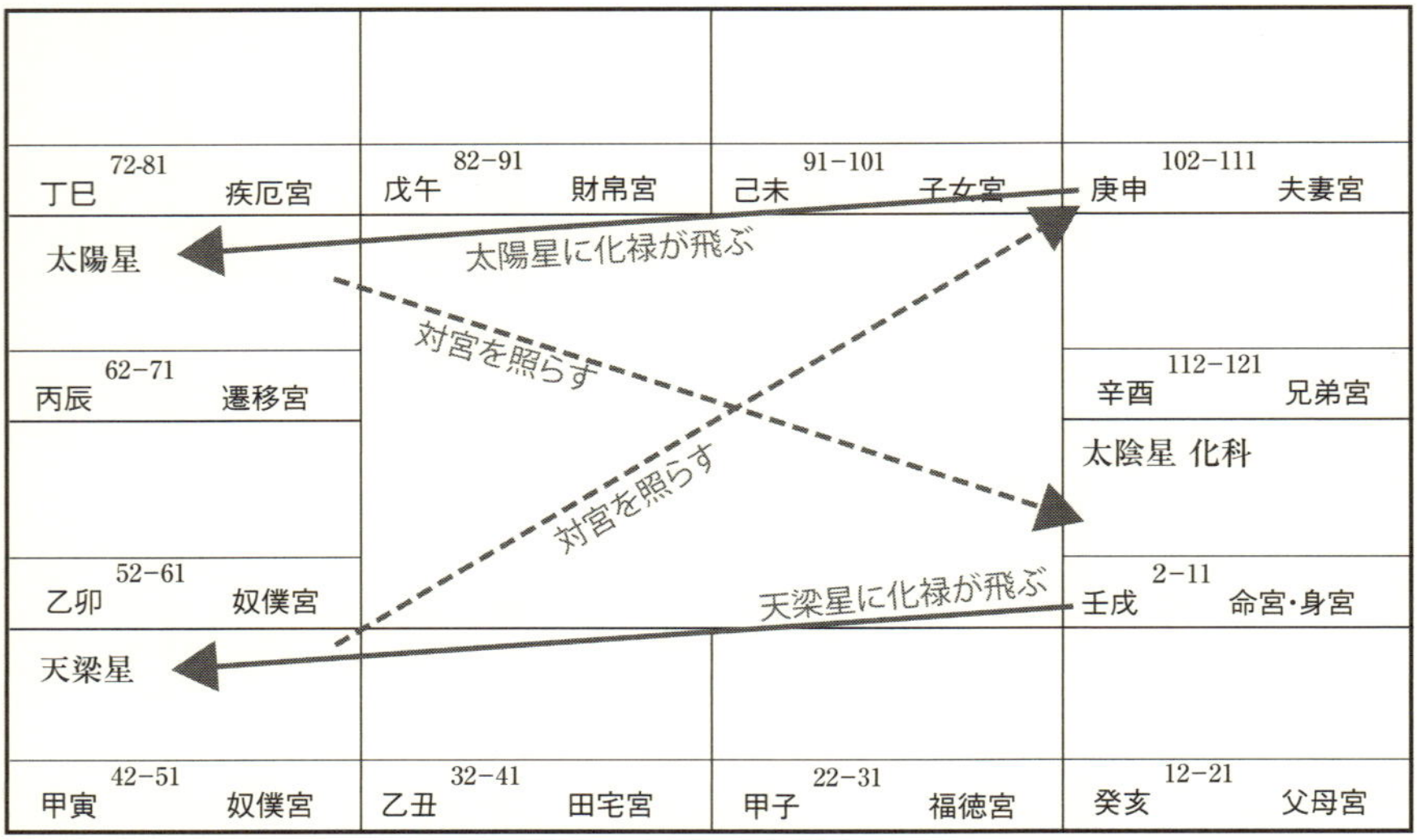

図A-1：命宮化禄が夫妻宮を照らし、夫妻宮化禄が命宮を照らす

図A-2：22-31歳の大限命宮に生年化権と紅鸞星が入る

天刑星・白虎が入ります。全部が凶星という配置です。さらに貪狼星には化忌が付くため、非常に不吉だと言えます。

この配置では、両親（特に父親）の性格はきつく、生き方もマイペースなため、子供と衝突しやすいでしょう。また化忌があるため非常に変動運が強く、陀羅星・天刑星・白虎の影響もあり、事故や突発的な問題が発生しやすい配置です。


【大限運】

続いて火事の起こった大限・流年の運勢の流れを見ていきましょう。

火事が起こったのは大限52～61歳運（数え年）、卯宮にある時で、発生した年は「丙申年」です。


大限一〇年の運勢を見るときには、破殺狼が入っている（変動運が強い）かどうか、四煞が入っている（凶意が強い）かどうかに、注意が必要です。

Aさんの命盤では、破殺狼と四殺が両方入っている宮は、亥宮（父母宮）と卯宮（奴僕宮）です。

亥宮の大限は12～21歳です。この時期はまだ実家で生活している時期で、かつ父母宮であるため、両親とは考え方が合わず、悩み多き時期だったと思います。

次に、火事が発生した卯宮の大限は52～61歳です。こちらも三方の一つが亥宮であり、凶星が集中しており、問題が出やすそうです。

ただもう一方の三合宮（本命の官禄宮）には紫微星・破軍星があり、大限命宮化科が入るため、名声や評価を高めたり、新しいビジネスを始めるには良い時期でもあります。

◆本命宮と大限命宮の循環忌

続いて52～61歳の大限命宮の宮干化忌に注目します。まず命宮に太陰星があるため、太陰星に化忌を飛ばす宮を調べます。

太陰星に化忌を飛ばす干は「乙」ですが、52～61歳の大限宮である卯宮の十干は「乙」です。つまり、52～61歳では、大限宮から化忌が命宮の太陰星に飛星します。

そして命宮は「壬戌」であり、命宮化忌は卯宮にある武曲星に飛びます。つまり命宮（戌宮）と52歳～61歳の大限命宮（卯宮）は化忌が循環しており、これを「循環忌」と呼び、不吉な飛星パターンとなります。循環忌については、東海林秀樹先生の『完全マスター紫微斗数占い』を参照してください。

このように、本命宮と大限命宮が相互に化忌を飛ばし合う飛星は、なかなか通常の命盤では現れない特徴のある状況です。一生に一度あるかないかの、重要なタイミングだと言えます。総合的に見て、この大限52～61歳の時期は、非常に不吉な暗示があると言えます。（図A—3を参照）

◆本命宮（戌）と大限命宮（卯）の暗合

化忌が循環する本命宮（戌）と大限命宮（卯）ですが、この二つの宮は卯・戌で支合となります。紫微斗数ではこれを暗合と呼び、二つの宮は「裏でリンクしている」状態です。そして「循環忌」によって相互の関係はより強くなります。卯・戌の支合は化合となり、五行で言えば「火」に化すものです。

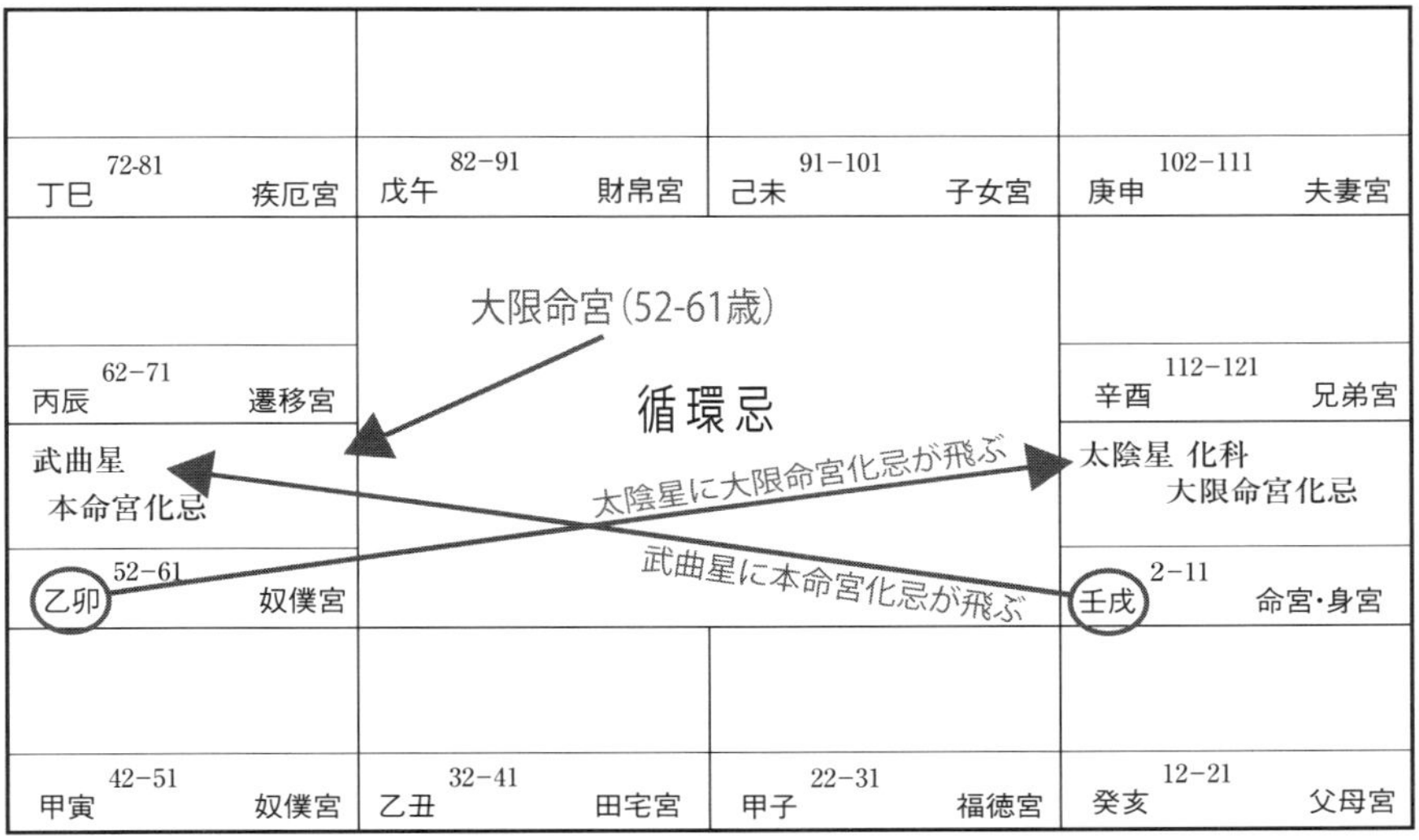

図A-3：大限命宮と本命宮は暗合する。そして化忌が循環する（循環忌）

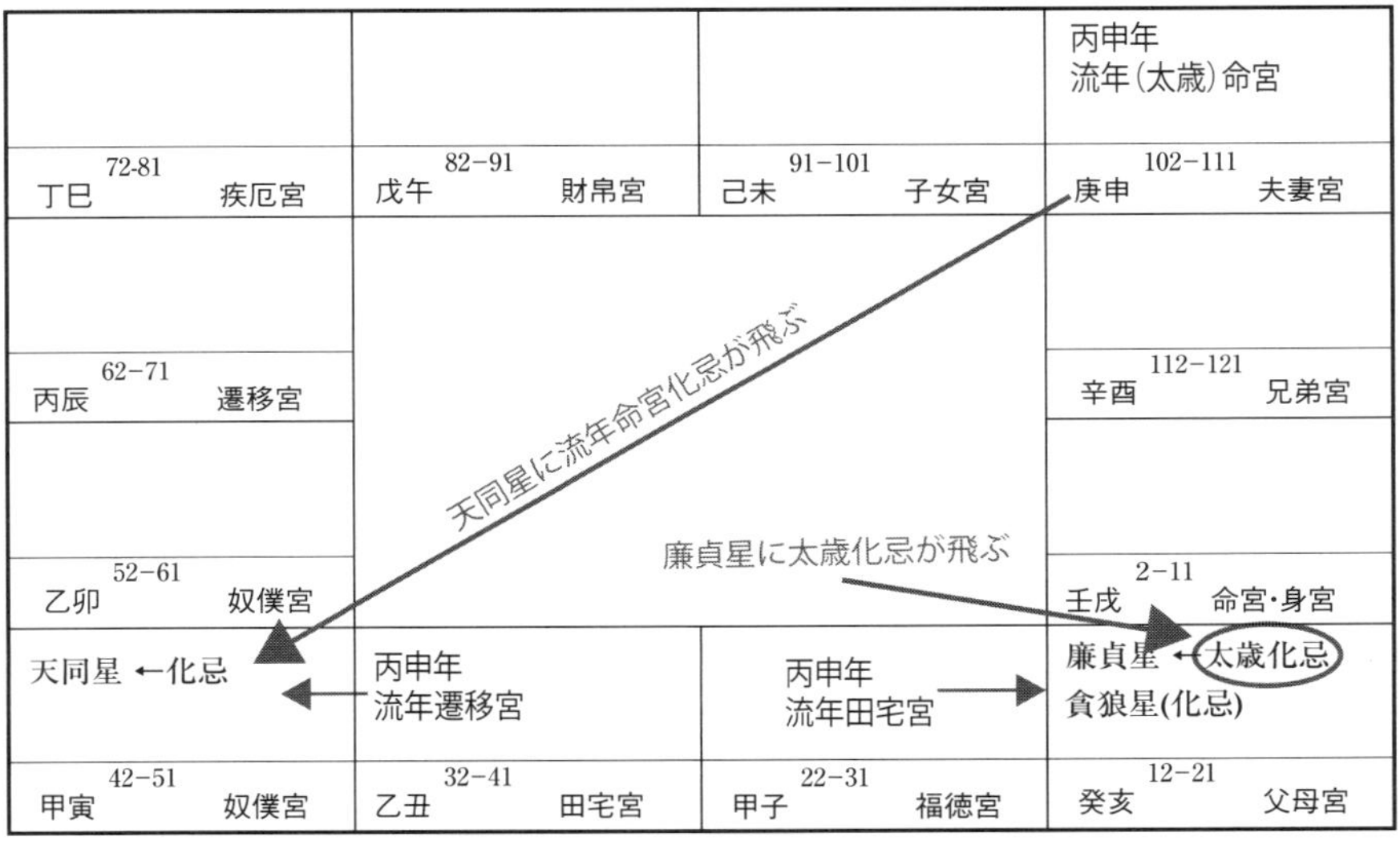

図A-4：太歳（丙申年）化忌が流年田宅宮に飛星する。流年命宮化忌が流遷移宮に入る

また大限命宮（卯）には火星が座してしており、火の五行が強められるため、火星の凶意である「事故・火災」などの暗示が、いっそう強められる状況になっています。

◆太歳化忌が流年田宅宮に飛星する

つぎに、一年ごとの流年運を見ていきます。飛星派紫微斗数では流年判断に「太歳宮」を用い、三合派（星曜派紫微斗数）では「小限宮」を用いる傾向が強いと言えます。

火事が起きた太歳年は「丙申年」なので、太歳宮は年支の「申宮」を太歳命宮としますが、この命盤では小限命宮も同じく「申宮」になり、共通の見解になるため、この例題での流年に関しては、流年命宮（または太歳命宮）の表記に省略させていただきます。

まず、太歳年の十干から四化を飛星させます。この年の十干は「丙」で、化禄は天同星、化権は天機星、化科は文昌星、そして化忌は廉貞星に飛星します。

廉貞星は本命盤では父母宮にあり、さらに太歳宮を流年命宮とした場合、これは流年田宅宮に該当します。そのため丙申年は田宅宮が示す「家屋・土地」や、父母宮が示す「親」に対して、太歳流年化忌が入ることになります。これは、注意が必要です。（図A―4を参照）

◆流年命宮化忌が対宮の流年遷移宮に飛星する

続いて太歳宮である申宮の宮干は「庚」です。この宮干から化忌を飛星させると、対宮である流年遷移宮（寅宮）に座する天同星に化忌が飛星します。

流年命宮化忌が対宮である流年遷移宮に飛ぶと、必然的に命宮を化忌が沖する形になるため、これも非常に危険と言えます。

宮干からの化忌は精神的葛藤や苦悩をもたらし、周囲に悩ましいことが起こる暗示があります。（図A－4を参照）

【総覧】

以上のように、52～61歳の大限では暗合宮の「循環忌」が発生し、また「事故や火災」の危険性が強まるタイミングでした。

丙申年では流年田宅宮の表す「家屋」や、生年父母宮の表す「親」に対して化忌が飛星し、さらに危険な暗示が加わっていました。

【例題2】夫婦問題がある男性Bさんに関して

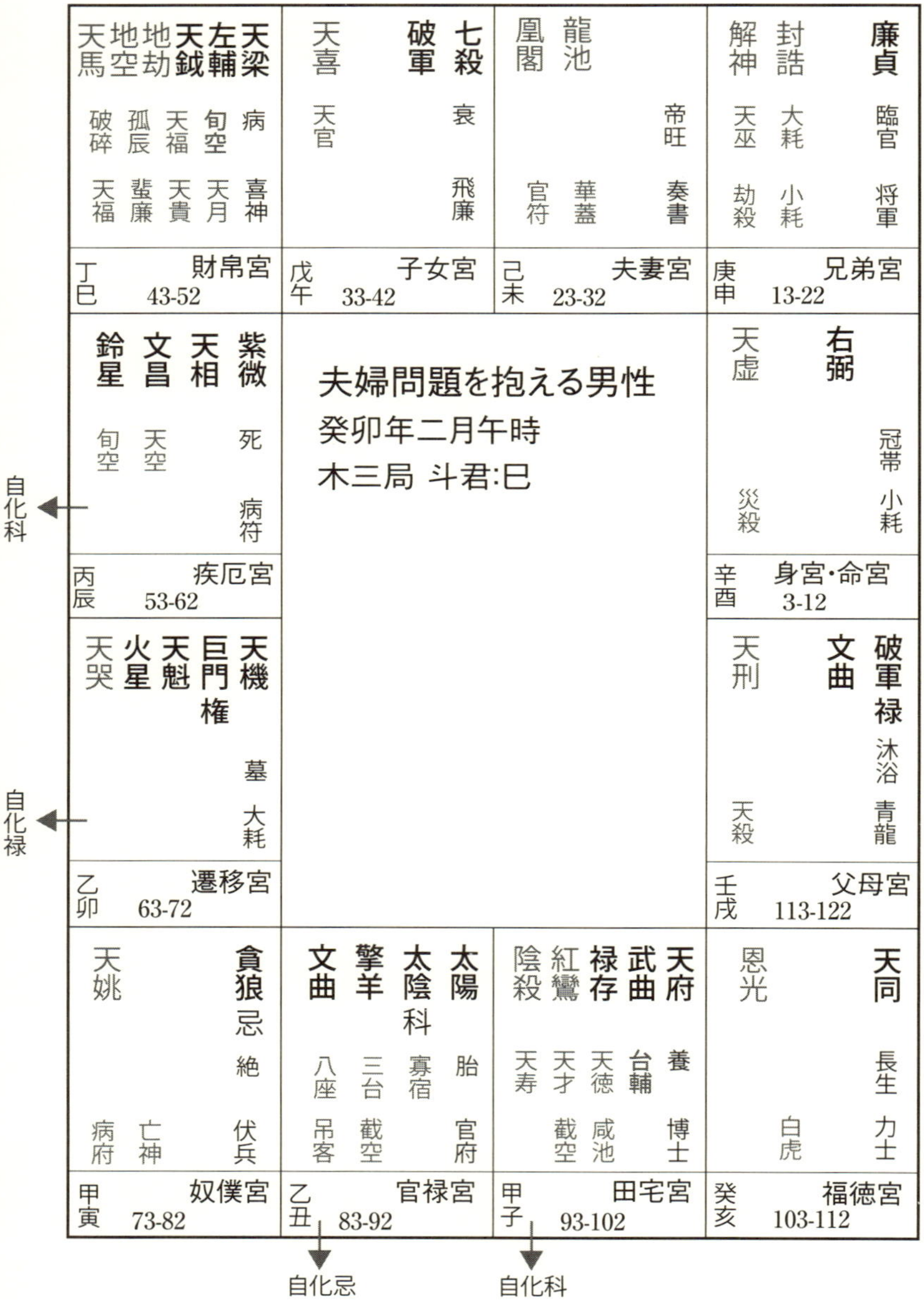

図B：結婚後、夫婦仲が問題の男性の本命盤

【基礎情報】

この命盤の男性は教員であり、仕事は勤勉で問題なく進めています。比較的早婚ですが、結婚後数年で夫婦関係は険悪になり、ここ十数年はほとんど会話もない状態が続いているようです。

男性は中年期から不倫相手がいる状態が続き、妻はそれを見て見ぬふりという冷戦状態のようです。まだ離婚の話は出ていないようですが、夫婦仲が戻るような兆しもないようです。

この例題では、夫婦に問題が発生しやすい命盤と、その結婚のタイミング、そして大限・流年による桃花運の出方などを解説していきます。

【命盤】

この男性の命盤は命無星曜格（命宮に主星がない）ですが、非常に特徴的なのが、命宮・身宮・夫妻宮がそろって無主星となっていることです。そして、卯宮・酉宮が命宮になった時の「桃花運」が出やすく、その特徴が非常によく表れている命盤になっています。（図Bの本命盤を参照）

【命宮・身宮】

◆右弼星

右弼星が命宮にあれば、温厚で明朗な性質となります。周囲から好かれやすくなるでしょう。たとえ命宮で凶星が同宮したとしても、この性質は強く発揮されます。また、社会的な発展をもたらします。（左輔星・右弼星：一三三頁を参照）

◆天虚星

命宮にあれば「見せかけだけ」の印象で、性格は嘘をついたりゴマをすったりと、主体性の弱い人になります。命無星曜格の命盤ですので、もともと主体性の弱さが出やすいのですが、右弼星と同宮しているので、凶意は軽減されています。（天哭星・天虚星：二一三頁を参照）

◆乙級星以下の諸星

長生十二神は冠帯です。命宮にあれば人望や対人運に恵まれやすく幸運です。（冠帯：二二四頁を参照）

博士十二星は小耗です。比較的問題の少ない星ですが、命宮や財帛宮にある時は、財を守れない・残せないという意味の星になります。また、人付き合いは範囲が狭くなるでしょう。（博士十二星・小耗：二二二頁を参照）

また、災煞が命宮にありますが、三煞は命宮にあれば目的意識がハッキリするなどの大胆な面も見せますが、命無星曜格のため、象意は弱いでしょう。（災煞：二三二頁を参照）

◆命宮の三方四正（財帛宮・遷移宮・官禄宮）

命宮が命無星曜ですから、三方四正の中でも対宮の主星の性質が命宮に強く反映されます。遷移宮には天機星と巨門星（化権）があります。この二つの主星の組み合わせは、仕事でいえば顧問（コンサルタント）、公務員、外交、文化関連の業種が適しています。ともに知性を表す星の組み合わせですから、教員は適職の範囲だと言えます。（天機星：二二二頁を参照）

巨門星には生年化権が付いています。仕事面では順調だと思いますが、巨門化権は異性運や結婚運には問題が出やすい傾向があります。（巨門化権：一六九頁を参照）

財帛宮と遷移宮に天魁星・天鉞星が揃うため、対人運や目上運は恵まれています。ところが地劫星・地空星・擎羊星が三方で加会し、かつ火星が対冲するため、命宮に座する右弼星は凶星の影響から「桃花運」を出しやすくなります。

【夫妻宮】

◆主星なし

主星および副星がなく、三方四正の影響を非常に強く受ける配置となっています。

◆夫妻宮の三方四正

夫妻宮が無主星で対宮に太陽星・太陰星があるため、この二つの主星の影響が強くなります。太陽星・太陰星は吉星同宮の場合は配偶者運が良くなるのですが、煞星の同宮加会では問題が出やすくなります。Bさんの場合、三方四正に擎羊星・陀羅星・火星があるため、夫婦問題は非常に生じやすいでしょう。

【命宮・夫妻宮が無主星】

通常、命宮が命無星曜の場合は身宮を命宮の補助として判断しますが、Bさんの命盤は命宮・身宮が同宮のため、どちらも無主星となります。

命宮が無主星の場合、往々にして夫婦のあり方が変化しやすくなります。かつ身宮も無主星では、夫婦関係の不安定さがずっと続きやすいと言えます。

この命盤では夫妻宮も無主星で、かつ三方四正に火星・擎羊星・陀羅星という煞星が多く加会しているため、非常に問題を抱えやすいのです。（夫妻宮の判断：二五一頁を参照）

【夫妻宮と子女宮の暗合】

◆未宮の夫妻宮と午宮の子女宮は暗合（支合）している

卯宮と酉宮の命宮では、夫妻宮と子女宮が暗合します。異性運を司る夫妻宮と、セックス運を司る子女宮が暗合するため、卯・酉宮の命宮は「桃花運」が出やすくなります。

子女宮には天喜星があり、もともと桃花運が強いのですが、特にこの命盤では夫妻宮が無主星で、かつ副星の補助もないため、子女宮からの暗合の影響を受けやすく、天喜星の桃花運は夫妻宮にも及びます。そのため大限・流年によっては不倫・浮気などの問題が出やすいでしょう。（図B―1を参照）（貪狼星：九二頁を参照）

◆子女宮化忌が遷移宮に飛星する

夫妻宮が無主星のため、暗合する子女宮からの飛星が重要となります。子女宮化忌は遷移宮の天機星に飛星

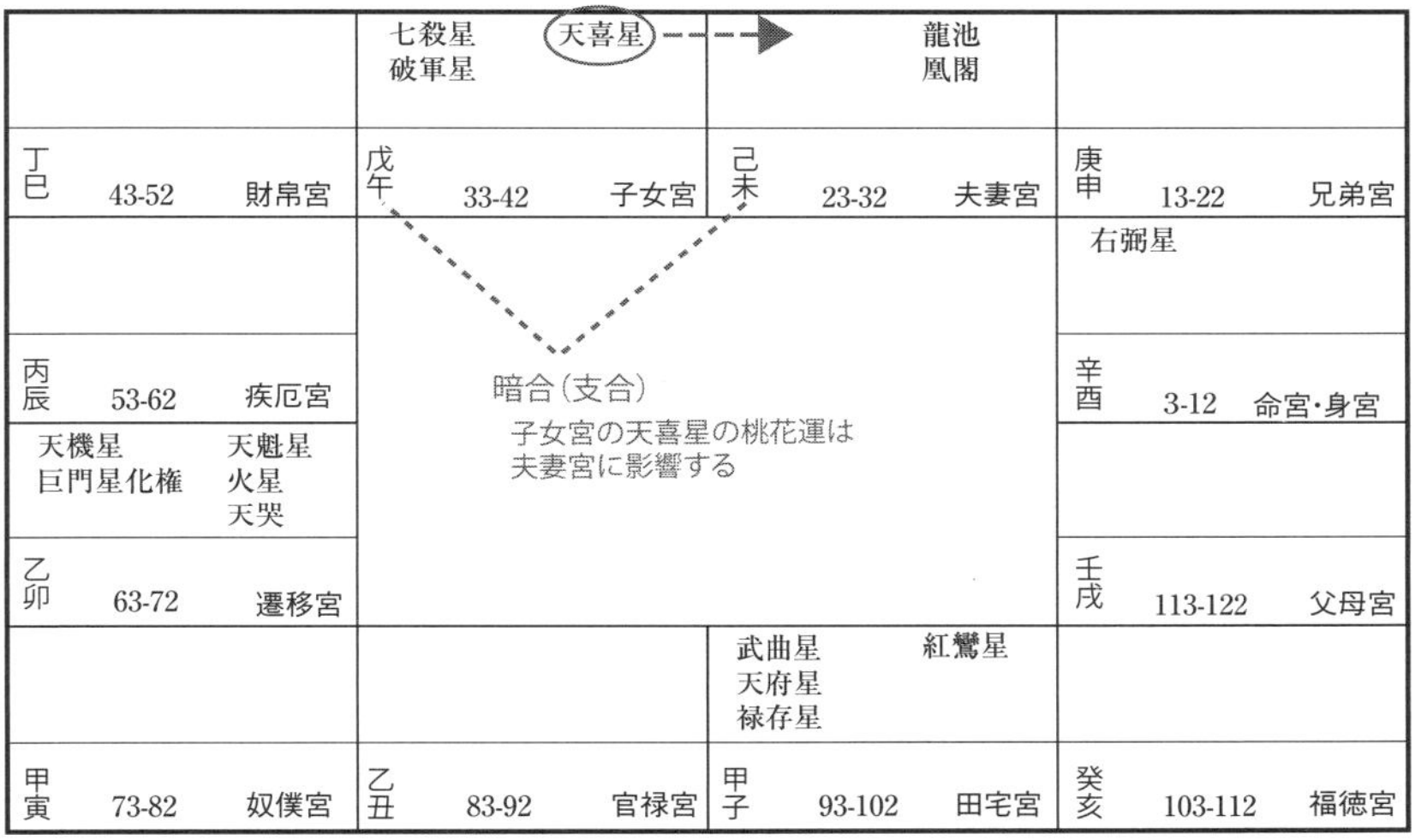

図B-1: 夫妻宮と子女宮の暗合

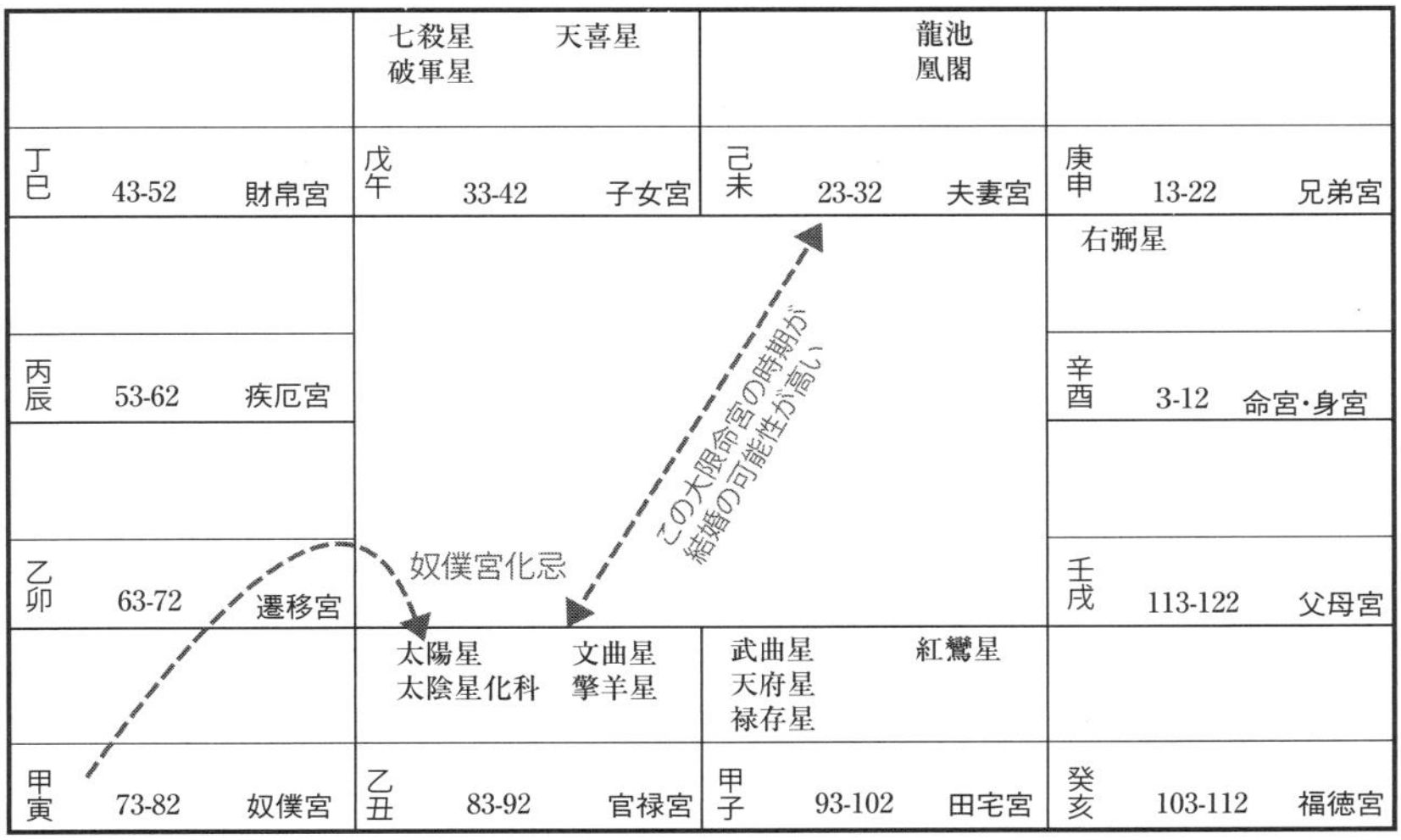

図B-2：奴僕宮化忌が大限命宮に飛星する

します。命宮が命無星曜格のため、遷移宮の主星に子女宮化忌が飛星することで、桃花運を強める配置となります。また午宮が大限命宮の時に大限命宮化忌が遷移宮に飛星します。このことにより、自化禄は化出されます。これでは、命宮に桃花運をもたらすことになりかねません。

【結婚のタイミング】

◆奴僕宮化忌の飛星する宮の大限期

男命の結婚のタイミングは、本命奴僕宮化忌が大限命宮に飛星（または冲破）する大限期に注目してください。

この命盤の奴僕宮は寅宮で、宮干甲の化忌は丑宮の太陽星に飛星します。そのため大限命宮が丑宮か未宮になる時が、結婚のタイミングとなりやすいでしょう。

つまり未宮23〜32歳の大限、丑宮83〜92歳の大限ですが、現実的に考えて未宮の大限期の結婚の可能性が高いと考えられます。（図B—2を参照）（夫妻宮の判断：二五一頁を参照）

◆流鸞・流喜が流年命宮に入るタイミング

Bさんの結婚は壬申年（数え30歳）でした。この壬申年は流鸞が本命夫妻宮に入ります。また流年命宮が申宮ですが、流年夫妻宮に当たる午宮には天喜星があるため、これも結婚には吉兆です。さらに本命夫妻宮（未宮）と流年夫妻宮（午宮）は暗合のため、結婚のタイミングとして強調されています。（図B—3を参照）

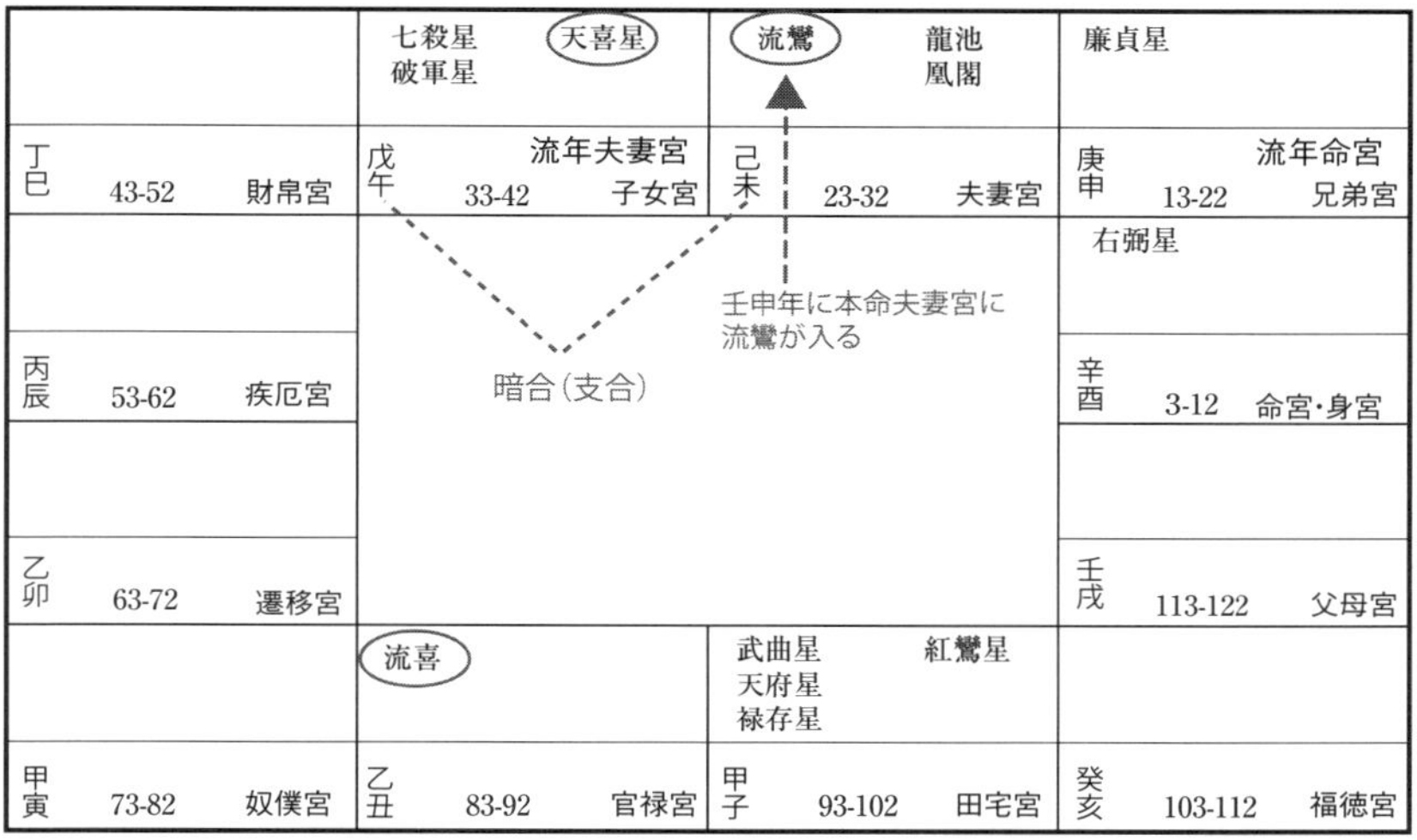

図B-3：壬申年（30歳）に流鸞・流喜が本命夫妻宮に入る

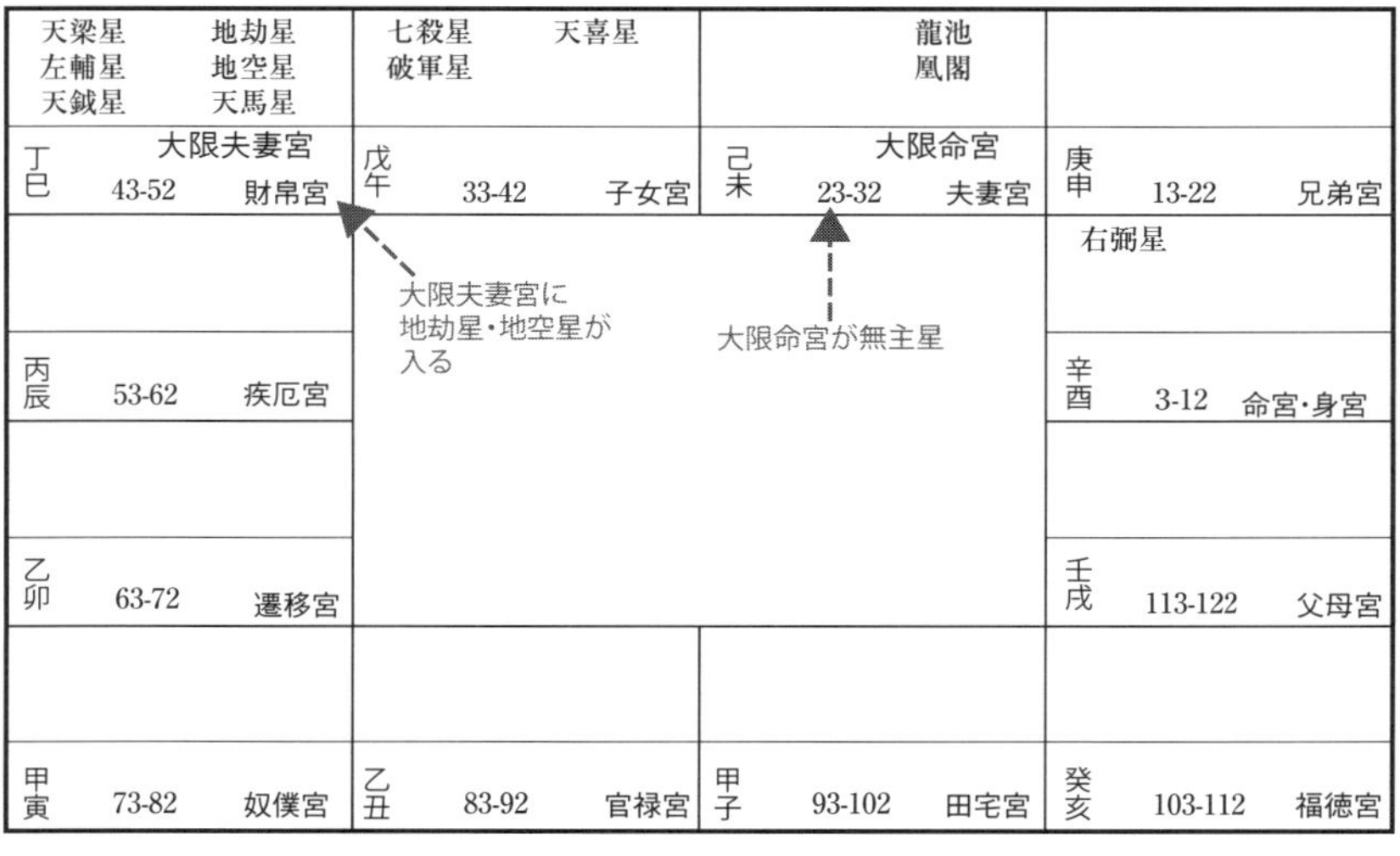

図B-4：23-32歳の大限命宮と大限夫妻宮

◆23～32歳の大限命宮が無主星で大限夫妻宮に地劫星・地空星がある

23～32歳の大限は結婚のタイミングになりますが、大限命宮は無主星、そして大限夫妻宮に地劫星・地空星の兄弟煞星があるため、結婚生活が不安定になる可能性を示しています。（図B―4を参照）

【大限による異性運の影響】

◆33～42歳の大限の桃花運

前述のように、本命夫妻宮の未宮と本命子女宮の午宮は暗合します。子女宮化忌は本命遷移宮に飛星し、命宮を冲します。これで自化禄を化出するため、桃花運を誘います。

この33～42歳の大限期に、大限命宮（本命子女宮）から大限子女宮（本命遷移宮）に化忌が飛星することになります。この時期あたりから浮気が目立つようになったようです。（図B―5を参照）

◆43～52歳の大限の桃花運

続く巳宮の大限命宮の時期にも、大限命宮化忌は卯宮の大限夫妻宮（本命遷移宮）の巨門星に飛星して、命宮を対冲します。生年化忌は大限子女宮にあるため、大限夫妻宮・大限子女宮の両方に化忌が入ります。このため配偶者運・桃花運ともに問題が続きます。（図B―6を参照）

このように、桃花の問題が起こる期間があり、夫婦関係は冷戦状態が続いているようです。その後の大限でもしばらく問題は続きそうです。このため、熟年離婚の可能性も暗示する命盤になっています。

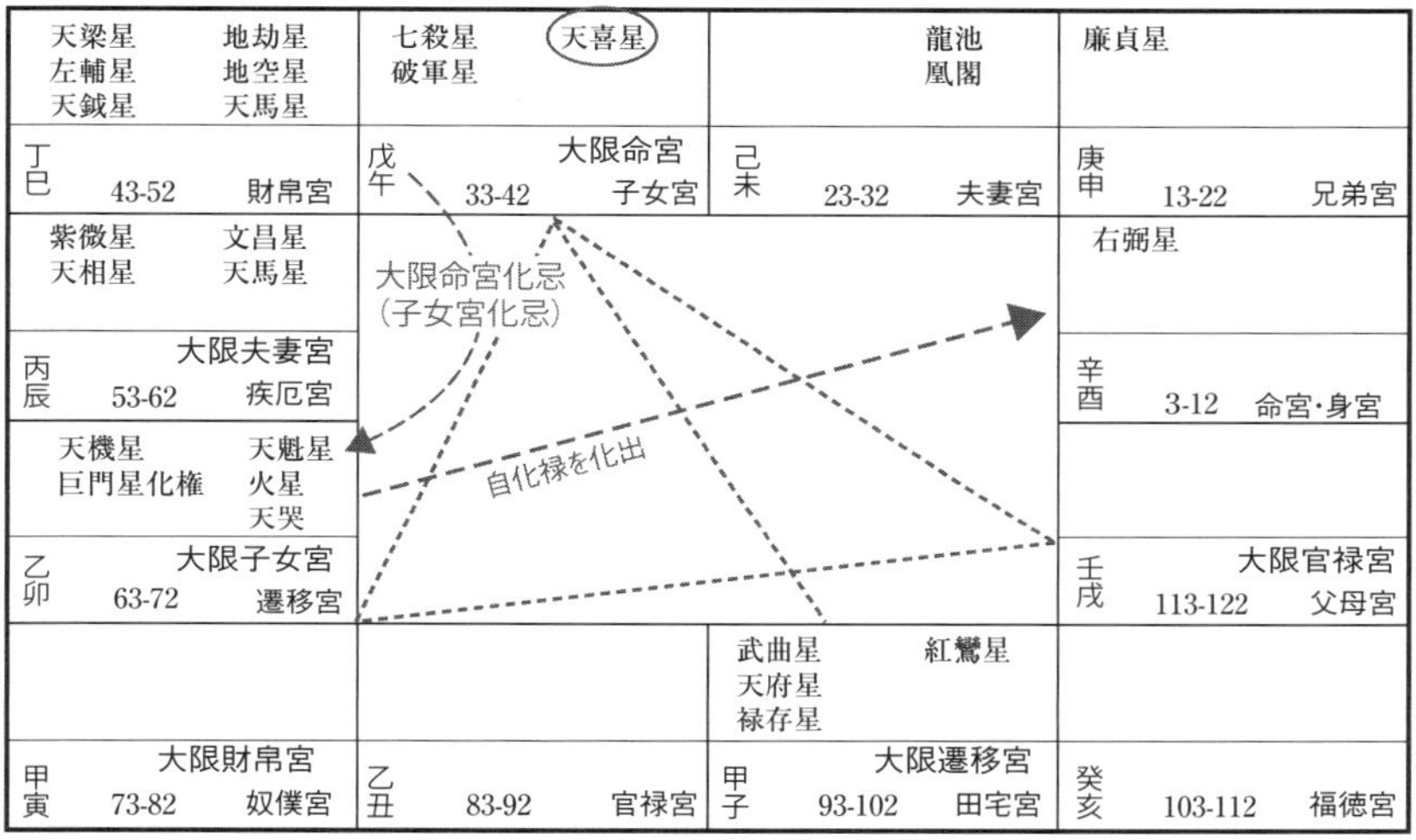

図B-5：大限による異性運の影響（33-42歳・午宮）

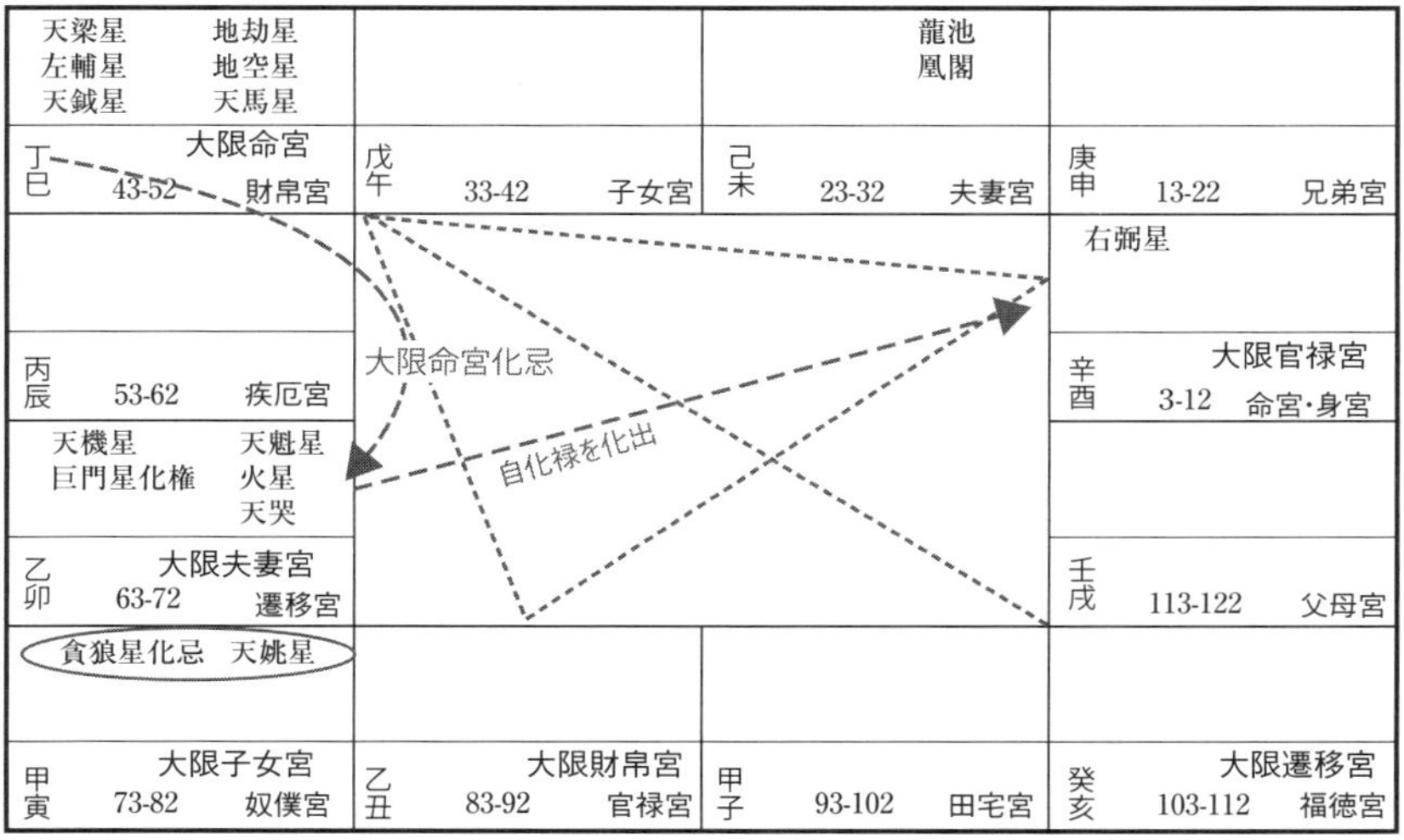

図B-6：大限による異性運の影響（43-52歳・巳宮）

【例題3】病気に苦しむ不動産会社社長のCさん

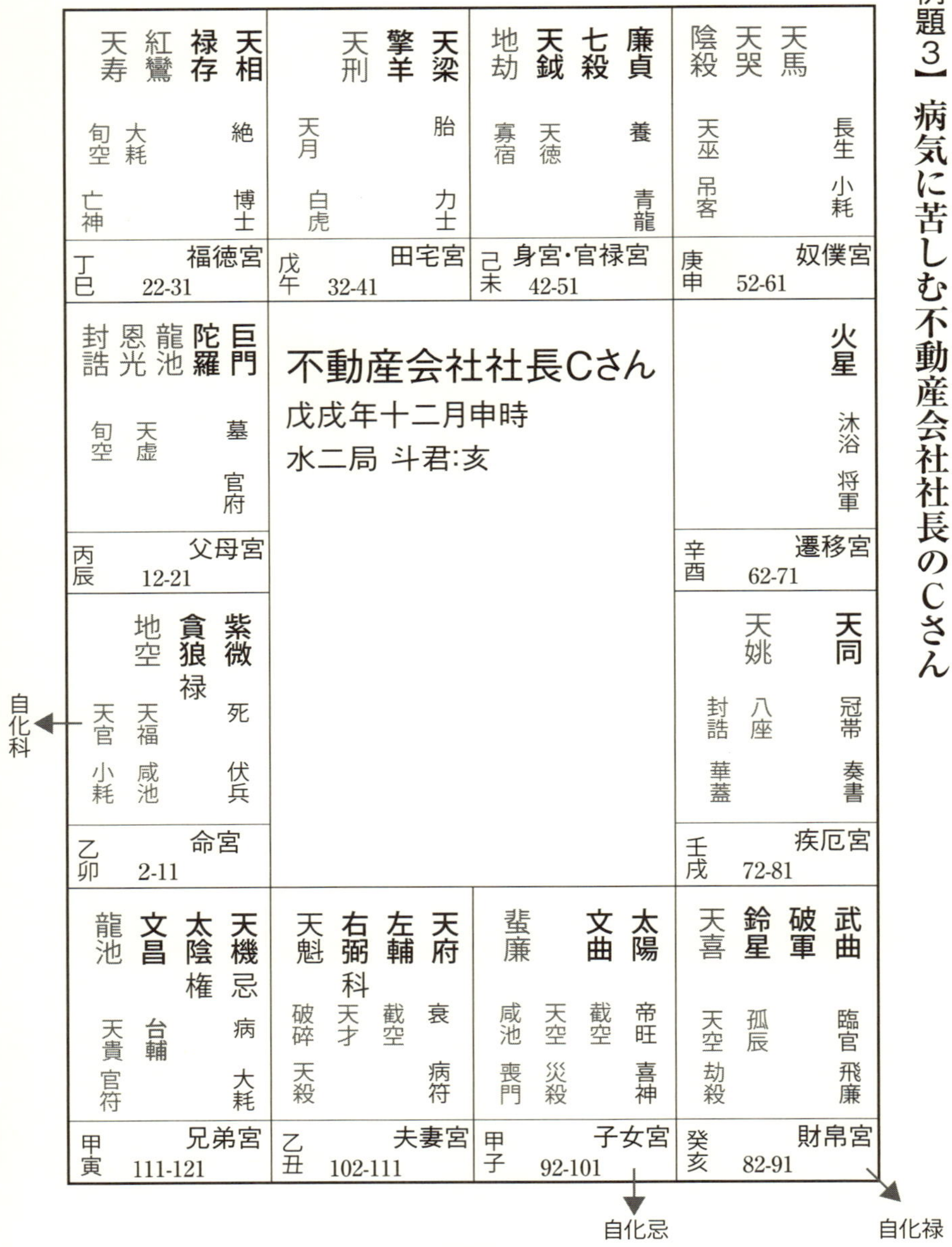

図C:病気に苦しむ不動産会社社長の本命盤

【基礎情報】

Cさんは不動産販売の会社を代表取締役として経営しています。起業してから事業は順調のようで、仕事面に問題はないようですが、近年、非常に重い病気で苦しんでいます。

この例題では疾病に関する本命盤での判断と、飛星による大限・流年の反応などを検証していきます。

※本書では疾厄宮に関する記述が割愛されています。台湾・香港などで流通している鮮度の高い技法を編纂することを本書の目的としたため、目新しい内容が多くなかった疾厄宮に関する項目は、頁数の関係もあって思い切って割愛した次第です。

疾厄宮のほかにも、田宅宮（風水）や奴僕宮など、比較的情報の少ない宮の解説は、いずれまとめて公開できる機会があればと思います。

なお、疾厄宮や病気の判断に関しては、飽黎明先生の『紫微斗数闡秘』、東海林秀樹先生の『完全マスター紫微斗数占い』、村野大衡先生の『紫微斗数命理学―新理論の活用』などを参考に学習してください。本書では生年疾厄宮の判断と、疾病に関する飛星について、簡単に解説していきます。

【疾病に関して】

1　疾病に関しては、本命盤の生年疾厄宮と命宮のチェックが最も重要です。疾厄宮とその三合宮に煞星があれば、健康状態に問題が生じやすく、疾病も重くなりやすいでしょう。

2　疾厄宮を煞星が挟照する場合も注意が必要です。特に火星と鈴星の挟照、擎羊星と鈴星の挟照、地劫・

地空の挟照があり、疾厄宮に六吉星がなければ、問題が生じやすいでしょう。

3 生年疾厄宮と命宮を重視しますが、福徳宮と父母宮も副次的にチェックします。父母宮は疾厄宮の対宮であり、父母宮と疾厄宮の間で飛星四化があれば、遺伝性の疾病の可能性があります。また福徳宮は精神疾患の問題を見る場合がありますが、福徳宮は疾厄宮から六室目にあることから「疾厄宮の疾厄宮」と判断されることがあり、カルマ的な影響や遺伝、慢性病などを判断する場合もあります。

4 疾病の発生時期に関しては、大限命宮と大限疾厄宮が重要になります。例えば大限疾厄宮に生年化忌が入る、または大限命宮化忌が大限疾厄宮に入る、生年疾厄宮化忌が大限疾厄宮に入るなど、これらの飛星がある大限期に症状が発生したり、疾病が重くなる可能性があります。当然のことですが、生年疾厄宮の程度によって、疾病の種類や重さは変わるでしょう。

5 大限命宮化忌、大限疾厄宮化忌が生年化忌に飛星するのも危険です。生年疾厄宮に吉星がなく、煞星が同宮・対冲している時は、重い疾病に苦しむ可能性が高くなります。

【命宮】

◆貪狼星と火星・鈴星の三方四正

Cさん命盤は命宮に紫微星・貪狼星があります。そして命宮と官禄宮に地劫星・地空星が入り、これは良くありませんが、火星・鈴星が三方四正にあり、貪狼星の補助となります。貪狼星は火星・鈴星との同宮加会を喜び、火星は名声や名誉を呼びこみ、社交性や営業能力が高まります。また鈴星は権威・権力を得ます。オーナー経営者や管理職に向き、不動産会社の社長という地位にも非常に良い影響を与えています。（貪狼星：九

二頁を参照）

◆貪狼星に化禄が付く

貪狼星に化禄が付くのは、財運にとても良い影響があります。本命宮で化禄が同宮するのは、生涯財に困らないとされています。また男命は女性との縁を持ちます。（貪狼星：九二頁を参照）

◆紫微星・貪狼星と地劫星・地空星が同宮加会する

紫微星・貪狼星が卯宮で同宮する場合、慎みがなくロマンチストで、歓楽街や社交場に通うような桃花運が強くなります。しかしながら、地劫星・地空星が同宮加会すると桃花運が弱くなります。紫微星・貪狼星と地劫星・地空星の同宮加会はスピリチュアルな面が強くなりますが、火星・鈴星が同宮加会する場合はそれもキャンセルされるため、非常に現実的で、財運やビジネス運が強い配置と言えるでしょう。（紫微星・貪狼星：一一・九二頁を参照）

◆命宮の乙級星以下の諸星

天官星は仕事運に良い星です。天福星は福禄と栄達を招きます。ともに紫微星と同宮することで吉度が高まります。これらは本来であれば天梁星・天同星があると本領を発揮する補助星ですが、帝旺星である紫微星との同宮でも吉意は現れます。（天官星・天福星：二〇八・二〇九頁を参照）

また命宮に咸池がありますが、これは桃花星であり、貪狼星との同宮は凶意が出やすくなります。具体的に

は、不倫などの問題を引き起こす可能性があります。（咸池：二一八頁を参照）

長生十二神は死です。命宮に入ると疾病などの問題が起きやすいですが、紫微星が同宮しているため、悪い作用は緩和されます。ただ物事に固執しやすく、頑固な性格になりやすいでしょう。（長生十二神・死：二二四頁を参照）

博士十二星は伏兵です。口舌の問題や訴訟などを引き起こしますが、これも紫微星と同宮なので、作用は強くありません。（長生十二星・死：二二四頁を参照）

【疾厄宮】

◆天同星の独座と三方四正

生年疾厄宮には天同星が独座しています。本来天同星は病気になりにくい福分がありますが、独座で吉星の補助がなく、三方四正には擎羊星・陀羅星の加会があるため、疾厄宮の状態はあまり良くありません。天同星は消化器系・浮腫・感冒・泌尿器系・腎臓などに問題を抱えやすいのですが、戌宮の天同星は対宮に巨門星があるため、胃腸（巨門は腸を象徴する）に問題が生じやすいのです。このあたりは、飽黎明先生の『紫微斗数闡秘』、村野大衡先生の『紫微斗数命理学—新理論の活用』を参照してください。

Cさんはもともと消化器系に問題が出やすかったのですが、中年期から潰瘍性大腸炎、クローン病などが発症し、その後に癌を患いました。（図C—1を参照）

◆疾厄宮を火星・鈴星が挟照する

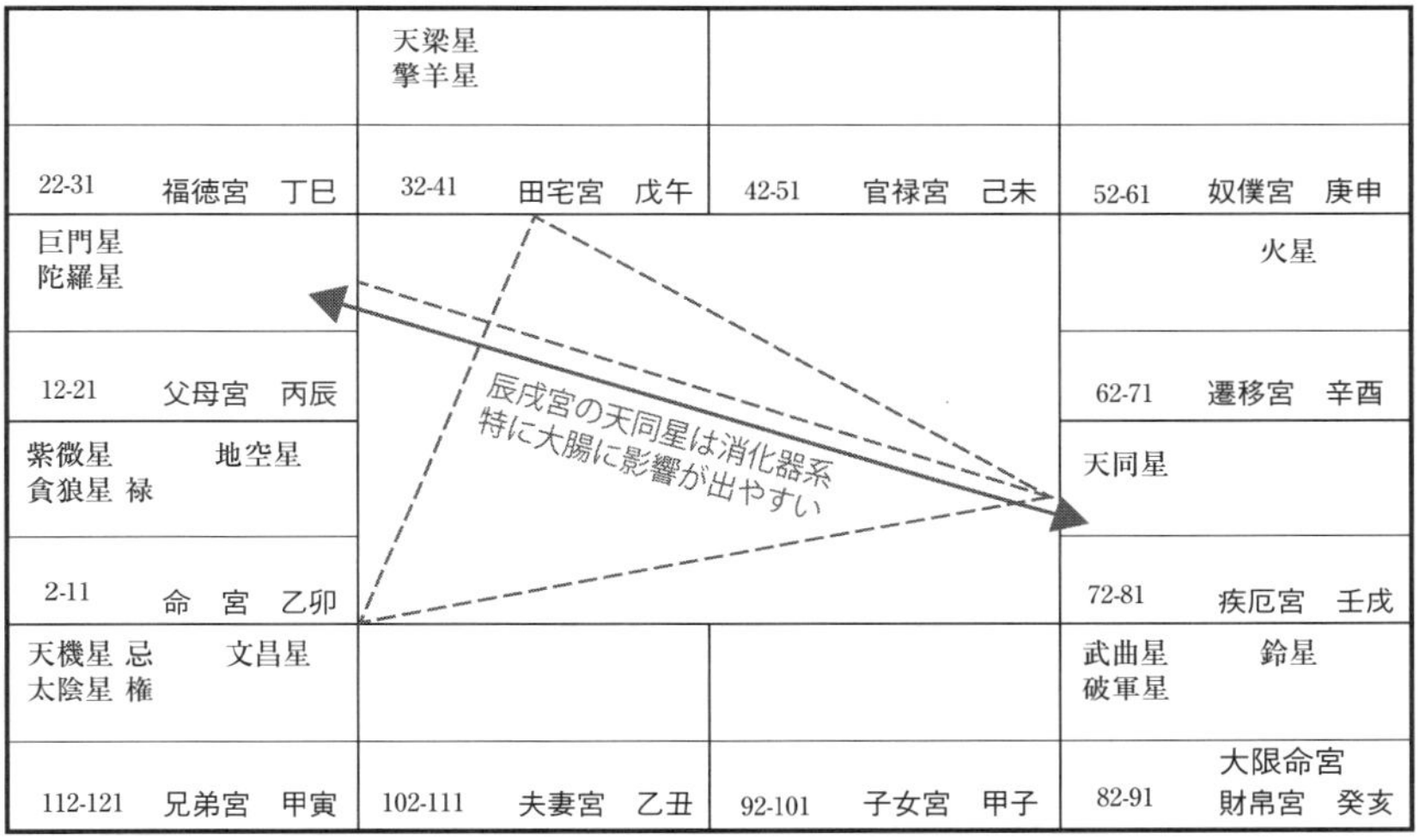

図C-1：不動産会社社長命盤　疾厄宮と三方四正

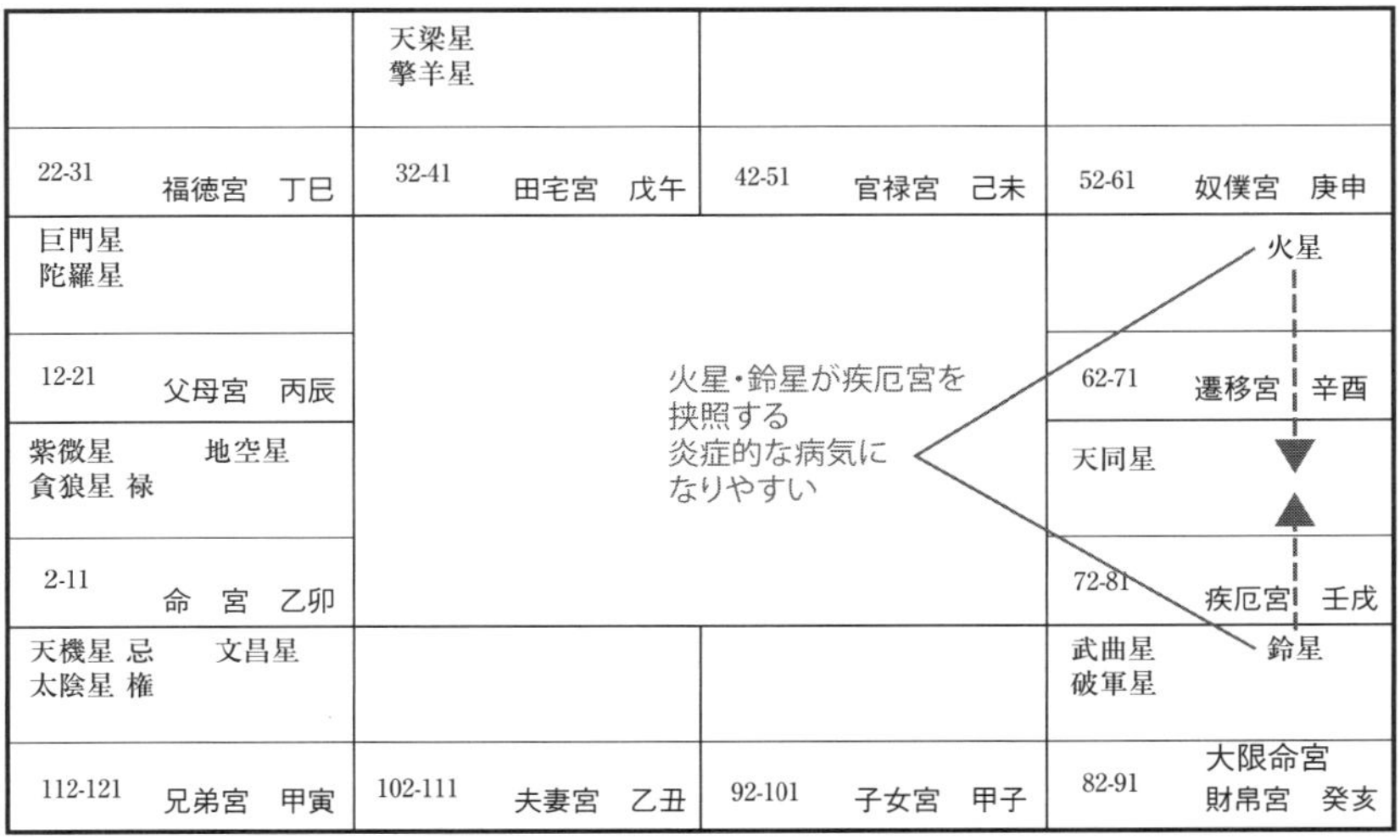

図C-2：不動産会社社長命盤　疾厄宮の挟照

命宮に貪狼星があるため、火星・鈴星は良い働きをします。ですが火星・鈴星は同時に疾厄宮を挟照しています。

疾厄宮を凶星が挟照するのは非常に凶意が強く、宮や諸星の表す部位に対して、疾病を引き起こします。特に火星・鈴星の挟照となる場合、炎症のような熱を持つ症状を引き起こしやすく、この男性の症状である大腸炎などもそれに属しますから、火星・鈴星の挟照が悪影響をもたらしているのがわかります。（図C―2を参照）

【42～51歳の大限】

◆大限疾厄宮に生年化忌が入る

Cさんは若いころから消化器系に問題が多かったようですが、42～51歳の大限から潰瘍性大腸炎、クローン病が発症するなど、闘病生活が続きます。この大限期では、大限疾厄宮となる寅宮に天機化忌と生年化忌が在住しており、病状を悪化させています。（図C―3を参照）

◆大限命宮・三合から仕事の発展性

この時期から疾病で非常に苦しみますが、経営する不動産会社は順調でした。大限命宮および三方四正を見ても、三方に生年化禄と大限化禄が入り、対宮には左輔星・右弼星・天魁星が在住し、仕事運・対外運・財運にとって素晴らしい配置になっています。

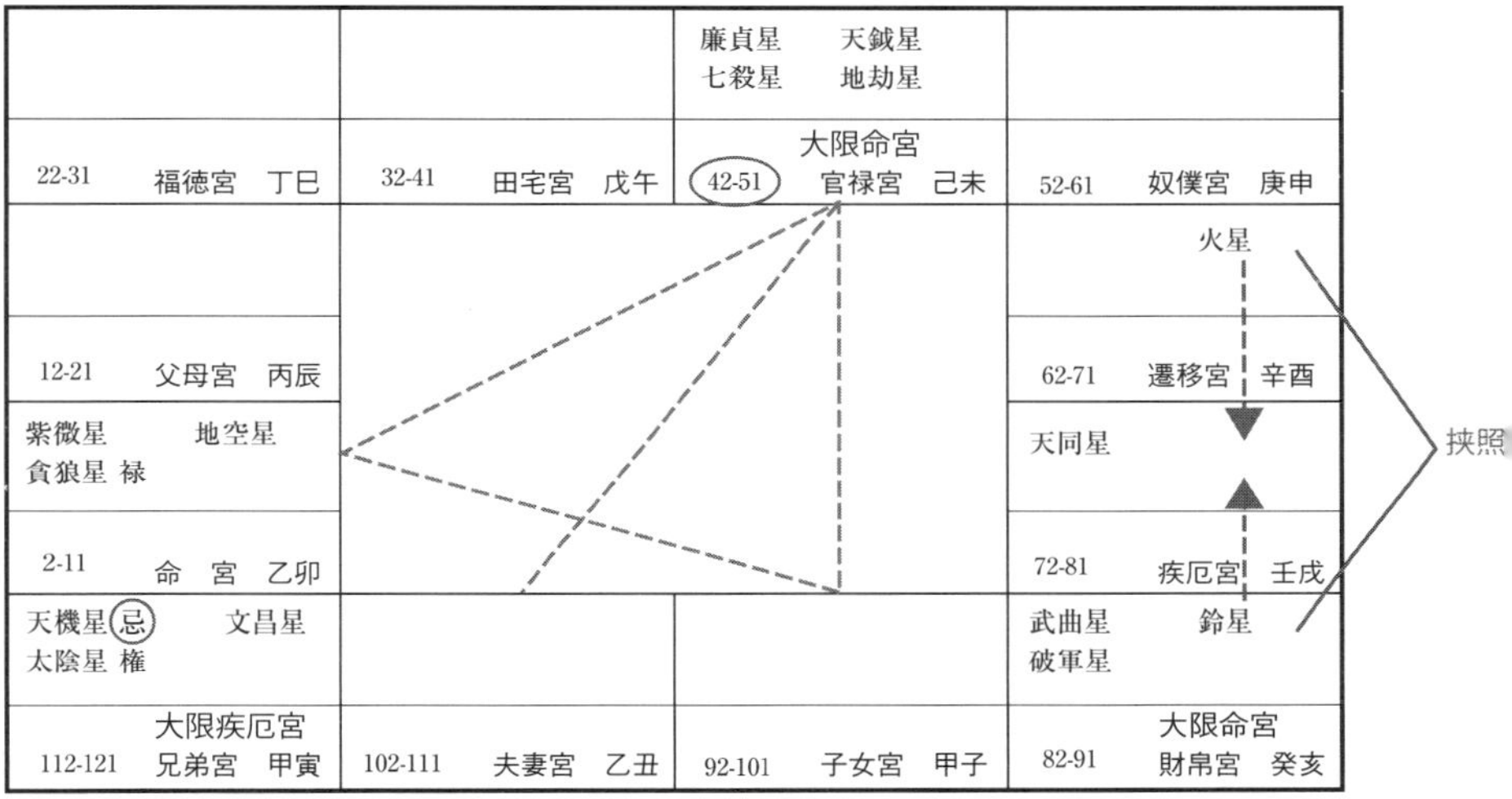

図C-3：42-51歳の大限疾厄宮に生年化忌が入る

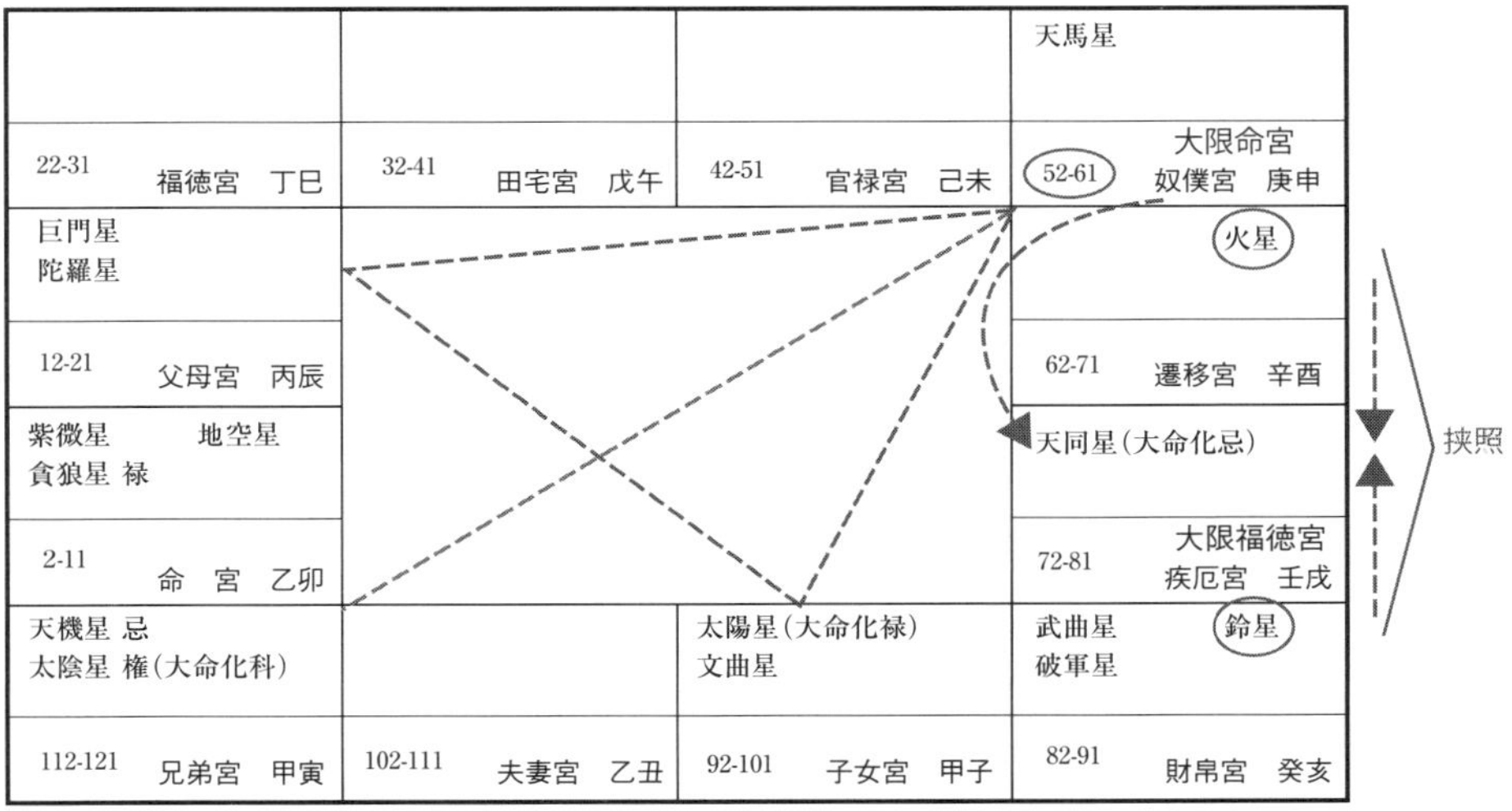

図C-4：52-61歳の大限命宮化忌が生年疾厄宮に飛星する

【52～61歳の大限】

◆大限命宮化忌が生年疾厄宮に入る

この大限では、大限命宮化忌が戌宮の天同星に飛星します。この宮は生年疾厄宮で、大限命宮化忌が飛星するには危険な宮です。

さらに戌宮は大限福徳宮です。福徳宮は疾厄宮を本宮とした場合に疾厄宮に当たるため（疾厄宮の疾厄宮）、この大限で生年疾厄宮＝大限福徳宮に化忌が飛星するのは不吉です。

生年疾厄宮は火星・鈴星から挟照されているため、大限命宮化忌が飛星することによって凶星の集中が起こり、非常に良くありません。

この大限期にクローン病だけでなく、消化器系の癌を患いました。（図C―4を参照）

このように、仕事運・財運と疾病運などを明確に区別して判断できるのが紫微斗数の強みでもあります。

【例題4】台湾元総統　陳水扁氏

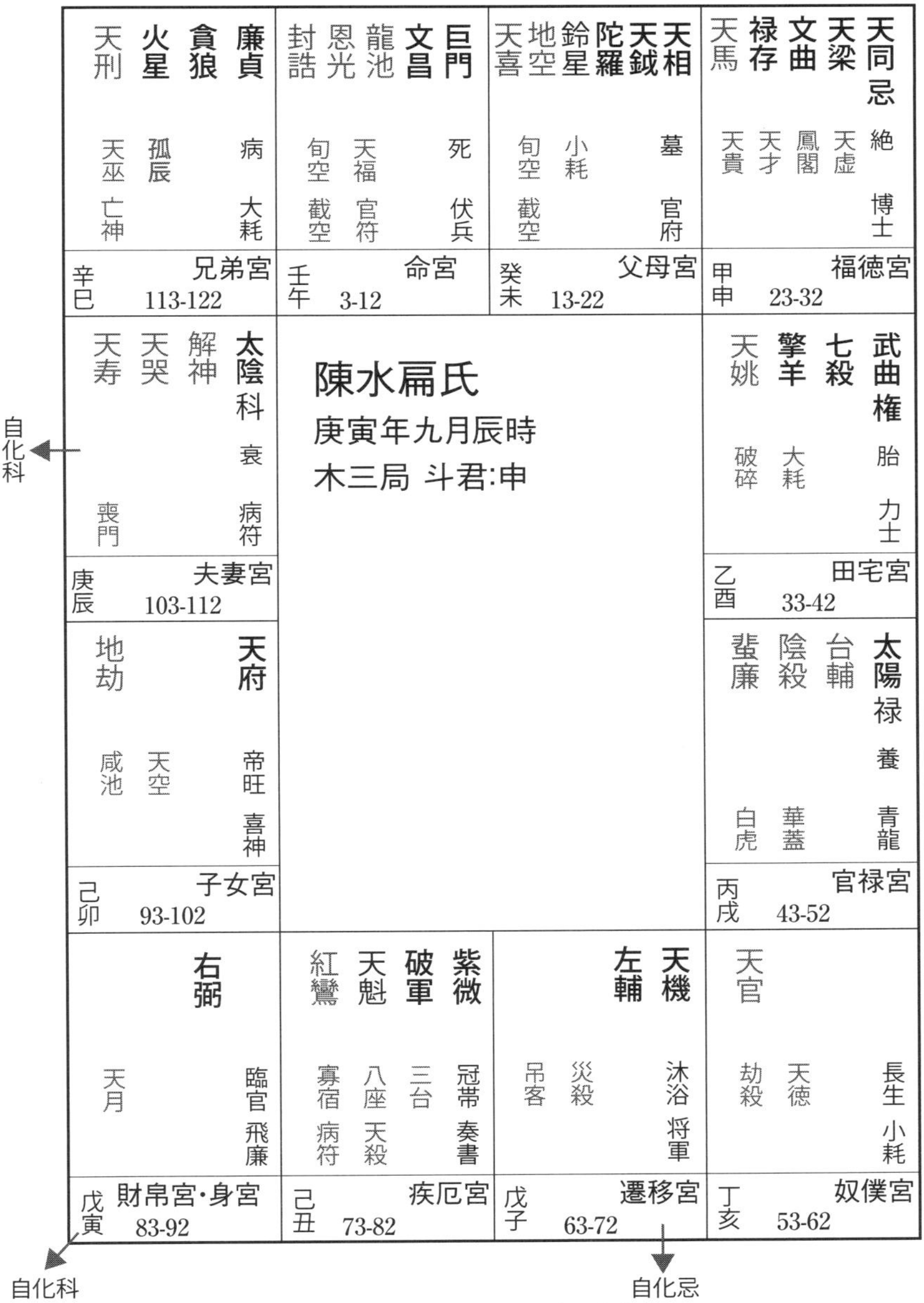

図D：陳水扁 元台湾総統の本命盤

【基礎情報】

陳水扁氏は中華民国の政治家です。直接選挙により選出された二人目の中華民国総統（２０００～２００８年）として活躍しましたが、後に汚職で逮捕されることになりました。

小作農家の長男として生まれましたが、貧困脱出を意識し幼少時より勉強に励み、当時で最年少の弁護士となりました。

弁護士として活躍後は政界に進出し、台北市長に当選します。優れた政治手腕と民衆に近い政治センスで、支持を得ました。

その後に中華民国総統として活躍しましたが、２００５年あたりからスキャンダルが続いて支持率が低迷し、総統退任後に機密費流用および資金洗浄容疑などにより逮捕されました。

この例題では命宮の解説、総統当選から退任後の逮捕の時期までの流年を解説していきます。

【命盤】

陳水扁氏の命盤を解読するために、まず命宮からチェックしていきます。命宮は午宮です。身宮は財帛宮にあります。後半生に大きく影響する身宮が財帛宮と重なっている人は、勤め人のまま終わること少なく、起業したり独立することが多いです。陳水扁氏の場合、戌宮の官禄宮に化禄が入り、地位や権勢に有利な配置となっています。（図Dの本命盤を参照）

【命宮】

◆巨門星

巨門星は学術研究や口を使う仕事に向いており、頭脳明晰で記憶力が良く、言葉も的確な星です。分析力が高く研究心もありますが、特に弁舌に優れており、人に対して説得力を発揮します。また現状や現実に不満を持ちやすく、神経質な部分もあります。

同宮加会する星も文昌星が同宮、左輔星・右弼星・太陽化禄が加会し、かつ凶星の同宮加会がありません。小作農家に生まれながらも勉学に励み、最年少で弁護士になったという経歴から、巨門星の吉意を汲み取れます。特に左輔星・右弼星の加会は巨門星に喜びと幸運をもたらします。（巨門星：九八頁を参照）

◆文昌星

文昌星が命宮にあると志は高く、学問・芸術・研究に才能を発揮しやすくなります。（文昌星：一三六頁を参照）

◆龍池星

龍池が命宮にあり吉星が同宮することで、上級階層と巡り合うチャンスに恵まれます。上位者からの評価・評判が良く、昇進する運が強いです。（龍池星：一九九頁を参照）

◆封誥星

封誥星は封章の星であり、名誉・評価を高めます。特に右弼星と同宮加会を最も喜び、社会的地位を得ます。（封誥星：二一〇頁を参照）

◆恩光星

恩光星は、命宮に入ると上位者や貴人から特別に助力を得られ地位や名声を得やすい運があります。（恩光星：二〇五頁を参照）

◆旬空星・截空星

旬空は吉星と同宮すると不思議と福分に恵まれますが、逆に凶星と関係すると腹黒さを持ち、浮き沈みが強く、変化波乱の傾向が強くなります。

截空が命宮にあると、道を阻まれているような制限を受けやすくなります。（旬空星・截空星：一九二頁を参照）

◆乙級星以下の諸星

博士十二星では伏兵が命宮にありますが、口舌や是非の問題が出やすく特に主星の巨門星との同宮では強く表れやすい配置です。（博士十二星・伏兵：二二二頁を参照）

長生十二神では死にあり、性質的に固執しやすく頑固な傾向を強めます。（長生十二神・死：二二四頁を参

照）

官符は官災を意味し巨門星との同宮では凶意が強く、法的問題・訴訟・逮捕等の問題に発展しやすい運勢があります。（官符：二三三頁を参照）

◆命宮の三方四正（財帛宮・遷移宮・官禄宮）

三方四正には六煞星がなく、かつ左輔星・右弼星が加会するため、非常に発展性の高い配置です。遷移宮の天機星も凶星と逢わず、左輔星同宮で人間関係に恵まれます。（天機星：二二二頁を参照）

官禄宮には太陽化禄があり、社会的に権威・権力を得られる配置です。政治家や組織の代表になります。ただし、戌宮では落陥するため対人運が悪く、争いに巻き込まれやすいところがあります。（太陽化禄：一六一頁を参照）

◆命宮の火星・鈴星挟照

三方四正に六煞星がないのは良いことですが、命宮を挟む形で兄弟星である火星・鈴星が父母宮と兄弟宮に入っています。凶星挟照は非常に問題があります。

巨門星は火星・鈴星からの挟照に逢うと、同宮並みに凶意が強くなり、さらに戌宮の白虎が命宮に加会するため、交通事故・刑事訴訟に遭いやすく、ひどい時は入獄もありえます。特に大限命宮化忌が本命宮に飛星する時期は、凶意が強くなります。（巨門星：九八頁を参照）

【結婚時期の大限・流年】

男命の結婚のタイミングは大限奴僕宮化忌が大限命宮または流年命宮に飛星している時に注目すべきです。23～32歳の大限命宮は甲申宮、大限奴僕宮は己丑宮になります。己干の化忌は文曲星で、23～32歳の大限命宮に飛星します。従って、23～32歳の大限期の結婚の可能性を示唆します。

流年では、23～32歳の大限のうち、結婚の可能性の強いタイミングは生年化科が入る1976年だと言えます。実際は、1975年後半に結婚されているようです。（結婚のタイミングはいつか？：二五六頁を参照）

【台北市長当選、台湾総統当選の大限・流年】

陳水扁氏は1994年に台北市長、2000年5月に台湾総統に就任しました。43～52歳の大限命宮は戊宮で、太陽化禄が入り、三方四正には巨門星・文昌星・太陰化科・右弼星があります。主星・副星に凶星が存在せず、四化も化禄・化科が配置される、非常に吉意が強い配置です。

また大限四化は本命宮に化科が飛星、本遷移宮に化権が飛星、本福徳宮に化禄が飛星、本兄弟宮に化忌が飛星と、命宮・対宮に化科・化権が飛星しています。（図D－1を参照）

台湾総統に当選就任した2000年は庚辰年で、流年命宮は辰宮になります。流年命宮に生年化科、流年遷移宮に生年化禄が飛星し、流年命宮および三方四正に化忌を除く六煞星が不在であり、かつ吉星が集中しており、これも吉兆でした。（図D－2を参照）

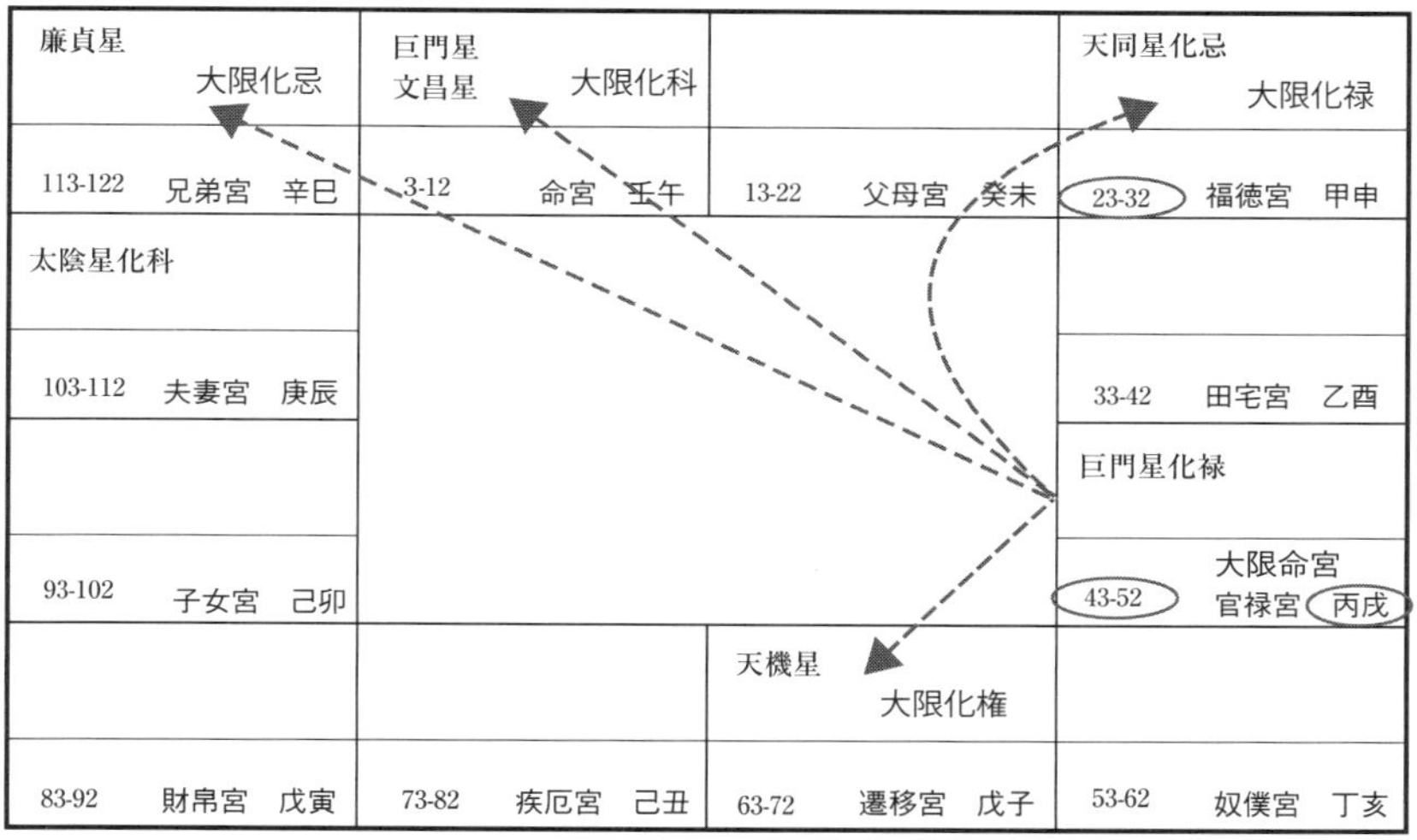

図D-1：台湾総統・台北市長当選の大限命宮四化

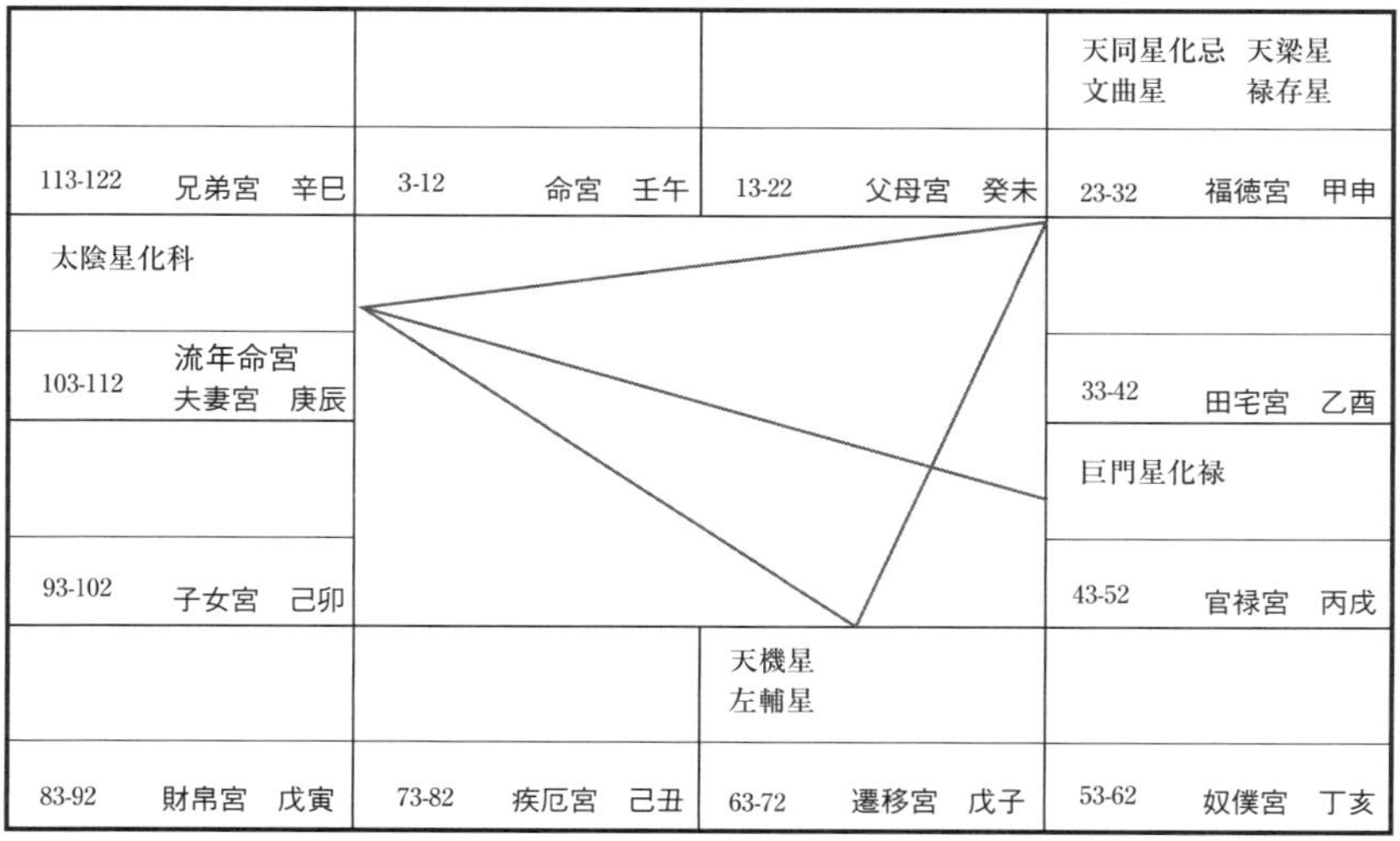

図D-2：台湾総統当選の2000年（庚辰年）の流年命宮と三合宮

【総統退任・逮捕の大限・流年】

陳水扁氏は総統に就任後、しばらくしてからスキャンダルが続き、２００８年に退任します。そして同年11月に機密費流用および資金洗浄容疑などにより逮捕されます。53～62歳の大限命宮は丁亥宮で、大限化忌は本命宮に飛星します。

もともと本命宮は三方四正に凶星が不在ですが、父母宮・兄弟宮にある火星・鈴星に挟照されているため、大限命宮化忌が飛星してくるときは非常に危険です。

特に命宮で巨門化忌の場合は様々な災いに注意が必要で、仕事も離職・転職を経験したり、突然に地位や社会的立場を失うことがあります。（図Ｄ－３を参照）（巨門星：九八頁を参照）

逮捕された２００８年の流年命宮は子宮であり、流年化忌が命宮に飛星し、流年遷移宮は本命宮の午宮と重なり、大限化忌が流年命宮を冲するため、非常に凶意が強い年であります。（図Ｄ－４を参照）

【自殺未遂と仮釈放の大限・流年】

陳水扁氏は２０１３年に刑務所で自殺未遂を起こします。またうつ病がひどくなり、２０１５年には自宅療養が認められ、仮釈放されます。63～72歳の大限命宮は戊子宮で、大限化忌は命宮に飛星し自化忌となります。（図Ｄ－５を参照）

そして２０１３年の流年命宮は巳宮で、流年化忌が飛星し、大限命宮・流年命宮両方に化忌が飛星しています。

流年疾厄宮は子宮であり、大限化忌が入っているのも危険です。（図Ｄ－６を参照）

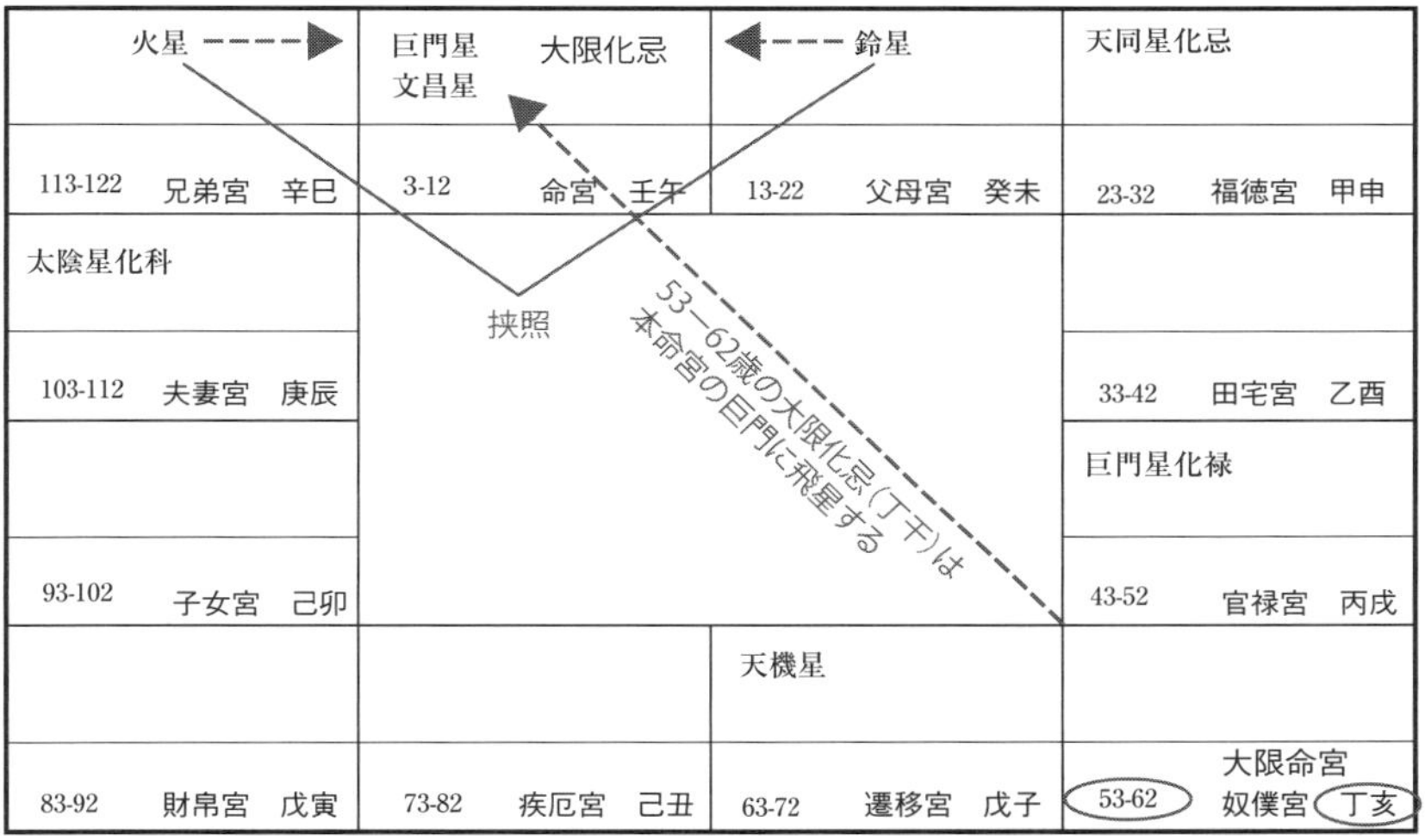

図D-３：総統退任・逮捕の53-62歳の大限化忌

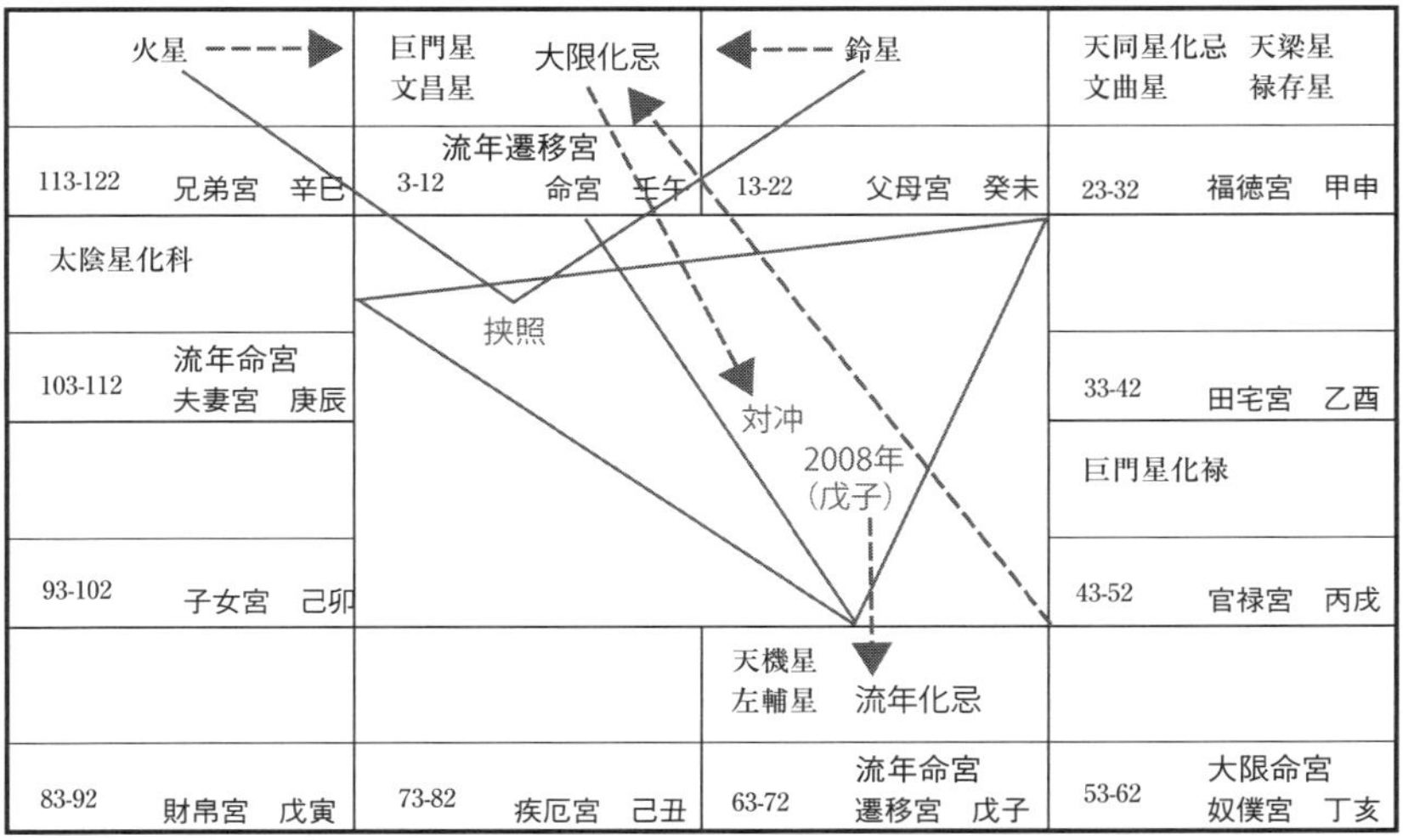

図D-４：逮捕の2008年（戊子年）の流年化忌

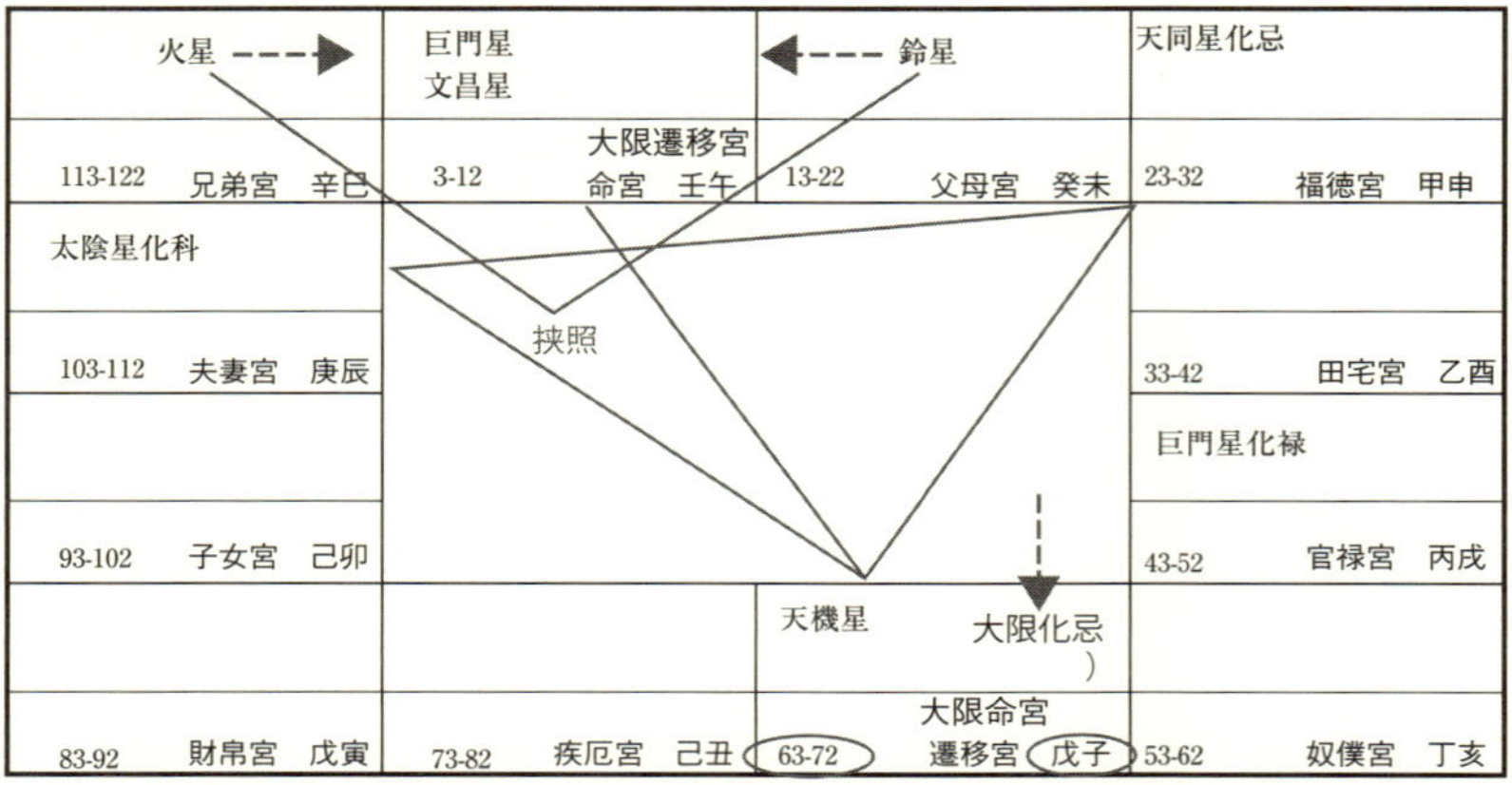

図D-5：自殺未遂・仮釈放の63-72歳の大限命宮と大限化忌

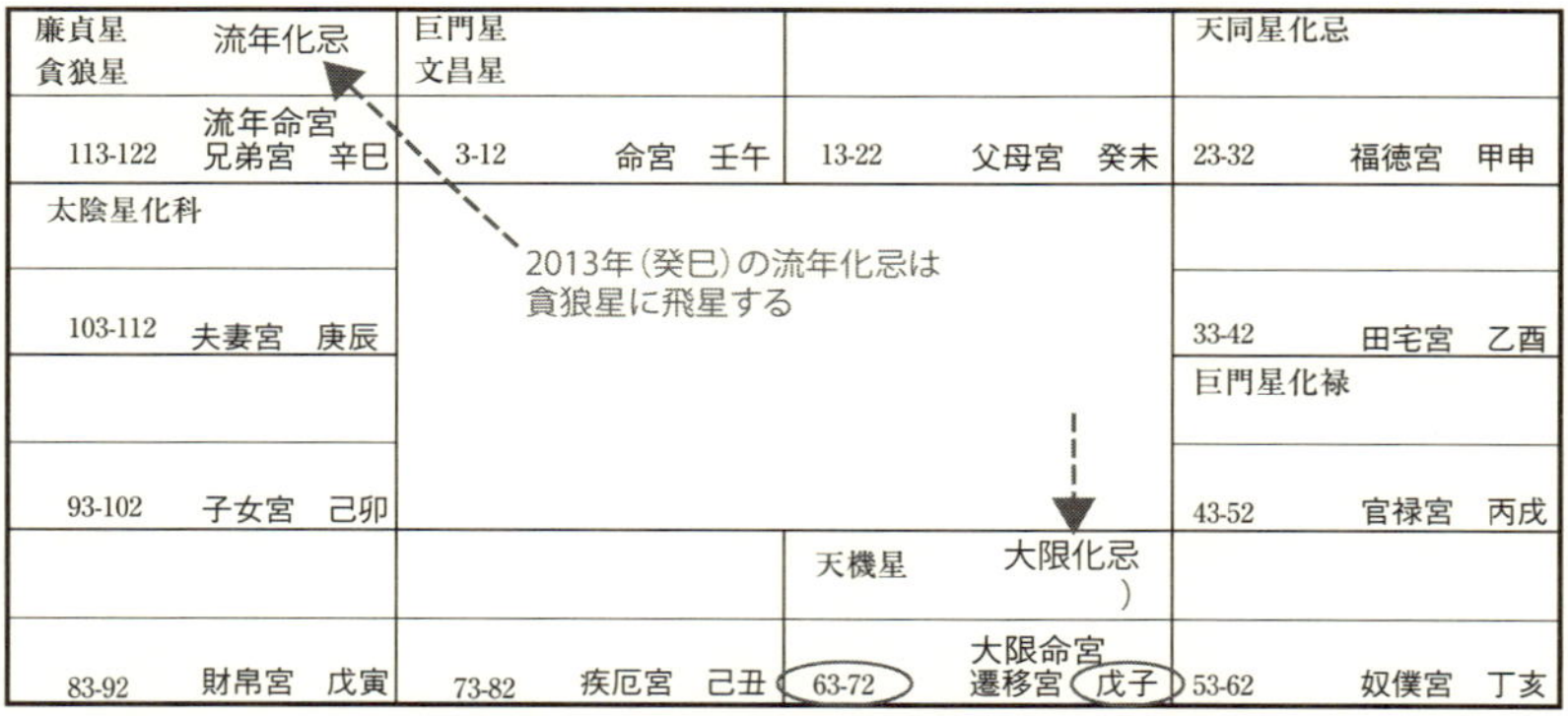

図D-6：自殺未遂した2013年の流年命宮と流年化忌

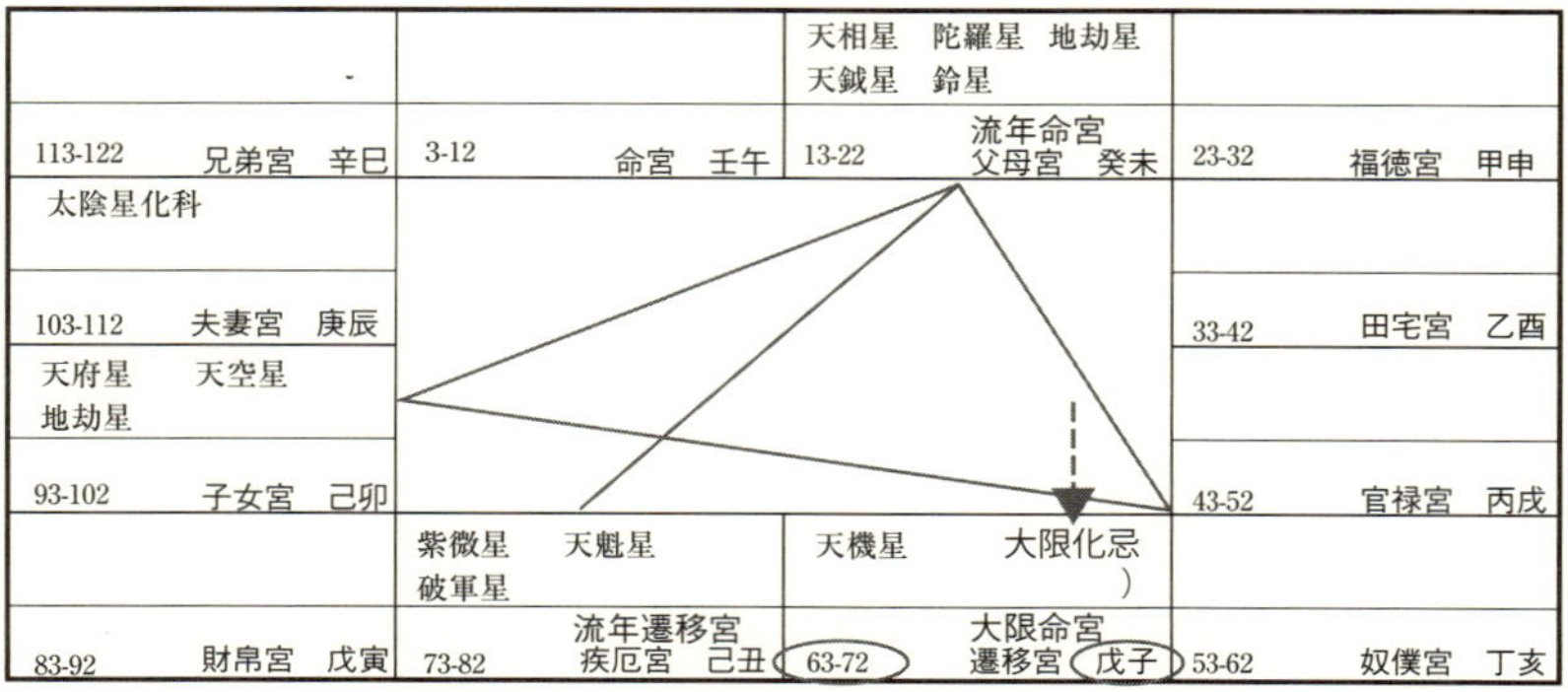

図D-7：仮釈放された2015年の流年命宮と流年化忌

この大限は大限化忌が飛星しますが、三方四正に凶星が不在であるため、それが仮釈放などに有利に働いたようです。

陳水扁氏は2015年に仮釈放されます。流年命宮には天相星と天鉞星がありますが、陀羅星・鈴星・地劫星と、凶星も多い状態です。

しかし三方四正に天魁星があり、天魁星・天鉞星の兄弟星が揃います。また流年命宮に天相星、流年遷移宮に紫微星・破軍星が入り、紫微星・天府星の王星が揃うことで、対人（特に上位者や実力者）の助力を得られる好機です。

このタイミングで仮釈放となりましたが、地劫・地空・天空と空亡星があることからも、全面的な自由はない状態でもあります。（図D－7を参照）

以上、台湾元総統の陳水扁氏の命盤を解読してきました。台湾のトップに君臨し、その後逮捕や自殺未遂を経るなど、天国と地獄を体験した氏の命盤は、吉凶が織り交ざる複雑さがあります。それでも例題として、検証する価値のある命盤だと言えます。

後書きに代えて

編集　ＣＨＡＺＺ

本著をまとめるにあたって全体の編集や追加補記などを行わしていただきました。私ごときが後書きを書くのもせん越ではありますが、苦労の末に本書が完成したことへの思いは一言では語れないくらいです。

冒頭で田中俊平先生が述べられているように紫微斗数は一九八二年に発刊された鮑黎明師の名著『飛星紫微斗数闡秘』（東洋書院刊）によって日本でも知られるようになり、その精密な判断ができることや的中率の高さは当時東洋占術を学ぶ者に衝撃を与えました。

その後、我が師である東海林秀樹先生等の尽力もあり、日本で紹介されるにつれて紫微斗数人口も少しずつ増えていったのですが、残念ながら紫微斗数に関する書籍はなかなか増えていないのが現状です。特に中級者以上に参考になる内容の書籍が少なく、本格的に紫微斗数を研究・実践する者にとって台湾・香港などに比べると情報が入手しづらい状況が続いています。

近年日本でも「飛星派紫微斗数」の人気が高まっていますが、台湾では未だ星曜派（三合派）がまだまだ健在で、多数の諸星（流年諸星など）を用いる技法が主流だと思います。流年の取り方も星曜派は小限を用いることが多く飛星派は圧倒的に太歳を用いており、小限・太歳のどちらを採用するかという論点でも本来は単純ではありません。

そして飛星派も新・飛星派と呼ばれる新しい飛星原理を提唱する派や欽天派など広がりを見せており、二〇一八年現在の台湾紫微斗数界は非常に多種多様な技法が選べる時代に突入した感があります。

本書はそんな中で星曜派・飛星派にこだわることなく精密な技法をまとめた内容になっております。

特に今回は諸星の詳細な象意・判断法に関して、日本で紹介されていない部分も含めて多くのページを割いています。

甲級主星は当然として、乙級星以下の諸星の用い方についても詳細に解説した本書は、日本で初見の内容も多数あると思います。

特に今回初めて紹介するのが別の「天空星」という乙級星です。日本でも通常使用している「天空星・地劫星」を星曜派では「地空星・地劫星」と表記し、空亡星であるもう一つの「天空星」が配置される派もあります。空亡星としては旬空星・截路空亡（截空）以上に十二宮に作用が強い諸星として重視している派もあり、日本では初のお目見えとなります。

また、旬空や截路空亡に関しても初紹介の部分があります。通常「子・丑宮」のように二つの宮に座する空亡星ですが、「本当に作用する宮はどちら？」という判断法なども日本では初紹介となります。

本書は十二宮に関しても、命宮・財帛宮・官禄宮ともに重要な夫妻宮の読み方に関して非常にページを割きました。夫妻宮は、結婚・恋愛・出会い・相手の性質などの項目を判断するのに実践鑑定において非常に重要ですが、夫妻宮にこれだけのページを割いた書がないのも現状でした。

本来であれば他の十二宮についても詳細な解説を載せたいところですが、本著は「紫天十二宮会」に参加された諸先生方の膨大な資料を整理し編集したため、一部表記上変更や割愛する部分も多々あり、さらには出版上のページ数の関係等で、やむなくカットした箇所も数多くあります。

個人的には疾厄宮の疾病に関する項や田宅宮の風水診断などを加えたいところでしたが、また別の機会に紹介できればと思います。

と言っても、諸星の詳細な解説や十二宮別の具体的かつ実践に活用しやすい内容に関しては参加された諸先生方のご尽力もあり非常に深い内容になっていると自負しております。

最後に、本書を世に送り出すキッカケを与えてくださった東海林秀樹先生には深く感謝する次第です。

日本における紫微斗数の発展に繋がればと貴重な研究資料を惜しげもなく提供してくださった「紫天十二宮会」に参加された諸先生方についても同じく感謝の意を捧げます。

また、内容整理と編集に対して多大なご助力をいただいた田中俊平先生、そして出版に関して快く応じていただいた東洋書院にこの場を借りてお礼申し上げます。

作盤用　乙級星以下算出表

乙級星以下の諸星の作盤について

本書には、日本の紫微斗数書ではなかなか解説されない（もしくは紹介されたことがない）、乙級以下の細かな星がいくつも採り上げられています。国内の市販書には作盤方法自体が書かれていないこともあり、海外の研究書やインターネットで調べるほかないのが現状でした。

ここでは本書に登場する乙級以下の諸星について、主に台湾で使用されている作盤法をご紹介します。

とはいえ、四化星の配布に関しても異論があるのが紫微斗数ですから、皆さんがお手持ちの研究書とは相違があるかもしれません。その場合は、ご自身の流派のやりかたや実占の結果を踏まえて、最適と思われるものを選んでいただければと思います。

なお甲級星など、日本国内の市販書で容易に作盤方法が手に入る星については、割愛します。

年干系星算出表（乙級星以下）

年干＼諸星	天官	天福
甲	未	酉
乙	辰	申
丙	巳	子
丁	寅	亥
戊	卯	卯
己	酉	寅
庚	亥	午
辛	酉	巳
壬	戌	午
癸	午	巳

年支系星算出表（乙級星以下）

年支＼諸星	天哭	天虚	龍池	鳳閣	紅鸞	天喜	孤辰	寡宿
子	午	午	辰	戌	卯	酉	寅	戌
丑	巳	未	巳	酉	寅	申	寅	戌
寅	辰	申	午	申	丑	未	巳	丑
卯	卯	酉	未	未	子	午	巳	丑
辰	寅	戌	申	午	亥	巳	巳	丑
巳	丑	亥	酉	巳	戌	辰	申	辰
午	子	子	戌	辰	酉	卯	申	辰
未	亥	丑	亥	卯	申	寅	申	辰
申	戌	寅	子	寅	未	丑	亥	未
酉	酉	卯	丑	丑	午	子	亥	未
戌	申	辰	寅	子	巳	亥	亥	未
亥	未	巳	卯	亥	辰	戌	寅	戌

蜚廉	破碎	華蓋	咸池	劫煞	亡神	天徳	天才
申	巳	辰	酉	巳	亥	酉	命宮
酉	丑	丑	午	寅	申	戌	父母
戌	酉	戌	卯	亥	巳	亥	福徳
巳	巳	未	子	申	寅	子	田宅
午	丑	辰	酉	巳	亥	丑	官禄
未	酉	丑	午	寅	申	寅	奴僕
寅	巳	戌	卯	亥	巳	卯	遷移
卯	丑	未	子	申	寅	辰	疾厄
辰	酉	辰	酉	巳	亥	巳	財帛
亥	巳	丑	午	寅	申	午	子女
子	丑	戌	卯	亥	巳	未	夫妻
丑	酉	未	子	申	寅	申	兄弟

天寿

身宮の十二支が子から何番目の支であるか数えます。そして生年支の宮からその数だけ移動した宮に天寿星が配されます。

※例えば、例題に登場する陳水扁氏の場合、身宮は寅宮なので子宮から数えて3番目にあります。

生年支は寅なので寅宮から数えて3番目の辰宮に天寿星が入ります。

大耗算出表

年支	諸星	大耗
子	陽男・陰女	未
	陰男・陽女	巳
丑	陽男・陰女	申
	陰男・陽女	午
寅	陽男・陰女	酉
	陰男・陽女	未
卯	陽男・陰女	戌
	陰男・陽女	申
辰	陽男・陰女	亥
	陰男・陽女	酉
巳	陽男・陰女	子
	陰男・陽女	戌
午	陽男・陰女	丑
	陰男・陽女	亥
未	陽男・陰女	寅
	陰男・陽女	子
申	陽男・陰女	卯
	陰男・陽女	丑
酉	陽男・陰女	辰
	陰男・陽女	寅
戌	陽男・陰女	巳
	陰男・陽女	卯
亥	陽男・陰女	午
	陰男・陽女	辰

月系諸星表（太陽太陰暦）

生月＼諸星	天刑	天姚	解神	天巫	天月	陰煞	天馬
正月	酉	丑	申	巳	戌	寅	申
二月	戌	寅	申	申	巳	子	巳
三月	亥	卯	戌	寅	辰	戌	寅
四月	子	辰	戌	亥	寅	申	亥
五月	丑	巳	子	巳	未	午	申
六月	寅	午	子	申	卯	辰	巳
七月	卯	未	寅	寅	亥	寅	寅
八月	辰	申	寅	亥	未	子	亥
九月	巳	酉	辰	巳	寅	戌	申
十月	午	戌	辰	申	午	申	巳
十一月	未	亥	午	寅	戌	午	寅
十二月	申	子	午	亥	寅	辰	亥

日系諸星表（太陽太陰暦）

諸星	方法
三台	左輔星の座する宮から生日（旧暦）の数だけ順行する。例えば左輔星が辰宮にあり1日生まれならば三台は辰宮に座す。14日ならば十二支の12を引いて2日生まれとし巳宮に座す。
八座	右弼星の座する宮から生日（旧暦）の数だけ逆行する。例えば右弼星が辰宮にあり2日生まれならば八座は卯宮に座す。15日ならば十二支の12を引いて3日生まれとし寅宮に座す。
恩光	文昌星の座する宮から1宮後退した宮から生日（旧暦）の数だけ順行する。例えば文昌星が辰宮にあり1日生まれならば恩光は卯宮に座す。14日ならば十二支の12を引いて2日生まれとし辰宮に座す。
天貴	文曲星の座する宮から1宮後退した宮から生日（旧暦）の数だけ順行する。例えば文曲星が辰宮にあり2日生まれならば天貴は卯宮に座す。15日ならば十二支の12を引いて3日生まれとし巳宮に座す。

時系諸星表

生時／諸星	子	丑	寅	卯	辰	巳	午	未	申	酉	戌	亥
地劫	亥	子	丑	寅	卯	辰	巳	午	未	申	酉	戌
地空	亥	戌	酉	申	未	午	巳	辰	卯	寅	丑	子
台輔	午	未	申	酉	戌	亥	子	丑	寅	卯	辰	巳
封誥	寅	卯	辰	巳	午	未	申	酉	戌	亥	子	丑

截空（截路空亡）算出表（年干系）

年干	截空
甲	申・酉
乙	午・未
丙	辰・巳
丁	寅・卯
戊	子・丑
己	申・酉
庚	午・未
辛	辰・巳
壬	寅・卯
癸	子・丑

旬空算出表（年干系）

年干	年支					
甲	子	戌	申	午	辰	寅
乙	丑	亥	酉	未	巳	卯
丙	寅	子	戌	申	午	辰
丁	卯	丑	亥	酉	未	巳
戊	辰	寅	子	戌	申	午
己	巳	卯	丑	亥	酉	未
庚	午	辰	寅	子	戌	申
辛	未	巳	卯	丑	亥	酉
壬	申	午	辰	寅	子	戌
癸	酉	未	巳	卯	丑	亥
旬空 陽空	戌	申	午	辰	寅	子
旬空 陰亡	亥	酉	未	巳	卯	丑

天空算出表（年干系）

年支	天空
子	丑
丑	寅
寅	卯
卯	辰
辰	巳
巳	午
午	未
未	申
申	酉
酉	戌
戌	亥
亥	子

長生十二神表

五行局	順・逆	長生	沐浴	冠帯	臨官	帝旺	衰	病	死	墓	絶	胎	養
水二局	陽男 陰女	申	酉	戌	亥	子	丑	寅	卯	辰	巳	午	未
	陰男 陽女		未	午	巳	辰	卯		丑	子	亥	戌	酉
木三局	陽男 陰女	亥	子	丑	寅	卯	辰	巳	午	未	申	酉	戌
	陰男 陽女		戌	酉	申	未	午		辰	卯	寅	丑	子
金四局	陽男 陰女	巳	午	未	申	酉	戌	亥	子	丑	寅	卯	辰
	陰男 陽女		辰	卯	寅	丑	子		戌	酉	申	未	午
土五局	陽男 陰女	申	酉	戌	亥	子	丑	寅	卯	辰	巳	午	未
	陰男 陽女		未	午	巳	辰	卯		丑	子	亥	戌	酉
火六局	陽男 陰女	寅	卯	辰	巳	午	未	申	酉	戌	亥	子	丑
	陰男 陽女		丑	子	亥	戌	酉		未	午	巳	辰	卯

博士十二星表

官府	伏兵	大耗	病符	喜神	飛廉	奏書	将軍	小耗	青龍	力士	博士	男女	陰陽	年干
丑	子	亥	戌	酉	申	未	午	巳	辰	卯	寅	男	陽	甲
卯	辰	巳	午	未		酉	戌	亥	子	丑		女		
辰	巳	午	未	申	酉	戌	亥	子	丑	寅	卯	男	陰	乙
寅	丑	子	亥	戌		申	未	午	巳	辰		女		
辰	卯	寅	丑	子	亥	戌	酉	申	未	午	巳	男	陽	丙
午	未	申	酉	戌		子	丑	寅	卯	辰		女		
未	申	酉	戌	亥	子	丑	寅	卯	辰	巳	午	男	陰	丁
巳	辰	卯	寅	丑		亥	戌	酉	申	未		女		
辰	卯	寅	丑	子	亥	戌	酉	申	未	午	巳	男	陽	戊
午	未	申	酉	戌		子	丑	寅	卯	辰		女		
未	申	酉	戌	亥	子	丑	寅	卯	辰	巳	午	男	陰	己
巳	辰	卯	寅	丑		亥	戌	酉	申	未		女		
未	午	巳	辰	卯	寅	丑	子	亥	戌	酉	申	男	陽	庚
酉	戌	亥	子	丑		卯	辰	巳	午	未		女		
戌	亥	子	丑	寅	卯	辰	巳	午	未	申	酉	男	陰	辛
午	未	午	巳	辰		寅	丑	子	亥	戌		女		
戌	酉	申	未	午	巳	辰	卯	寅	丑	子	亥	男	陽	壬
子	丑	寅	卯	辰		午	未	申	酉	戌		女		
丑	寅	卯	辰	巳	午	未	申	酉	戌	亥	子	男	陰	癸
亥	戌	酉	申	未		巳	辰	卯	寅	丑		女		

生年・流年「歳前諸星」表（年支系）

年支	歳建	晦氣	喪門	貫索	官符	小耗	大耗	龍徳	白虎	天徳	弔客	病符
子	子	丑	寅	卯	辰	巳	午	未	申	酉	戌	亥
丑	丑	寅	卯	辰	巳	午	未	申	酉	戌	亥	子
寅	寅	卯	辰	巳	午	未	申	酉	戌	亥	子	丑
卯	卯	辰	巳	午	未	申	酉	戌	亥	子	丑	寅
辰	辰	巳	午	未	申	酉	戌	亥	子	丑	寅	卯
巳	巳	午	未	申	酉	戌	亥	子	丑	寅	卯	辰
午	午	未	申	酉	戌	亥	子	丑	寅	卯	辰	巳
未	未	申	酉	戌	亥	子	丑	寅	卯	辰	巳	午
申	申	酉	戌	亥	子	丑	寅	卯	辰	巳	午	未
酉	酉	戌	亥	子	丑	寅	卯	辰	巳	午	未	申
戌	戌	亥	子	丑	寅	卯	辰	巳	午	未	申	酉
亥	亥	子	丑	寅	卯	辰	巳	午	未	申	酉	戌

生年・流年「将前諸星」表（年支系）

諸星＼年支	寅午戌	申子辰	巳酉丑	亥卯未
将星	午	子	酉	卯
攀鞍	未	丑	戌	辰
歳驛	申	寅	亥	巳
息神	酉	卯	子	午
華蓋	戌	辰	丑	未
劫煞	亥	巳	寅	申
災煞	子	午	卯	酉
天煞	丑	未	辰	戌
指背	寅	申	巳	亥
咸池	卯	酉	午	子
月煞	辰	戌	未	丑
亡神	巳	亥	申	寅

パソコンソフト・スマホアプリ・ウェブサイトでの作盤

巻末の算出表でご紹介した細かな星曜ですが、一部はパソコンソフト・スマートフォンアプリ・ウェブサイトで簡単に算出することができます。

日本語のパソコンソフトでは「紫微斗数ＷＩＮ」が有名です。スマートフォンアプリでは中国語になりますが、Ａｎｄｒｏｉｄ向けの「文墨天機紫微斗数」、ｉＰｈｏｎｅ向けの「占卜算命」などが有名で、日本人のユーザーも多いと思われます。それぞれの使用方法や購入方法についてはご案内できませんので、パソコンやスマートフォンに詳しい方とご相談ください。

また中国・香港・台湾のウェブサイトでは、無料で詳細な命盤を出力することができます。色々なサイトがありますので、「紫微斗数　排盤」などで検索してみてください。生年月日を入力するだけなので、中国語が読めなくても全く問題ありません。ただし、その多くは簡体字なので、本書に掲載されているものとは星名の表記が異なります（機↓机など）。

※ご紹介させて頂いたウェブサイトは二〇一八年現在の情報です。

参考文献

恭鑑老人・鐵板道人（１９８７）『中国絶学７』京洋図書
潘子漁（１９９１）『紫微斗数心得』水牛図書
潘子漁（１９９８）『紫微斗数看病』武陵出版社
潘子漁（２００３）『紫微斗数看人生』武陵出版社
王亭之（２００６）『王亭之談星』香港博益出版社
鐘義明（２０１３）『紫微一得』武陵出版社
徐曾生（２０１２）『紫微斗数命運分析　格局篇』進源書局
鮑黎明（１９８２）『飛星紫微斗数闡秘』東洋書院
鮑黎明（１９８３）『中国命理枢要』東洋書院
東海林秀樹（１９９９）『四化活盤秘伝　紫微斗数占法要義―人生羅針盤としての中国占星法』東洋書院
東海林秀樹（２０１１）『最強の中国占星法　紫微斗数とは何か』ＰＨＰ研究所
東海林秀樹（２０１７）『完全マスター　紫微斗数占い』説話社
照葉桜子・東海林秀樹（２０１７）『一生の運勢を読み解く！紫微斗数占い』説話社
村野大衡（２００７）『紫微斗数命理学―新理論の活用』東洋書院
鳴海健一（２００３）『秘中　紫微斗数奥義―飛星四化究極の占断法』東洋書院

現在、木更津において木更津占星堂を営業し、東洋・西洋占で鑑定客に“安心、希望、勇気、感動”の鑑定をモットーとして日々相談鑑定に勤む。
〒292－0065
千葉県木更津市吾妻1－2－8（電話 0438－22－2932　携帯 090－3213－1123）
E－mail：senseidou@com.home.ne.jp

百　空（ひゃくぞら）
ホームページ：「空色是」（http://100zora.jp）

東海林 秀樹（しょうじ ひでき）
昭和32年（1957）東京の赤坂に生まれる。
母の経営する料理店を手伝いながら、人の運命の不思議さに引かれて運命学の研究に入る。阿部泰山先生高弟、故伊藤泰苑先生に、推命学の手ほどきを受ける。九星気学を岸本邦裕先生、気学傾斜鑑定法を富久純光先生、本書にも記載されている独特な運勢鑑定法の九星日盤鑑定法を市川在住の故斎藤擁道先生に指導を受ける。その他の占術を研鑽しながら、台湾と日本の間を幾度となく往来し、貴重な資料を渉猟。
著書『紫微斗数占法要義』『精解吉象万年暦（共著）』『孔明神卦（共著）』『六壬神課占法要義』『断易新義（共著）』『符呪奇門遁甲占法要義』（東洋書院刊）ほか多数。
現在、占い鑑定および個人教授『占星堂』を営む。
「日本易道学校」講師　東京都新宿区百人町１－11－7
現住所：〒156－0044
東京都世田谷区赤堤５－２４－９（電話 03－5300－7073）
ホームページ：「三毛猫占術学園」（http://www.mikeneko-uranai.com/）

【著者紹介】

丹羽 智保（CHAZZ）

西洋・東洋を問わず、あらゆる占術を探求する占術研究家・実践家。

10代からタロット・占星術・手相などを学び始める。音楽関係の仕事を含め多くの職種を経験し、社会経験を積みながら様々な占術の講座やセミナーに参加し研鑽を重ねる。

独自にインド占星術や断易、紫微斗数を学び始める。後に生涯の師となる東洋占術の大家である東海林秀樹に師事し、四柱推命や六壬神課、九星日盤鑑定等を学ぶ。

近年は占術だけでなく神学や開運法に関しても実践・研究をライフワークとしている。

ホームページ：「古今東西運命学探求家CHAZZ Website」（http://chazz-fortune.com/）

田中 俊平（たなか しゅんぺい）

東洋占術の研究交流サイト「大久保占い研究室」を主宰。日本・香港・台湾と、占い仲間の輪を広げている。占術を本業の会社経営に活かすため、四柱推命・紫微斗数・方位術・インド占星術などを勉強中。

ホームページ：「大久保占い研究室」（https://www.senjutsu.jp/）

照葉 桜子（てるは さくらこ）

子供の頃より、繊細で色彩豊かなタロットリーディングを研究し、学生時代に西洋占星術の大家二代目故潮島郁幸先生に師事。精神的な占術鑑定技術を学ぶ。

占術の研究を続ける中、東洋占の現師匠・東海林秀樹先生に出会い、「四柱推命」の神業的な的中率を目の当たりにし、感銘をうける。四柱推命や東洋占術全般の、高い知識と技術を習得する。現在、3万人以上の鑑定経験を生かし、東洋占術・西洋占術の多彩な占術科目の、実践的でわかりやすい個人指導や講座講師を務める。

2012年4月より「旅猫倶楽部」占術情報季刊誌を年4回発行、様々な占術占例を掲載。

ブログ：「占術セミナ―タロット相談室」（http://sanrueru.exblog.jp/）

ホームページ：「旅猫倶楽部」（http://www.tabinekoclub.com/）

ホームページ：「三毛猫占術学園」（http://www.mikeneko-uranai.com/）

新ゆり～Schwarze Katze Hause～『シュヴァルツ・カッツェ・ハウゼ』
セミナーハウス・鑑定事務所
〒215－0018
神奈川県川崎市麻生区王禅寺東3－37－12（携帯 080－1339－3737）

神谷 恵三（かみや けいぞう）

昭和24年（1949）千葉県木更津市生まれ

若年より種々の職業を経験し、その職業の中で、葬祭業を起業してセレモニーホールを経営する際、人々の死に立ち会いながら各人の人生の生き様の違いを見聞するに及んで、運命の不思議さに興味を持ち、占術の世界に入る。

東海林先生に長年、種々の占術の指導を受ける。

紫微斗数古訣神探　――台湾・香港の飛星派技法集

２０１８年11月15日　初刷発行

定　価――本体６、２００円＋税

著　者――紫天十二宮会

編集代表　丹羽智保（ＣＨＡＺＺ）

発行者――斎藤 勝己

発行所――株式会社東洋書院

〒１６０－０００３　東京都新宿区四谷本塩町15－８－８Ｆ

電　話　０３－３３５３－７５７９

ＦＡＸ　０３－３３５８－７４５８

http://www.toyoshoin.com

印刷所――シナノ印刷株式会社

製本所――株式会社難波製本

ISBN978-4-88594-523-6